中国教育统计年鉴

1988

国家教育委员会计划建设司编

内　容　摘　要

《中国教育统计年鉴》是一本反映中华人民共和国教育事业发展情况的资料性年鉴，内容包括高等教育、中等教育、初等教育、幼儿教育、成人教育、特殊教育，以及全国各级各类学校的分布等。

本年鉴由国家教委计划建设司根据全国各省、市、自治区教育委员会、高教局、教育厅（局）填报的1988年各级各类学校综合报表及高等学校填报的基层报表整理汇编而成。

本年鉴是各有关部门研究教育改革和发展必备的工具书，是教育界各机关、学校指导本部门制定教学计划、指导教育改革必不可少的依据。

中　国　教　育　统　计　年　鉴

1988

中华人民共和国国家教育委员会计划建设司编

•

北京工业大学出版社出版发行

中国工运学院印刷厂印刷

•

开本787×1092毫米 1／16印张：24.75字数616千字

1989年9月第一版　　1989年9月第一次印刷

印数：3000册

ISBN 7—5639—0025—X／G·43

定价：25元

说　明

《中国教育统计年鉴》（1988年）是一本全面反映中华人民共和国教育事业发展情况的资料性年鉴，是由国家教委计划建设司根据全国各省、自治区、直辖市教育委员会、高教局、教育厅（局）填报的基层报表整理汇编的。

本年鉴分为：综合部分、高等教育、中等教育、初等教育、幼儿教育、特殊教育、成人教育、电化教育、自学考试、全国各级各类学校的分布、教育经费和基建投资数额等内容，并摘要提供了1949年至1988年全国教育的重要数据资料。

本年鉴是各有关部门研究教育改革和发展的必备资料工具书，是教育界各机关、学校指导部门制定教学计划、指导教育改革必不可少的依据。

本年鉴所列资料，暂缺台湾省和海外华侨的数字。

普通高校学生发展情况

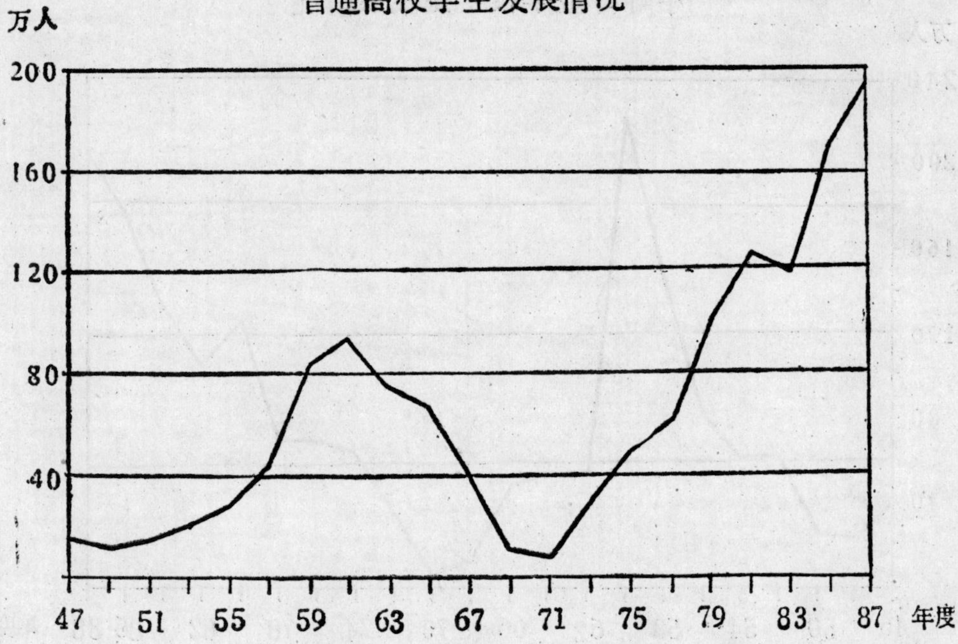

普通高校教师发展情况

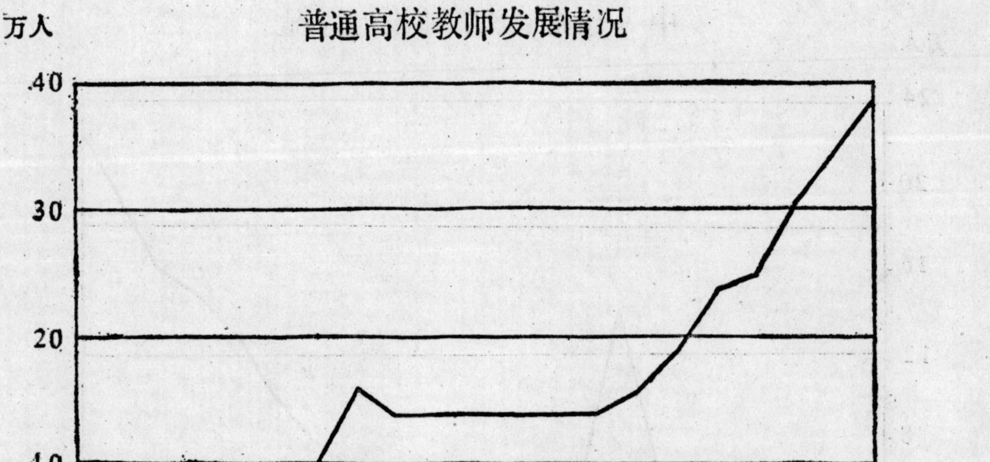

中等专业学校学生发展情况

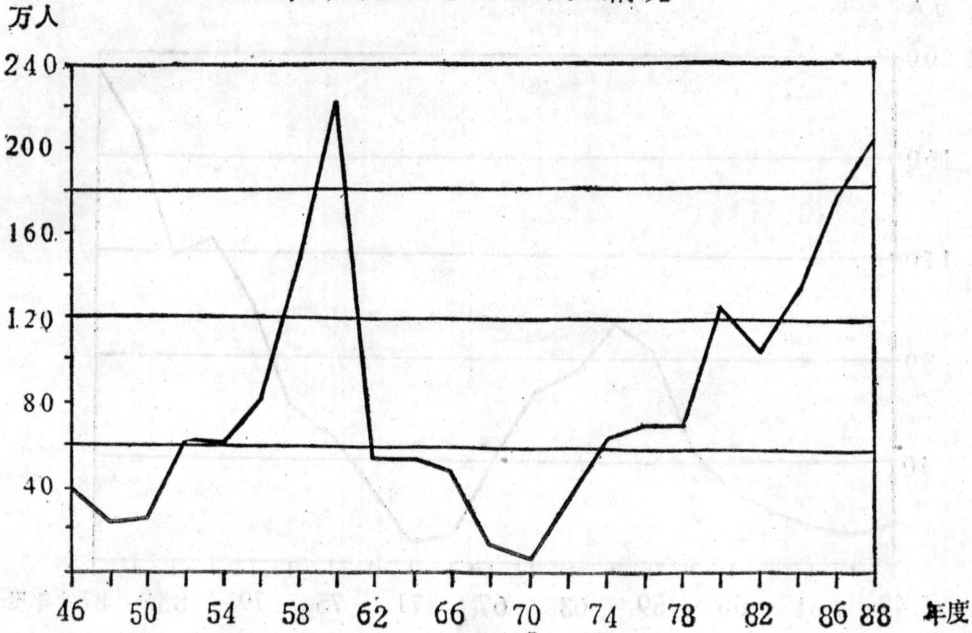

中等专业学校教师发展情况

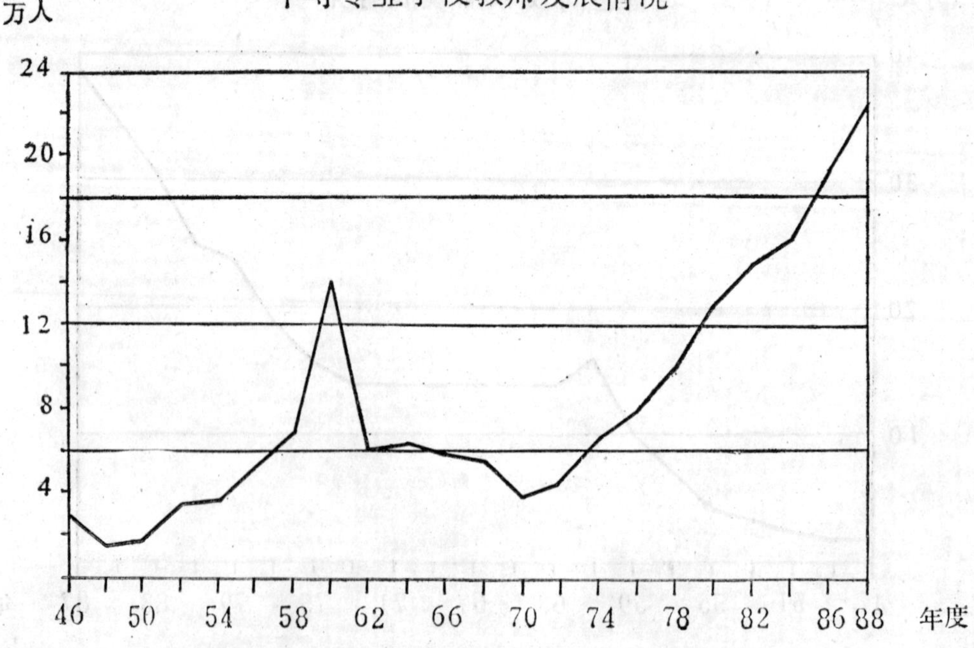

普通中学高中学生发展情况

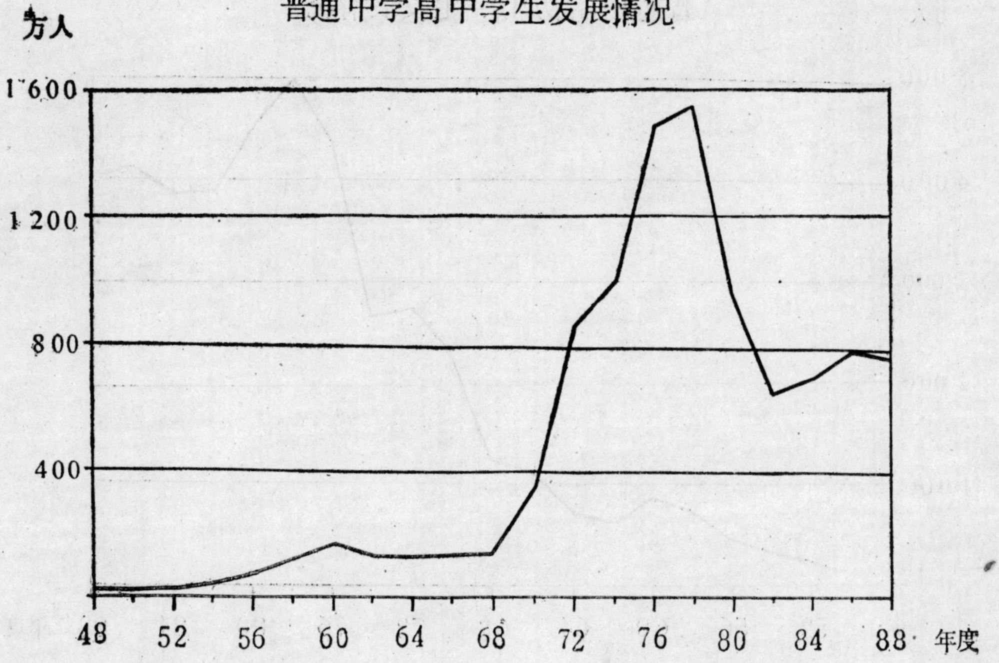

普通中学高中教师发展情况

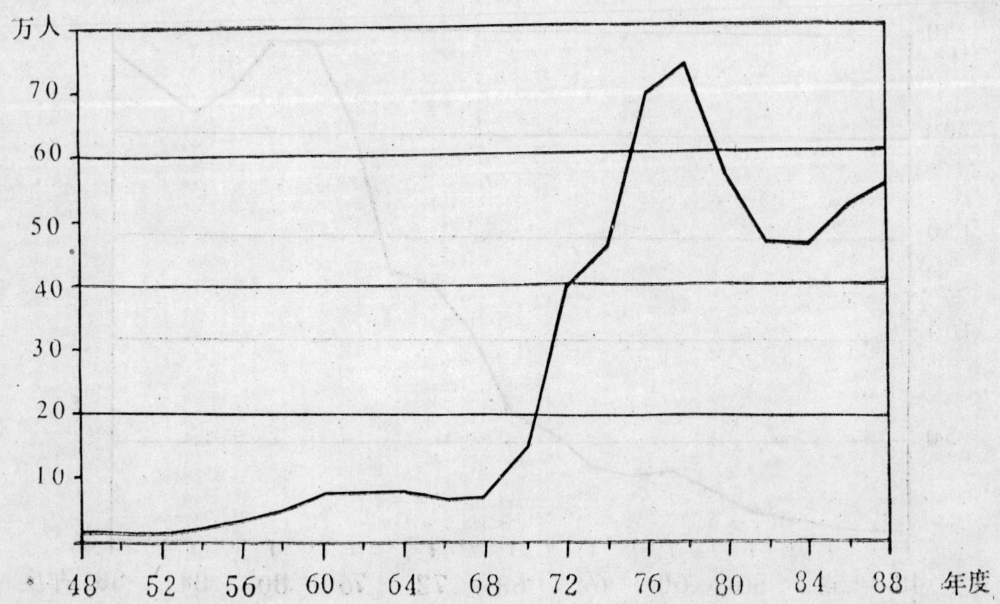

普通中学初中学生发展情况

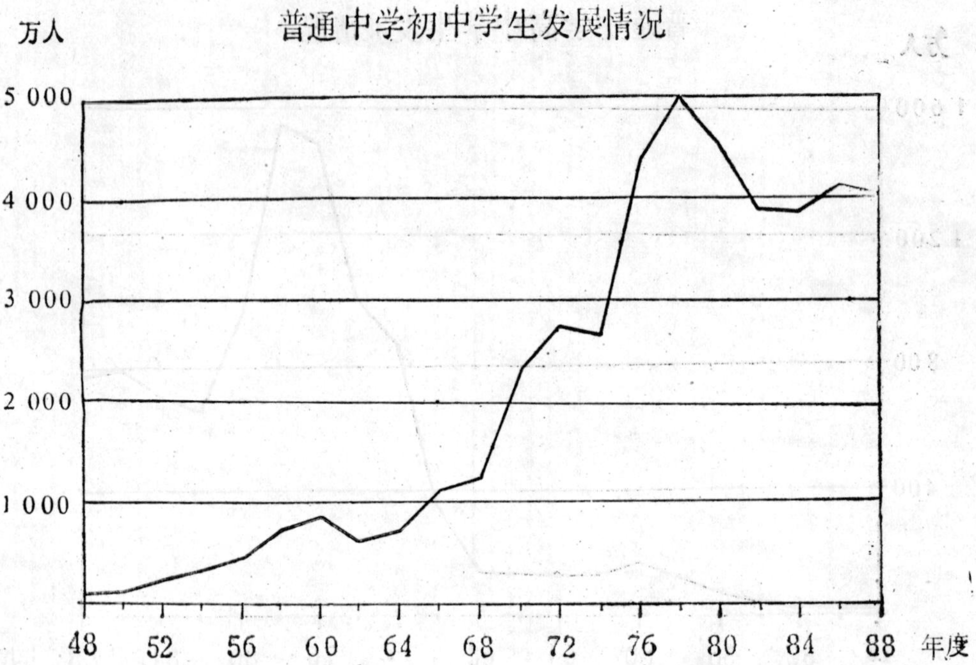

普通中学初中教师发展情况

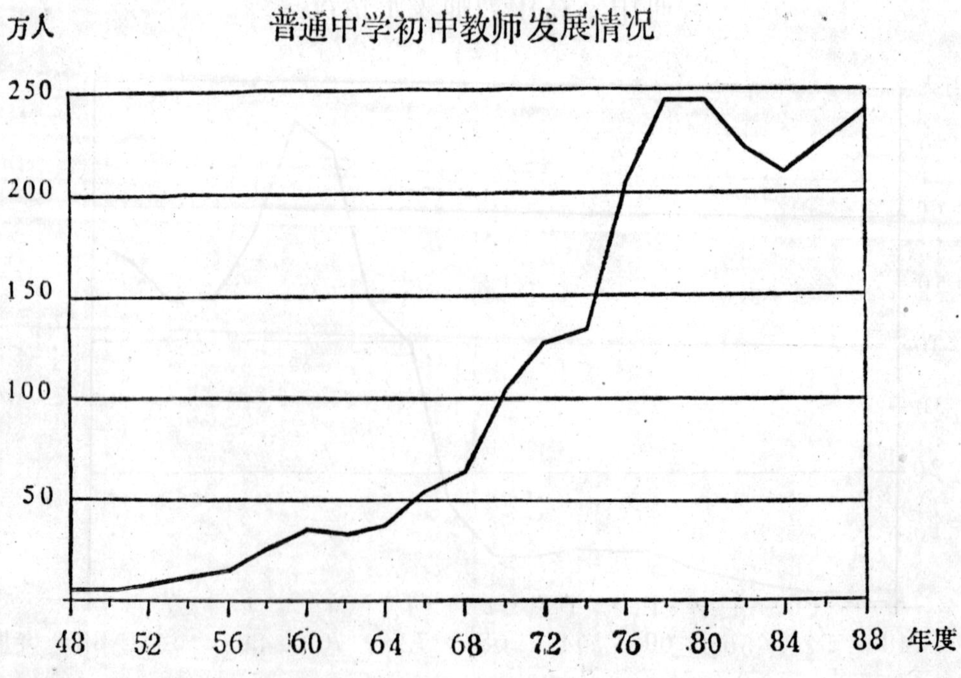

小学学生发展情况

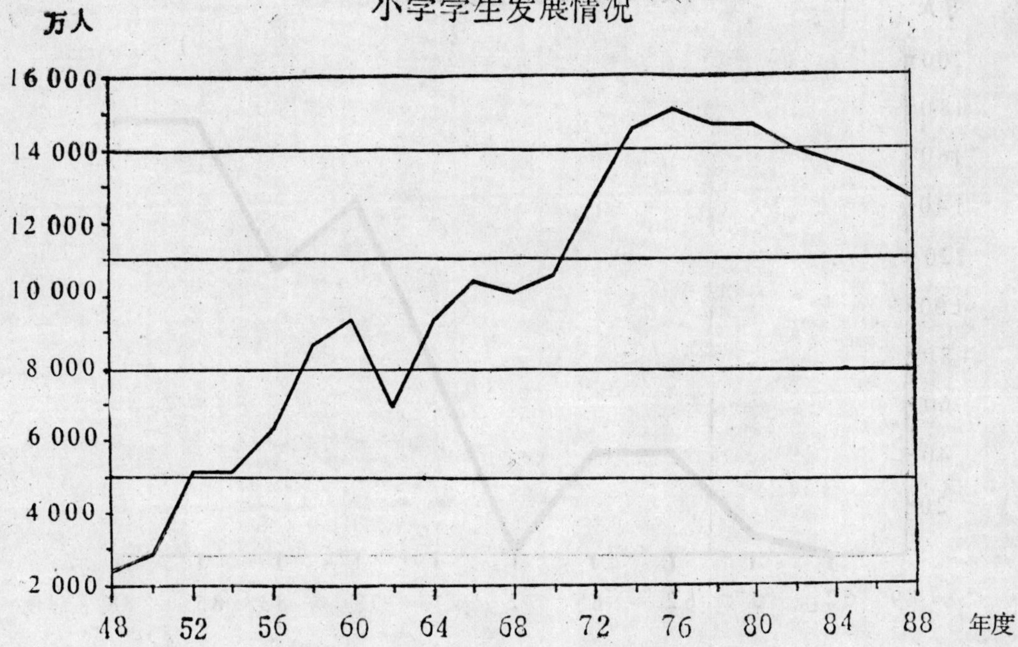

小学教师发展情况

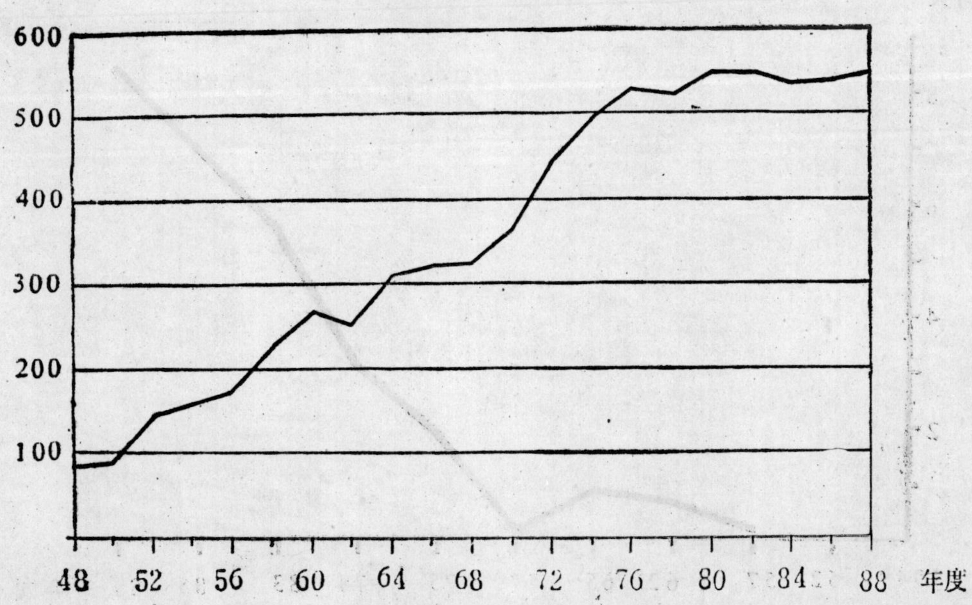

成人高校学生发展情况

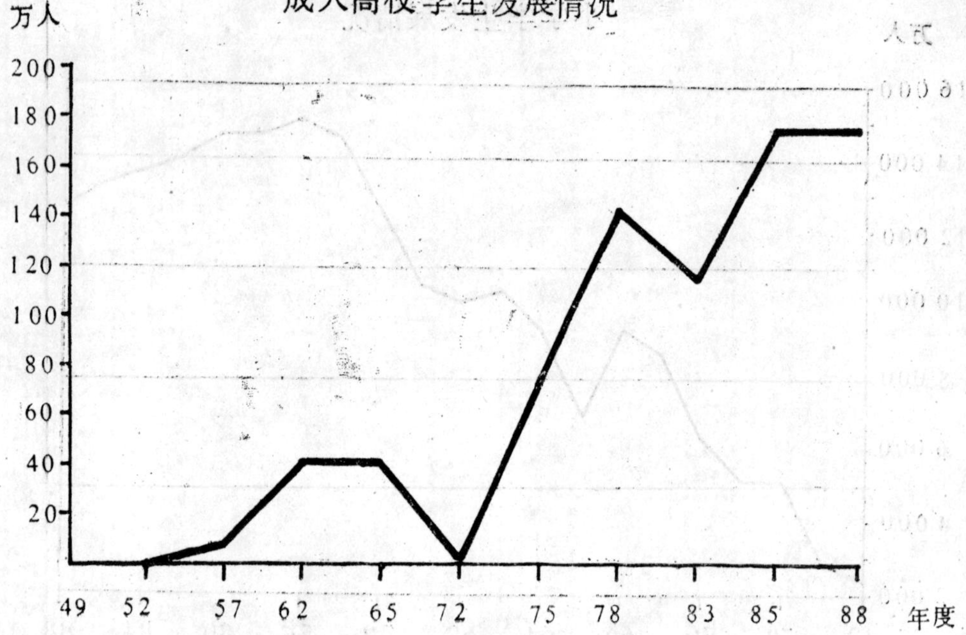

成人高校教师发展情况

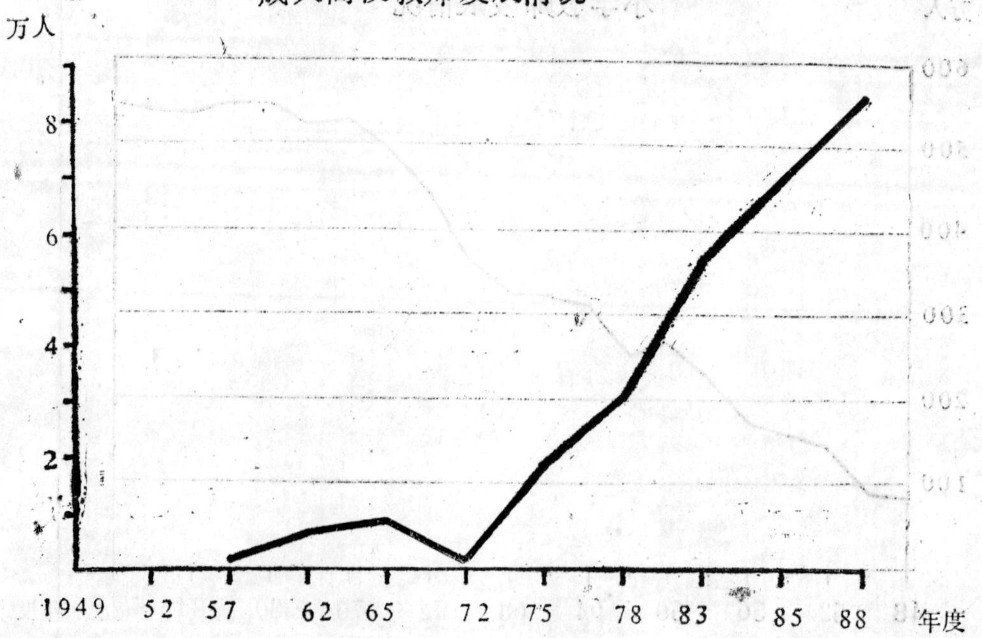

普通高校教师年龄结构比重

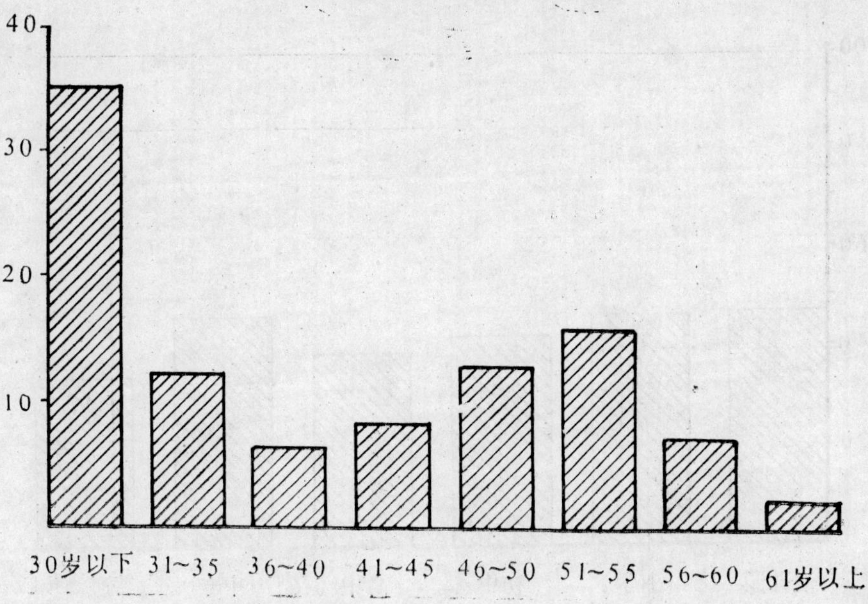

中专教师年龄结构比重

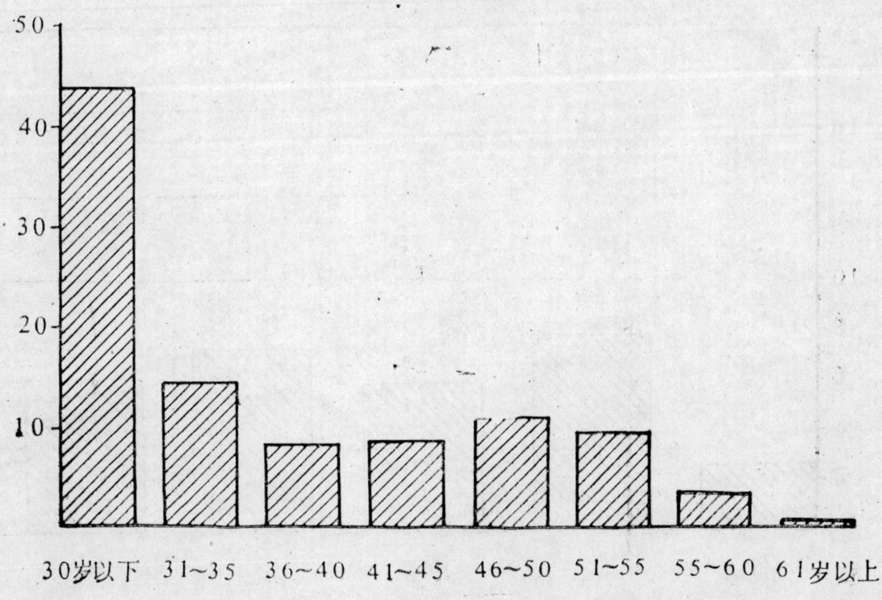

女学生所占比重

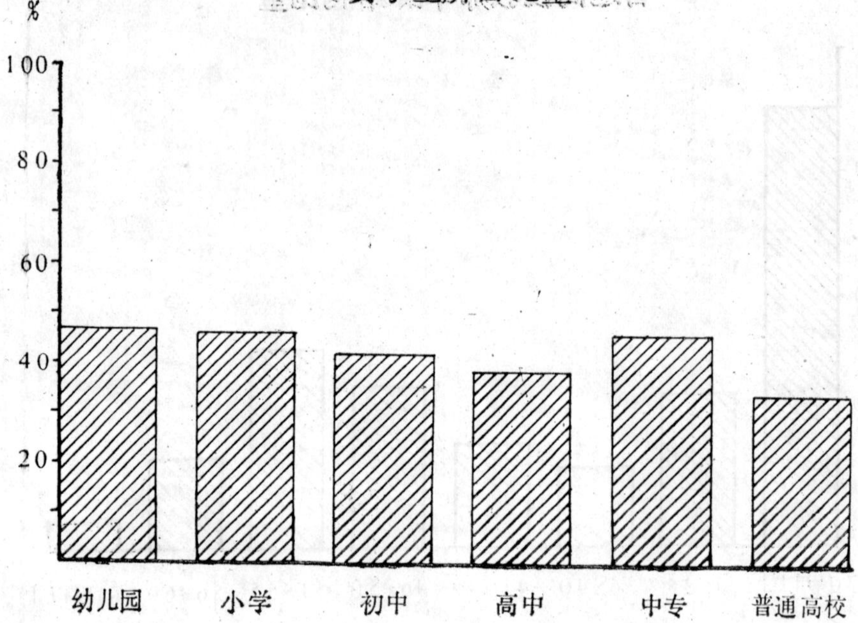

少数民族学生所占比重

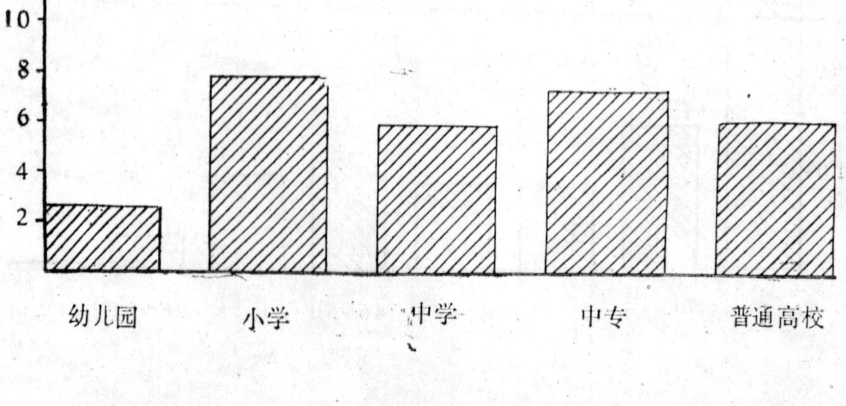

八八年学龄儿童入学率

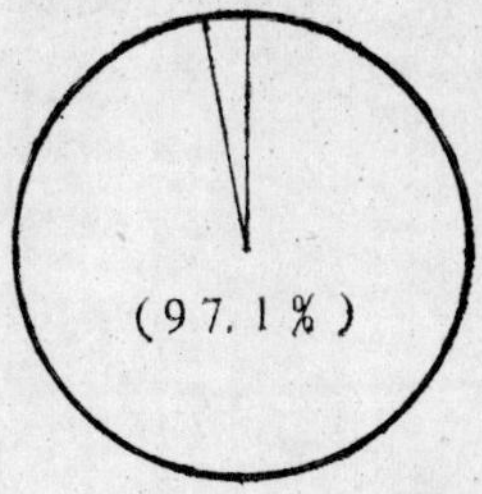

八七～八八年小学学生巩固率

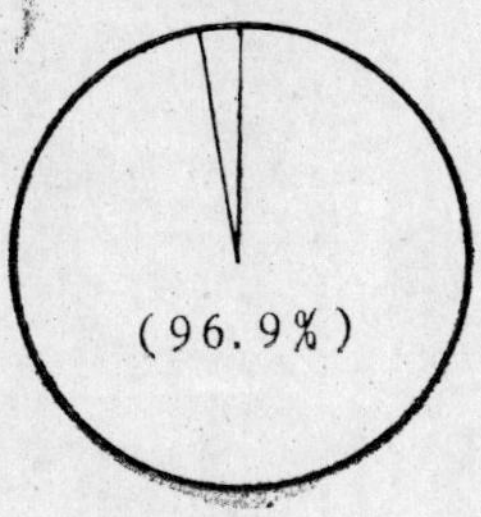

八七～八八年小学学生毕业率

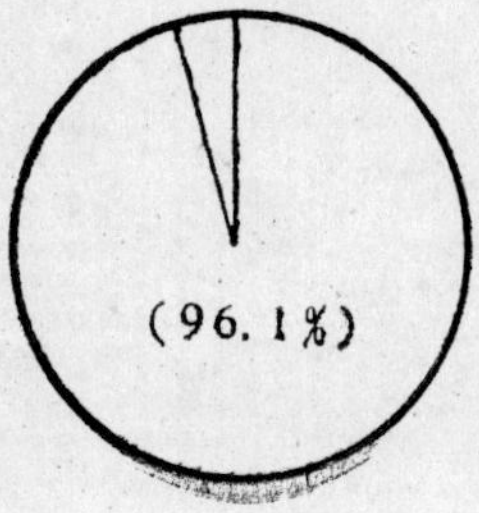

扫除文盲情况

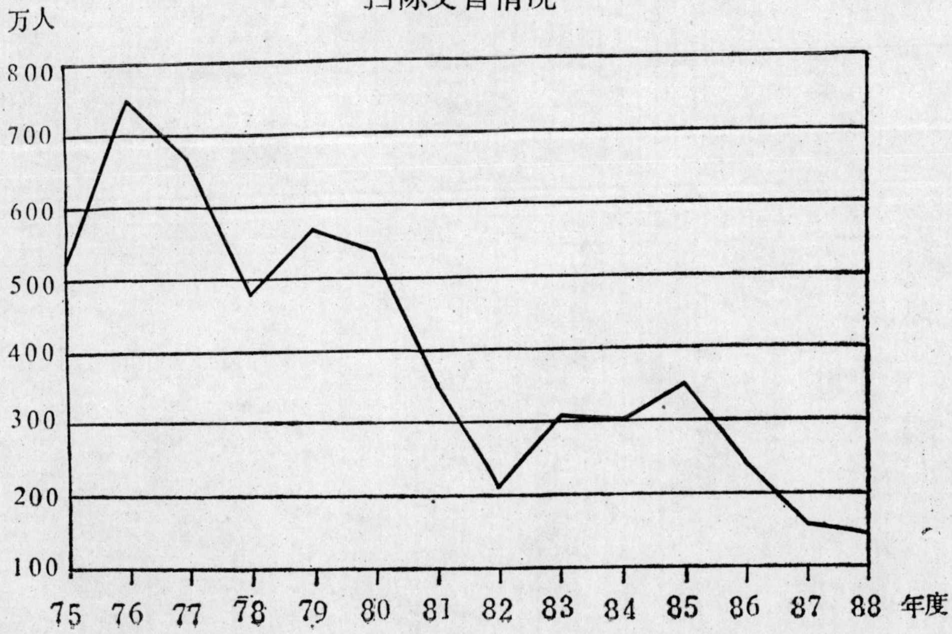

目　　录

一、综合部分

二、高等教育

（一）普通高等学校

三、中等教育

四、初等教育（小学）

五、特殊教育

六、幼儿教育

七、成人教育

八、电化教育

九、自学考试

十、教育经费

十一、各级各类学校分布情况（分省、自治区、直辖市）

十二、计划单列市教育概况

附：1949～1988年全国教育统计概要

一、综合部分

奋进的四十年

中华人民共和国的教育事业，是在经济落后、文化教育很不发达的基础上发展起来的。建国四十年来，在中国共产党和人民政府的领导下，教育事业取得了很大的成就。

旧中国的教育事业非常落后。全国人口中80%以上的人是文盲，学龄儿童入学率只有20%左右。在各级各类学校中，受外国控制的教会学校和私立学校占很大比重。学校分布极不合理，高等学校和中等专业学校多数集中在大中城市和沿海一些省份，中、小学也是大多设在城镇，内地、边远地区和少数民族地区的教育事业更加落后。全国各级各类学校学生仅占全国人口的5%左右，图书资料、教学设备十分缺乏，教材亦陈旧落后。国民党统治时期的1912～1948年的36年中，高等学校毕业生仅有21.08万人，而且科类结构极不合理。

新中国成立后，确立了社会主义教育的方向，对旧的教育制度进行了根本性的改造，各级各类教育事业得到迅速发展。1988年在校学生数与解放前最高年（高等学校为1947年，中小学为1946年，下同）相比，普通高等学校增长了12.9倍，普通中等学校增长了26.9倍，小学增长了4.5倍，学龄儿童入学率达到97.1%，全国人口中的文盲率下降到20.6%左左，幼儿教育和各级成人教育也有很大发展。

四十年来，我国教育事业的发展经历了一个不断改革、不断调整、不断提高的过程，其间也走过了曲折的道路。

一、探索前进、曲折发展的三十年

建国后的头三十年，经过了艰苦的努力和不断的探索，我们对国民党遗留下来的教育烂摊子教育进行了一系列的改造和建设，虽然其间遭到了“冒进”、“动乱”的冲击和破坏，但整个教育事业在曲折中仍然得到了蓬勃的发展。

（一）新中国成立到十年动乱前的十七年（1949～1965年）。

中华人民共和国成立以后，首先从国民党手中接管了学校，从外国人手里收回了教育主权，并且有计划分步骤地对这些学校进行了改造。在中国共产党领导下，团结一切爱国知识分子，把原来为封建地主阶级、官僚资产阶级和帝国主义服务的半封建、半殖民地的教育改造成为沿着社会主义方向前进的人民教育。

1951年10月，中央人民政府政务院颁布了《关于改革学制的决定》，对各级各类学校的学制分别作了新的规定。1952年以后，根据国家建设的需要，对高等学校进行了院系调整，在各级学校中开展教学改革，创办了工农速成中学，积极开展成人教育，实行一切学校“向工农开门”的方针，在中等以上学校设立了人民助学金制度。1953年我国进入第一个五年计划时期，教育事业纳入国家计划的轨道。

1957年，毛泽东同志针对教育工作存在的问题，提出了“我们的教育方针，应该使受教育者在德育、智育、体育几方面都得到发展，成为有社会主义觉悟的有文化的劳动者。”1958年，为进一步改革教育制度，开展了以勤工俭学、教育与生产劳动相结合为中心的教育革命。但是，由于当时左倾错误的影响，在教育革命中开展了批判“反动学术权威”的群众运动，伤害了知识分子的积极性；教师和学生参加生产劳动过多，降低了教学质量；不顾主客观条件的可能，提出了不切实际的发展教育事业的要求，超越了国民经济负担的能力。

1961年前后，我国国民经济处于暂时困难时期。根据中共中央关于“调整、巩固、充实、提高”的方针，坚决纠正了1958年以后教育事业大发展中出现的超越实际、违反客观规律的一些做法，对各级教育事业进行了全面的调整和必要的压缩。与此同时，系统地总结了建国12年来教育工作正反两方面的经验，先后制订和颁布了《教育部直属高等学校暂行工作条例（草案）》（简称《高校六十条》）、《全日制中学暂行工作条例》和《全日制小学暂行工作条例》，使各级全日制学校有了一套基本法规，有力地保证和促进了学校的各项工作。

总起来看，从1949到1965年的17年，由于缺乏经验，教育工作中出现了一些失误，在探索如何建设中国式的社会主义教育事业的进程中付出了一定的代价，但是，在各级人民政府的领导下，及时总结了经验，吸取了教训，从而使教育事业走上了健康发展的轨道。

1965年，全国普通高等学校比解放前最高年增长1.1倍，在校学生比解放前最高年增长3.3倍；普通中等学校在校学生比解放前最高年增长6.6倍；小学在校学生比解放前最高年增长3.9倍；学龄儿童入学率达到85%，成人教育也有较大发展。

1949～1965年，普通高等学校为国家培养了1.6万名研究生，155万大专毕业生；普通中等专业学校培养了295万毕业生；通过业余、函授教育培养了20万大专毕业生。农业、职业中学和普通中学共培养了2000多万劳动后备力量，对我国各项建设事业作出了贡献。

（二）十年动乱期间（1966～1976年）。

1966年5月至1976年10月的十年动乱，使教育事业遭到了严重破坏。高等学校、中等专业学校及部分中小学中断招生达四年之久，砍掉了106所普通高等学校，停办了大批中等专业学校，基本上撤销了半工半读学校和农业中学及其他职业中学，教师队伍受到极大摧残，学校校舍大量被占，教学仪器、设备、图书资料严重毁坏，使各级各类学校的教育质量严重下降。

十年动乱的严重后果，造成了各条战线专门人才短缺、青黄不接的状况，整个民族文化素质大大下降。到1976年，普通高等学校在校学生仅有56.5万人，比1965年减少16%，十年仅招收大专学生90多万人。由于大量砍掉了中等专业学校，基本上取消了农业、职业中学和各种形式的半工半读学校，使中等教育畸形发展，造成了中等教育结构单一的不合理状况。

（三）粉碎“四人帮”后拨乱反正的三年。

1976年粉碎“四人帮”后，我国进入了新的历史时期，教育工作开始拨乱反正。1977年恢复了中断十年之久的全国高等学校统一招生考试制度，极大地调动了学生学习的积极性，提高了新生质量。1978年重新颁布了大中小学工作条例，教学秩序逐步恢复，教育质量逐年提高。经过几年的努力，从根本上改变了教育战线的形势，教育事业开始走上正确的发展轨道。

二、改革开放、迅速发展的十年

党的十一届三中全会以后，国家的工作重点转移到社会主义现代化建设的轨道上来，从而使教育的地位、作用也得到了不断的提高和加强。十年来，教育战线围绕着“教育必须为社会主义建设服务”这个方针进行了一系列的改革，使各类教育事业的面貌发生了深刻的变化，取得了可喜的成绩。

（一）普通高等教育得到了迅速发展。

为了尽快使专门人才的培养适应国民经济和社会发展的需要，普通高等学校采取多层次、多形式办学，挖掘了高等学校的潜力，并创办了短期职业大学，扩大了招生规模；招收的学生除国家任务外，还增加了委托培养、自费走读等形式，调动了社会各方面培养人才的积极性。1988年普通高等学校比1978年增加477所，在校本专科学生比1978年增长1.4倍。1979年至1988年，普通高等学校累计向社会输送本专科毕业生达325万，超过前三十年的总和。高等教育内部科类、层次比例不合理的状况有了明显改善，急需的短缺薄弱专业得到加强。

从1981年开始实施《中华人民共和国学位条例》，目前已有博士学位授予单位238个，硕士学位授予单位525个，学士学位授予单位545个。到1987年，全国已授予博士学位1286人，硕士学位7.3万人，为国家建设输送了大批高级尖端技术、管理和研究人才。1988年在高等学校和科研机构攻读博士、硕士学位的研究生已达到11.3万人。从1986年开始，我国建立了第二学士学位制度，每年招收攻读第二学士学位的学生约1000人。

（二）中等教育结构不合理的状况有了明显变化。根据中央提出的多种形式发展职业技术教育的方针和“先训培，后就业”的原则，几年来，恢复了农、职业中学，调整了中学布局，压缩了在“文化大革命”中盲目膨胀起来的普通高中及部分初中，控制了高中招生规模，迅速发展了中等专业学校。1988年全国普通中等专业学校比1978年增加1260所，在校学生比1978年增长1.3倍。农业、职业中学在校学生比1980年增长7.7倍。在恢复和发展农、职业中学的同时，普通中学增设了职业技术课。1988年，高级中等职业技术学校在校学生555.7万人，占高级中等学校在学校生总数的比重从1980年的14%提高到42.7%。中等教育结构改革取得了明显的成效。

（三）九年制义务教育正在有计划分步骤地实施。

《中华人民共和国义务教育法》的颁布，标志着我国基础教育工作进入了一个新的发展阶段。

普及初等教育取得一定成效。1988年全国小学学龄儿童入学率达97.1%，在校学生巩固率达96.9%，应届毕业班学生毕业率96.1%。经省级人民政府检查验收全国已有1326个县普及了初等教育，约占全国总县数的67%。初中教育在提高质量的同时，数量也有较大发展。1988年全国小学毕业生升初中的升学率为70.3%。

中小学师资队伍得到了充实和加强。1979年至1988年，全国普通高等师范学校和中等师范学校为中小学输送了282.2万名教师。1988年专任教师中达到规定学历要求的人数，初中由1978年的9.8%提高到35.6%，小学由1978年的47.1%提高到68.1%。中小学教师职务聘任制度和教师考核合格证书办法的实施，促进了教师业条水平的提高。

（四）由于国家和社会各方面的重视，我国盲聋哑、残疾人和弱智儿童教育有了一定的发展。

1988年全国盲聋哑学校在校学生为4.5万人，比1978年增长45.2%。弱智儿童辅读学校（班）在校儿童达1.2万人。到1986年全国已有400多名残疾人考生获得高等教育考试一门以上单科合格证书。1987年全国高等学校招收了大约3000多名残疾青年。

幼儿教育越来越受到重视和关心。1988年全国幼儿园在园幼儿达1854.5万人，比1978年增长1.4倍。为了对学龄前儿童进行丰富多彩的教育，在幼儿园开设了艺术班、美术班、英语班等，深受社会和家长的欢迎。

（五）成人教育蓬勃发展，成为整个教育事业的重要组成部分。

几年来，成人教育采取多种多样的办学形式，利用各种各样的教学手段，使其得到较大的发展。1986年国务院批转了国家教委制定的《关于改革和发展成人教育的决定》，成人教育的重点转向岗位培训，同时突破单一的培养规格和办学模式，实行了毕业证书、单科合格证书、专业证书三种证书制度，向多功能、多规格发展。成人高等和中等专业学校根据经济建设的需要，及时开设了许多短线专业。

1988年全国成人高等学校为1373所，另有600多所普通高校举办了函授部、夜大学，成人高等教育在校本专科学生达172.8万人，比1980年增长8.2倍。1988年全国约有2840.6万人参加了各种类型的成人中、初等学校学习，特别是适应城乡经济发展需要的各类成人技术培训学校发展更为迅猛。1980年至1988年，农民中等技术培训学校为农村培训了1714.4万名青壮年农民，为我国农村经济的发展和贫困地区的脱贫致富做出了重大贡献。十年来全国共扫除文盲3650.3万人。

从1981年起，自学考试经过试点已全面展开。到1988年，高等教育自学考试已开考70多个专业，本专科毕业生约28万人。中专自学考试开考40多个专业，已有4万多人获得毕业证书。高等和中等教育自学考试制度的建立，为我国成人教育的发展又开拓了一条新的途径。

利用远距离视听手段进行教学的方式进一步扩大了成人教育的施教范围。1986年7月，"中国教育电视"已正式开通，地面接收接已有900多座，收转站370多座，放象点1万多个。全国目前已有一所中央广播电视大学，省级广播电视大学39所，基层教学班3万多个，在校全科学生45.38万人。1986年建立了电视师范学院。

（六）对外教育交流空前活跃，效果明显。

近十年来，我国引进了国外的先进经验，先进科学技术，培养了一大批人才。从1979年以来，国家先后派出国留学人员4.1万人。到1988年已有近2万名公派留学人员学成回国，另有1万多人自费出国留学。接受我国留学人员的国家和地区从1978年的32个扩大到现在的70多个。1978年以来，恢复了聘请外国专家、教师来华任教或短期讲学。1979年以来，共从50多个国家聘请长期（一年以上）专家4000多人，一般外籍教师3000多人，短期讲学专家6000多人次。我国教育界同各国教育界、学术界建立了广泛的联系，活跃了我国学术空气，增进了相互的了解和友谊。最近几年，出国和来华的教育团、组，每年都超过一百起，人数在千人以上。目前，我国有200多所高等学校直接同34个国家和地区约600所高校、公司、董事会、研究机构、交流协会等建立了联系。

（七）科学研究成果显著。

十年来，我国高等学校的科技队伍不断壮大，科技水平不断提高，科研成果大量涌现。在自然科学技术研究方面，高等学校现有科研机构1490个，专职科研人员3.71万人。自1980年以来，学校科研成果获国家自然科学奖的有56项，获国家发明奖的有270项，获国家科学技术进步奖的有336项。在哲学社会科学研究方面，1978年至1986年，共出版专著2万余种，发表论文15万篇以上，先后成立了222个研究所和544个研究室。

为了提高教育质量，把现代化的手段引入教学，高等学校实验室建设也取得很大进展。1986年底实验室拥有仪器设备已达449万台，全国高校共能开出实验38.35万个。从1984年到1987年，已在高校建立了25个国家重点实验室。党的十一届三中全会以来，经过十年的努力，我国基本上改变了由于"十年动乱"所造成的各条战线人才青黄不接的局面，教育事业的发展和改革，使教育严重落后于经济和社会发展的状况得到了明显的改善。

经过四十年的努力，初步建立了基本适应我国社会主义现代化建设需要的教育体系。目前，我国教育已形成了普通教育和成人教育“两条腿”协调发展的新格局。1988年全国普通和成人学校在校学生达2.29亿，此外还有短训、进修等其他学生120多万。可以说，目前我国已初步形成了多阶段、多层次、多形式、学科门类齐全、具有相当规模的基本适应社会主义现代化建设需要的教育体系，为更好地建立适应21世纪我国经济、科技和社会发展需要的新教育体系奠定了坚实的基础。

经过四十年的努力，我国培养出了一支德才兼备的知识分子队伍，极大地提高了全民族的科学文化水平。从1949年至1988年，全国普通高等学校本专科毕业生达619.2万人，研究生15.4万人，等于旧中国1912～1947年36年间毕业生总数的30.1倍；中等专业学校毕业生969.8万人；成人高等学校（包括自学考试）和成人中等专业学校毕业生计1379.5万人。以上高、中等专业人才共计2968.4万人，为我国社会主义建设输送了大量专业人才。此外还培养了两亿多具有中学文化水平的劳动者。根据1987年1%人口抽样调查推算的数字与1964年人口普查数字相比，全国每10万人口中拥有各种文化程度的人数都大大提高。大学文化程度的由420人提高到884人，高中（包括中专）文化程度的由1320人提高到6996人，初中文化程度的由4690人提高到21322人，小学文化程度的由28193提高到36114人，全民族的科学文化水平有了很大的提高。

经过四十年的努力，建立了一支基本适应教育事业发展的教职工队伍和科学研究队伍。1988年，全国普通学校和成人学校共计有教职工1353.69万人，其中专任教师有1032.93万人。全国普通高等学校有教授和副教授9.36万人，占教师总数的23.8%；专职从事科学研究工作的人员约有3.92万人，自然科学和社会科学研究成果显著，确保了教学工作的正常开展和教学水平的不断提高。

四十年来，我国的教育事业虽然取得了巨大的成就，但目前也存在许多问题，主要表现在：

1、基础教育仍然比较薄弱，中小学学生流失较为严重。目前全国还有33%的县未普及初等教育，一些地方，特别是贫困、边远地区学龄儿童入学率低，新文盲仍在不断产生。全国学龄儿童入学率在85%以下的县还有143个，占总县数的7.2%，中小学流失生生达733.13万，流失率为4.1%，其中初中流失学生287.71万，流失率高达6.9%。

2、职业技术教育发展还很不平衡，多数地区发展比较缓慢，特别是农村发展更为缓慢。职业技术教育现有的规模、结构和水平同经济建设需要之间仍存在着很大矛盾。

3、普通高等学校的学生规模和发展速度，与国家可能提供的办学条件还很不协调。

影响我国教育发展的因素很多，就目前来看主要问题为：①教育经费不足，办学条件较差，特别是中小学问题更为突出。按国家规定学校校舍面积定额计算，目前中小学缺校舍7500万平方米，尚有危房4500万平方米。②教师生活待遇较低，工作条件和生活条件较差，一些地方教师队伍存在着不够稳定的状况。③教育体制改革尚不适应经济体制改革的要求，教育还存在着脱离实实和片面追求升学率的倾向，思想品德和思想政治教育亟需改进和加强。这些问题已经引起社会各界的关注，党和政府正在组织力量进行研究，寻求解决的办法。

一九八八年全国各级普通学校基本情况　单位：万人

	学校数（所）	毕业生数	招生数	在校学生数	教职工数	
					计	其中：专任教师
总　　计				19 975.50	1 309.54	1 008.98
一、普通高等学校	1 075				99.36	39.32
1.研究生		3.63	3.22	10.08		
2.本专科		55.35	66.97	206.59		
国家任务		46.38	54.30	179.17		
委托培养		4.27	6.31	16.71		
自费生		0.42	4.22	5.49		
干部专修科		3.47	1.67	4.07		
教师本专科		0.81	0.47	1.15		
二、普通中等学校	108 565	1 579.69	1 828.42	5 362.76	496.42	351.41
1.中等专业学校	4 022	59.57	77.64	205.17	47.60	22.53
中等技术学校	2 957	39.22	54.05	136.82	37.04	16.77
中等师范学校	1 065	20.35	23.59	68.35	10.56	5.76
2.技工学校	3 996	31.12	46.14	116.08	28.04	12.48
3.普通中学	91 492	1 407.79	1 584.74	4 761.52	389.67	295.96
高　　中	16 524	250.56	244.27	745.98		55.69
初　　中	74 968	1 157.23	1 340.47	4 015.54		240.27
4.农业、职业中学	8 954	81.01	119.59	279.37	30.77	20.28
高　　中	7 538	69.19	101.02	234.09		17.72
初　　中	1 416	11.82	18.57	45.28		2.56
5.工读学校	101	0.20	0.31	0.62	0.34	0.16
三、小　　学	793 261	1 930.34	2 123.28	12 535.78	614.24	550.13
四、特殊教育学校	577	0.45	1.20	5.76	1.61	1.08
五、幼　儿　园	171 845			1 854.53	97.91	67.04

一九八八年全国各级成人学校基本情况

单位：万人

	学校数（所）	毕业生数	招生数	在校学生数	教职工数 计	其中：专任教师
总计				**3 013.38**	**71.98**	**36.30**
一、成人高等学校	1 373	75.39	69.83	172.76	19.43	8.39
1.广播电视大学	40	27.50	19.19	45.38	2.42	0.97
2.职工高等学校	888	13.53	9.62	28.80	8.16	3.70
3.农民高等学校	5	0.07	0.04	0.07	0.04	0.02
4.管理干部学院	171	2.60	3.25	6.17	3.78	1.41
5.教育学院	265	10.12	12.39	27.62	4.99	2.27
6.独立函授学院	4	1.50	0.58	1.21	0.04	0.02
7.普通高等学校举办						
函授部		14.97	18.89	47.77		
夜大学		5.10	5.87	15.74		
二、成人中等学校	57 287	1 188.92	1 120.65	1 231.11	37.74	20.94
1.成人中等专业学校	5 014	50.18	58.20	179.81	18.79	10.08
广播电视中等专业学校	113	9.93	12.39	36.61	0.81	0.34
干部中等专业学校	395	2.17	3.36	6.35	1.43	0.75
职工中等专业学校	2 098	15.50	19.90	54.09	8.66	4.39
农民中等专业学校	291	1.73	3.27	6.33	0.91	0.50
教师进修学校	2 117	20.86	19.28	76.43	7.16	4.10
2.成人中学	11 294	76.00	87.59	118.32	6.37	4.17
职工中学	6 241	52.36	58.63	73.67	5.04	3.20
农民中学	5 053	23.64	28.96	44.65	1.33	0.97
3.成人技术培训学校	40 979	1 062.74	974.86	932.98	12.40	6.69
职工技术培训学校	7 536	284.22	196.58	207.58	5.55	3.15
农民技术培训学校	33 443	778.52	778.28	725.40	6.85	3.54
三、成人初等学校	185 482	1 305.84	1 478.29	1 609.51	14.81	6.97
1.职工初等学校	3 069	20.90	24.97	29.18	0.68	0.30
2.农民初等学校	182 413	1 284.94	1 453.32	1 580.33	14.13	6.67
其中：扫盲班		144.23	158.77	203.08	2.16	1.13

各校普通学校校数

单位：所

	1949年	1965年	1978年	1980年	1985年	1987年	1988年
普通高等学校	205	434	598	675	1 016	1 063	1 075
普通中等学校	5 219	81 274	167 118	128 065	108 494	109 199	108 565
中等专业学校	1 171	1 265	2 760	3 069	3 557	3 913	4 022
中等技术学校	561	871	1 714	2 052	2 529	2 854	2 957
中等师范学校	610	394	1 046	1 017	1 028	1 059	1 065
技工学校	3	281	2 013	3 305	3 548	3 952	3 996
普通中学	4 045	18 102	162 345	118 377	93 221	92 857	91 492
高中	1 597	4 112	49 215	31 300	17 318	16 930	16 524
初中	2 448	13 990	113 130	87 077	75 903	75 927	74 968
农业、职业中学	—	61 626	…	3314	8 070	8 381	8 954
工读学校	—	—	—	…	98	96	101
小学	346 769	1 681 939	949 323	917 316	832 309	807 406	793 261
特殊教育学校	…	266	292	292	375	504	577
幼儿园	…	19 226	163 952	170 419	1722 62	176 775	171 845

各级普通学校学生数

单位：万人

	1949年	1965年	1978年	1980年	1985年	1987年	1988年
研究生(人)	629	4 546	10 934	21 604	87 331	120 191	112 776
普通高等学校本专科	11.65	67.44	85.63	114.37	170.31	195.87	206.59
普通中等学校	127.05	1 441.97	6 675.37	5 747.83	5 167.46	5 506.84	5 362.76
中等专业学校	22.88	54.74	88.92	124.34	157.11	187.39	205.17
中等技术学校	7.71	39.24	52.93	76.13	101.29	122.26	136.82
中等师范学校	15.17	15.50	35.99	48.21	55.82	65.13	68.35
技工学校	0.27	10.10	38.20	70.04	74.17	103.11	116.08
普通中学	103.90	933.79	6 548.25	5 508.08	4 705.96	4 948.11	4 761.52
高中	20.72	130.82	1 553.08	969.79	741.13	773.73	745.98
初中	83.18	802.97	4 995.17	4 538.29	3 964.83	4 174.38	4 015.54
农业、职业中学	—	443.34	…	45.37	229.57	267.61	279.37
高中	—	77.50	…	31.92	184.34	224.99	234.09
初中	—	365.84	…	13.45	45.23	42.62	45.28
工读学校	—	—	—	…	0.65	0.62	0.62
小学	2 439.10	11 620.90	14 624.00	14 627.0	13 370.2	12 835.85	12 535.78
特殊教育学校	…	2.29	3.09	3.31	4.17	5.29	5.76
幼儿园	…	171.30	787.70	1 150.8	1479.7	1 807.84	1 854.53

一九八八年各级普通学校在校学生数与主要年份的比较

	1988年在校学生数为下列各年的%					
	1949年	1965年	1978年	1980年	1985年	1987年
研　　究　　生	71 929.4	2 480.8	1 031.4	522.0	129.1	93.8
普通高等学校本专科	1 773.3	306.3	241.3	180.6	121.3	105.5
普通中等学校	4 221.0	371.9	80.3	93.3	103.8	97.4
中等专业学校	896.7	374.8	230.7	165.0	130.6	109.5
中等技术学校	1 774.6	348.7	258.5	179.7	135.1	111.9
中等师范学校	450.6	441.0	189.9	141.8	122.4	104.9
技　工　学　校	42 992.6	1 149.3	303.9	165.7	156.5	112.6
普　通　中　学	4 582.8	509.9	72.7	86.4	101.2	96.2
高　　中	3 600.3	570.2	48.0	76.9	100.7	96.4
初　　中	4 827.5	500.1	80.4	88.5	101.3	96.2
农业、职业中学	—	63.0	…	615.8	121.7	104.4
高　　中	—	305.1	…	733.4	127.0	104.0
初　　中	—	12.4	…	336.7	100.1	106.2
工　读　学　校	—	—	—	…	95.4	100.0
小　　　学	514.0	107.9	85.7	85.7	93.8	97.7
特殊教育学校	…	251.5	186.4	174.0	138.1	108.9
幼　　儿　　园	…	1 082.6	235.4	161.2	125.3	102.6

各级普通学校招生数

单位：万人

	1949年	1965年	1978年	1980年	1985年	1987年	1988年
研究生（人）	242	1 456	10 708	3 616.00	46 871.00	39 017.00	35 645.00
普通高等学校本专科	3.06	16.42	40.15	28.12	61.92	61.68	66.97
普通中等学校	50.97	673.11	2 769.29	2 044.92	1 825.70	1 876.77	1 828.42
中等专业学校	9.74	20.85	44.70	46.76	66.83	71.52	77.64
中等技术学校	4.28	14.64	26.79	25.29	45.36	48.50	54.05
中等师范学校	5.46	6.21	17.91	21.47	21.47	23.02	23.59
技工学校	…	…	25.70	33.13	35.45	42.31	46.14
普通中学	41.23	345.78	2 698.89	1 934.31	1 606.91	1 649.46	1 584.74
高中	7.11	45.89	692.91	383.40	257.51	255.16	244.27
初中	34.12	299.89	2 005.98	1 550.91	1 349.40	1 394.30	1 340.47
农业、职业中学	—	306.48	…	30.72	116.10	113.17	119.59
高中	—	55.67	…	24.06	98.49	96.54	101.02
初中	—	250.81	…	6.66	17.61	16.63	18.57
工读学校	—	—	—	…	0.32	0.31	0.31
小学	680.0	3 296.02	3 315.36	2 942.34	2 298.17	2 094.57	2 123.28
特殊教育学校	…	…	0.59	0.59	0.92	1.18	1.20

一九八八年各级普通学校招生数与主要年份的比较

	1988年招生数为下列各年的%					
	1949年	1965年	1978年	1980年	1985年	1987年
研究生	14 729.3	2 448.1	332.9	985.8	76..	91.4
普通高等学校本专科	2 188.6	407.9	166.8	238.2	108.2	108.6
普通中等学校	3 587.2	271.6	66.0	89.4	100.1	97.4
中等专业学校	797.1	372.4	173.7	166.0	116.2	108.6
中等技术学校	1 262.9	369.2	201.8	213.7	119.2	111.4
中等师范学校	432.1	379.9	131.7	109.9	109.9	102.5
技工学校	…	…	179.5	139.3	129.8	109.1
普通中学	3 843.7	458.3	58.7	81.9	98.6	96.1
高中	3 435.6	532.3	35.3	63.7	94.9	95.7
初中	3 928.7	447.0	66.8	86.4	99.3	96.1
农业、职业中学	—	39.0	…	389.3	103	105.7
高中	—	181.5	…	419.9	102.6	104.6
初中	—	7.4	…	278.8	105.5	111.7
工读学校	—	—	—	…	96.9	100.0
小学	312.2	64.4	64	72.2	92.4	101.4
特殊教育学校	…	…	203.4	203.4	184.2	101.7

各级普通学校教职工数

单位：万人

	1949年	1965年	1978年	1980年	1985年	1987年	1988年
总　　计	**102.3**	**567.87**	**1 083.45**	**1 167.61**	**1 209.56**	**1 282.69**	**1 309.54**
普通高等学校	4.6	33.3	51.8	63.2	87.06	96.87	99.36
普通中等学校	12.8	110.5	422.06	437.21	439.45	481.79	496.42
中等专业学校	2.4	12.2	23.7	29.8	40.32	45.90	47.60
中等技术学校	1.1	10.1	17.6	22.3	31.31	35.67	37.04
中等师范学校	1.3	2.1	6.1	7.5	9.01	10.23	10.56
技工学校	…	…	6.66	13.61	21.53	26.16	28.04
普通中学	10.4	67.7	391.7	389.7	355.69	381.28	389.67
农业、职业中学	—	30.6	…	4.1	21.59	28.13	30.77
工读学校	—	—	—	…	0.32	0.32	0.34
小　　学	84.9	407.5	562.0	605.4	602.10	608.47	614.24
特殊教育学校	…	0.37	0.69	0.8	1.15	1.45	1.61
幼儿园	…	16.2	46.9	61.0	79.80	94.11	97.91

一九八八年各级普通学校教职工数与主要年份的比较

	1988年教职工数为下列各年的%					
	1949年	1965年	1978年	1980年	1985年	1987年
总　　计	**1 280.1**	**230.6**	**120.9**	**112.2**	**108.3**	**102.1**
普通高等学校	2 160.0	298.4	191.8	157.2	114.1	102.6
普通中等学校	3 878.3	449.2	117.6	113.5	113.0	103.0
中等专业学校	1 983.3	390.2	200.8	159.7	118.1	103.7
中等技术学校	3 367.3	366.7	210.5	166.1	118.3	103.8
中等师范学校	812.3	502.9	173.1	140.8	117.2	103.2
技工学校	…	…	421.0	206.0	130.2	107.2
普通中学	3 746.8	575.6	99.5	100.0	109.6	102.2
农业、职业中学	—	100.6	…	750.5	142.5	109.4
工读学校	—	—	—	…	106.3	106.3
小　　学	723.5	150.7	109.3	101.5	102.0	100.9
特殊教育学校	…	435.1	233.3	201.3	140.0	111.0
幼儿园	…	604.4	208.8	160.5	122.7	104.0

各级普通学校专任教师数 单位：万人

	1949年	1965年	1978年	1980年	1985年	1987年	1988年
总　　计	**93.43**	**476.89**	**902.31**	**939.63**	**933.48**	**986.00**	**1 008.98**
普通高等学校	1.61	13.81	20.63	24.69	34.43	38.54	39.32
普通中等学校	8.22	70.93	330.96	323.30	305.65	337.99	351.41
中等专业学校	1.56	5.51	9.96	12.87	17.40	20.98	22.53
中等技术学校	0.66	4.37	6.93	9.10	12.80	15.59	16.77
中等师范学校	0.90	1.14	3.03	3.77	4.60	5.39	5.76
技工学校	…	…	2.80	6.14	8.89	11.38	12.48
普通中学	6.66	45.71	318.20	301.97	265.16	287.04	295.96
高中	1.40	7.79	74.13	57.07	49.17	54.39	55.69
初中	5.26	37.92	244.07	244.90	215.99	232.65	240.27
农业、职业中学	—	19.71	…	2.32	14.07	18.45	20.28
高中	—	5.29	…	1.65	11.58	16.13	17.72
初中	—	14.42	…	0.67	2.49	2.32	2.56
工读学校	—	—	—	…	0.13	0.14	0.16
小学	83.60	385.71	522.55	549.94	537.68	543.38	550.13
特殊教育学校	…	0.26	0.42	0.48	0.73	0.95	1.08
幼儿园	…	6.18	27.75	41.07	54.99	65.14	67.04

一九八八年各级普通学校专任教师数与主要年份的比较

	1988年专任教师数为下列各年的%					
	1949年	1965年	1978年	1980年	1985年	1987年
总　　计	**1 079.9**	**211.6**	**111.8**	**107.4**	**108.1**	**102.3**
普通高等学校	2 442.2	284.7	190.6	159.3	114.2	102.0
普通中等学校	4 275.1	495.4	106.2	108.7	115.0	104.0
中等专业学校	1 444.2	408.9	226.2	175.1	129.5	107.4
中等技术学校	2 540.9	383.8	242.0	184.3	131.0	107.6
中等师范学校	640.0	505.3	190.1	152.8	125.2	106.9
技工学校	…	…	445.7	203.3	140.4	109.7
普通中校	4 443.8	647.5	93.0	98.0	111.6	103.1
高中	3 977.9	714.9	75.1	97.6	113.3	102.4
初中	4 567.9	633.6	98.4	98.1	111.2	103.3
农业、职业中学	—	102.9	…	874.1	144.1	109.9
高中	—	335.0	…	1 073.9	153.0	109.9
初中	—	17.8	…	382.1	102.8	110.3
工读学校	—	—	—	…	123.1	114.3
小学	658.1	142.6	105.3	100.0	102.3	101.2
特殊教育学校	…	415.4	257.1	225.0	147.9	113.7
幼儿园	…	1 084.8	241.6	163.2	121.9	102.9

普通高等学校分科毕业生累计数

	毕业生数（万人）					解放后40年为解放前20年的倍数
	解放前毕业生累计数	解放后毕业生（1949～1988年）累计数				
		计	49～65年	66～76年	77～88年	
总　　计	**18.5**	**619.18**	**155.44**	**103.29**	**360.45**	**33.5**
工　　科	3.2	207.91	53.06	41.30	113.55	65.0
农　　林	1.3	48.27	14.71	9.49	24.07	37.1
医　　药	0.9	65.59	16.66	14.56	34.37	72.9
师　　范	2.1	168.47	39.20	17.21	112.06	80.2
文　　科	2.4	40.12	8.26	7.93	23.93	16.7
理　　科	1.6	40.95	11.24	8.64	12.07	25.6
财　　经	1.9	30.77	7.13	2.17	21.47	16.2
政　　法	5.1	7.33	2.31	0.44	4.58	1.4
体　　育	…	5.41	1.41	0.87	3.13	…
艺　　术	…	4.36	1.46	0.68	2.22	…

中等专业学校分科毕业生累计数

	毕业生数（万人）					解放后40年为解放前16年的倍数
	解放前毕业生累计数	解放后毕业生（1949～1988年）累计数				
		计	49～65年	66～76年	77～88年	
总　　计	**54.67**	**969.77**	**295.85**	**167.63**	**506.29**	**17.7**
中等技术学校	18.14	555.12	159.96	93.64	301.52	30.6
工　　科	…	203.20	73.76	34.16	95.28	…
农　　林	…	90.29	34.14	14.41	41.74	…
医　　药	…	139.92	37.02	29.57	73.33	…
财　　经	…	92.99	11.99	11.01	69.99	…
政　　法	…	11.65			11.65	…
体　　育	…	2.83	0.93	0.28	1.62	…
艺　　术	…	7.32	1.45	1.64	4.23	…
其　　他	…	6.92	0.67	2.57	3.68	…
中等师范学校	36.53	414.65	135.89	73.99	204.77	11.4

授予博士、硕士、学士学位人数

单位：人

	授予博士学位人数	授予硕士学位人数	授予学士学位人数
总　　计	**1 286**	**74 162**	**1 241 504**
1981年		8 665	
1982年	13	5 773	238 476
1983年	19	3 548	212 428
1984年	91	7 789	174 642
1985年	234	12 618	183 241
1986年	307	14 938	207 405
1987年	622	20 831	225 312
1988年			

派出国和毕业回国留学生人数

单位：人

	派出国的留学生数	毕业回国的留学生数		派出国的留学生数	毕业回国的留学生数
总　　计	**45 683**	**24 838**	1972年	36	
1950年	35		1973年	259	
1951年	380		1974年	180	70
1952年	231		1975年	245	186
1953年	675	16	1976年	277	189
1954年	1518	22	1977年	220	270
1955年	2093	104	1978年	860	248
1956年	2401	258	1979年	1777	231
1957年	529	347	1980年	2124	162
1958年	415	670	1981年	2922	1143
1959年	576	1380	1982年	2326	2116
1960年	441	2217	1983年	2633	2303
1961年	124	1403	1984年	3073	2920
1962年	114	980	1985年	4888	1424
1963年	62	426	1986年	4676	1388
1964年	650	191	1987年	4703	1605
1965年	454	199	1988年	3786	3000

注：派出国的留学生数是指国家教委（原教育部）公费派出和政府组织奖学金派出人数，不包括部门、地方单位公派人数，1988年部门、地方单位公派3535人

来我国留学的外国学生人数

单位：人

	来我国留学的外国学生人数		来我国留学的外国学生人数		来我国留学的外国学生人数
总　　计	**22 205**	1961年	471	1978年	432
1950年	33	1962年	241	1979年	440
1952年	230	1963年	162	1980年	576
1953年	504	1964年	229	1981年	744
1954年	324	1965年	3312	1982年	865
1955年	327			1983年	1 038
1656年	473	1973年	383	1984年	1 293
1957年	167	1974年	378	1985年	1 585
1958年	90	1975年	432	1986年	2 009
1959年	259	1976年	465	1987年	2 044
1960年	437	1977年	408	1988年	1 854

高级中等学校学生数的构成

	合　　计	普通高中	中等职业技术学校			
			小　计	中等专业学　　校	技工学校	农业、职业中　　学
学生数（万人）						
1965年	271.1	130.8	140.3	52.7	10.1	77.5
1980年	1 196.0	969.8	226.2	124.3	70.0	31.9
1985年	1 156.7	741.1	415.6	157.1	74.2	184.3
1987年	1 289.2	773.7	515.5	187.4	103.1	225.0
1988年	1 301.4	746.0	555.4	205.2	116.1	234.1
比重（%）						
1965年	100.0	48.2	51.8	19.5	3.7	28.6
1980年	100.0	81.1	18.9	10.4	5.8	2.7
1985年	100.0	64.1	35.9	13.6	6.4	15.9
1987年	100.0	60.0	40.0	14.5	8.0	17.5
1988年	100.0	57.3	42.7	15.8	8.9	18.0

小学毕业生和初中毕业生升学率

单位：万人

	小学毕业生升学率			初中毕业生升学率		
	小学毕业生数	初级中等学校招生数	升学率（%）	初中毕业生数	高级中等学校招生数	升学率（%）
1965年	667.6	550.7	82.5	173.8	121.6	70.0
1980年	2 053.3	1 557.6	75.9	964.8	442.8	45.9
1985年	1 999.9	1 367.0	68.4	998.3	416.2	41.7
1987年	2 043.0	1 410.9	69.1	1 117.3	437.0	39.1
1988年	1 930.3	1 359.0	70.4	1 157.2	439.6	38.0

注：初级中等学校招生数包括普通初中和农业、职业初中的招生人数；高级中等学校招生数包括普通高中、农业、职业高中及中专和技工学校招收初中毕业生的人数

学龄儿童入学率及小学在校学生巩固率

单位：万人

	学龄儿童入学率			小学在校学生巩固率		
	全国学龄儿童数	已入学学龄儿童数	入学率（%）	学年初学生数	学年末学生数	巩固率（%）
1965年	11 603.2	9 829.1	84.7	…	…	…
1980年	12 219.6	11 478.2	93.0	…	…	…
1985年	10 362.3	9 942.8	95.9	13 557.1	13 103.1	96.7
1987年	9 750.9	9 477.2	97.1	13 182.5	12 817.3	97.2
1988年	9 623.9	9 351.4	97.1	12 769.0	12 373.0	96.9

各级普通学校女学生和女教职工数

单位：万人

	女学生		女教职工		女专任教师	
	人数	占学生总数的比重(%)	人数	占教职工总数的比重(%)	人数	占专任教师总数的比重(%)
普通高等学校	68.94	33.4	35.66	35.9	11.10	28.2
中等技术学校						
中等师范学校						
普通中学	1 951.18	41.0	112.27	28.8	87.33	29.5
农业、职业中学	122.31	43.8	8.99	29.2	5.94	29.3
工读学校	0.06	9.7	0.09	25.3	0.04	23.6
小学	5 715.58	45.6	243.08	39.6	228.44	41.5
特殊教育学校	2.22	38.5	1.00	62.4	0.78	72.0
幼儿园	865.62	46.7	92.57	94.5	63.41	94.6

各级普通学校少数民族学生和少数民族教职工数

单位：万人

	少数民族学生		少数民族教职工		少数民族专任教师	
	人数	占学生总数的比重(%)	人数	占教职工总数的比重(%)	人数	占专任教师总数的比重(%)
普通高等学校	12.54	6.1	3.75	3.8	1.69	4.3
中等技术学校	9.20	6.7	1.70	4.6	0.85	5.1
中等师范学校	6.46	9.5	0.78	7.4	0.44	7.7
普通学中	281.64	5.9	21.35	5.5	15.84	5.4
农业、职业中学	12.64	4.5	1.34	4.4	0.89	4.4
工读学校	0.01	1.5	0.01	2.6	0.005	3.1
小学	1 024.00	8.2	49.25	8.0	43.18	7.8
特殊教育学校	0.12	2.0	0.05	3.3	0.04	3.5
幼儿园	48.30	2.6	2.87	2.9	2.11	3.2

二、高 等 教 育

（一）普通高等教育

普通高等学校校数

单位：所

	校数			
	合计	大学 专门学院	专科学校	短期职业大学
总计	**1 075**	**611**	**345**	**119**
综合大学	49	49		
理工院校	281	207	74	
农业院校	59	46	13	
林业院校	11	11		
医药院校	119	104	15	
师范院校	262	77	185	
语文院校	14	12	2	
财经院校	80	41	39	
政法院校	25	11	14	
体育院校	16	14	2	
艺术院校	30	29	1	
其他院校	129	10		119

普通高等学校规模

单位：人

	学校数	300人及以下	301～500人	501～1000人	1001～1500人	1501～2000人	2001～3000人	3001～4000人	4001～5000人	5001人及以上
总计	**1 075**	**60**	**86**	**235**	**223**	**147**	**150**	**67**	**36**	**71**
综合院校	49	0	0	3	1	2	5	5	6	27
理工院校	281	8	12	40	44	45	60	27	16	29
农业院校	59	0	2	9	16	7	15	10	0	0
林业院校	11	0	0	2	4	3	1	1	0	0
医药院校	119	3	4	29	36	19	23	5	0	0
师范院校	262	3	9	60	82	47	26	9	12	14
语文院校	14	2	2	2	3	4	1	0	0	0
财经院校	80	3	9	24	16	10	11	5	2	0
政法院校	25	2	4	9	4	1	3	2	0	0
体育院校	16	1	3	5	6	1	0	0	0	0
艺术院校	30	7	15	8	0	0	0	0	0	0
其他院校	129	31	26	44	11	8	5	3	0	1

普通高等学校设置专业数

	合计	工科	农科	林科	医药	师范	文科	理科	财经	政法	体育	艺术
种数	870	378	53	17	25	47	75	129	48	16	14	68
个数	13 358	4 444	688	137	544	3 309	1 121	954	1 450	192	74	445

普通高等学校工科分大类学生数

单位：人

	毕业生数	招生数	在校学生数
总计	**173 386**	**219 332**	**726 789**
地质	6 773	7 285	28 342
矿业	6 241	6 525	23 304
动力	6 464	93 75	29 570
冶金	5 402	6 429	23 000
机械	43 105	50 515	175 484
电机、电器	3 661	6 082	17 782
无线电技术及电子学	33 586	43 352	142 748
化工	13 934	17 798	58 497
粮食食品	4 249	6 268	19 580
轻工	6 000	7 770	23 752
测绘、水文	1 278	1 609	5 876
土木建筑	28 680	39 375	121 656
运输	4 056	4 517	15 760
通信	2 827	3 477	12 012
其他	7 130	8 955	29 417

普通高等学

	学校数(所)		本专科学生数						
	计	其中：中央部门所属学校数	毕业生数	招生数	在校学生数	预计毕业生数	合计	计	计
总　　计	**1 075**	**352**	**553 466**	**699 731**	**2 065 923**	**579 956**	**993 643**	**825 728**	**393 185**
其中：女			171 538	226 073	689 406	184 631	356 554	282 557	111 042
综合大学	49	13	63 450	74 791	241 581	66 307	113 881	92 595	45 646
理工院校	281	201	172 664	220 075	732 941	188 551	402 082	318 852	147 045
农业院校	59	14	30 612	35 482	115 592	31 520	71 131	52 099	25 072
林业院校	11	6	4 598	5 296	18 168	5 311	10 972	8 758	4 416
医药院校	119	25	37 366	46 243	186 253	37 116	106 914	93 560	42 447
师范院校	262	13	169 272	189 272	490 978	169 039	169 069	151 137	76 419
语文院校	14	9	3 615	4 474	15 021	4 260	11 546	9 986	4 765
财经院校	80	39	25 283	39 541	113 936	3 0 183	45 767	41 438	19 875
政法院校	25	10	8 076	9 325	28 518	8 758	12 976	11 806	5 052
体育院校	16	6	3 770	4 281	13 366	3 945	7 679	7 207	3 376
艺术院校	30	11	3 602	4 702	12 477	3 813	11 868	10 963	5 361
民族院校	10	4	5 465	6 970	21 750	6 224	10 366	9 016	4 420
短期职业大学	119	1	25 693	29 279	75 342	24 929	19 392	18 311	9 291
总计中：									
国家教委所属院校	36	36	64 563	71 966	254 926	67 513	146 986	109 745	52 946
中央其他部委所属院校	316	316	149 504	199 833	662 923	168 297	389 655	315 987	144 052
地方所属院校	723		339 399	397 932	1 148 074	3 344 146	457 002	399 996	196 187

校基本情况

单位：人

教职工数										
校本部教职工								科研机构人员	校办工厂农场职工	附设机构人员
专任教师					教辅人员	行政人员	工勤人员			
教授	副教授	讲师	教员	助教						
14 778	**78 777**	**147 184**	**15 090**	**137 356**	**112 426**	**167 238**	**152 879**	**39 221**	**63 137**	**65 557**
1 547	14 925	42 265	5 444	46 861	55 496	58 194	57 822	11 068	23 011	39 918
2 317	10 541	17 490	1 284	14 014	13 281	17 574	16 094	8 572	3 808	8 906
5 291	31 658	56 978	4 648	48 470	48 857	62 079	60 871	20 145	35 376	27 709
1 047	5 355	8 972	395	9 303	5 952	10 144	10 931	1 542	13 228	4 262
170	941	1 577	85	1 643	920	1 642	1 780	252	1 060	902
3 176	8 584	14 546	1 137	15 004	14 922	189 12	17 279	3 576	2 801	6 977
1 564	13 126	29 206	3 455	29 068	17 278	31 675	25 765	3 080	4 166	10 686
146	965	1 904	370	1 380	1 068	1 955	2 198	266	76	1 218
416	2 921	6 513	1 395	8 630	4 224	9 378	7 961	693	1 558	2 078
126	825	1 564	503	2 034	1 180	3 360	2 214	226	150	794
109	696	1 383	62	1 126	610	1 715	1 506	90	40	342
276	1 281	1 962	329	1 513	1 256	2 417	1 929	259	142	504
95	843	1 937	407	1 138	819	2 023	1 754	400	117	833
45	1 041	3 152	1 020	4 033	2 059	4 364	2 597	120	615	346
3 516	14 482	20 259	1 732	12 957	18 466	18 895	19 438	15 542	8 330	13 369
6 219	30 033	53 580	4 330	49 890	45 651	63 891	62 393	15 319	29 042	29 307
5 043	34 262	73 345	9 028	74 509	48 309	84 452	71 048	8 360	25 765	22 881

普通高等学校

	毕业生数			招生数		
	计	本科	专科	计	本科	专科
总计	**553 466**	**279 791**	**273 675**	**669 731**	**341 022**	**328 709**
国家任务	463 808	266 172	197 636	54 3066	311 450	231 616
委托培养	42 669	11 057	31 612	63 088	18 471	44 617
自费生	4 221	237	3 984	42 191	8 862	33 329
干部专修科	34 694	12	34 682	16 688	34	16 654
教师本专科	8 074	2 313	5 761	4 698	2 205	2 493
总计中：						
国家教委所属学校	64 563	52 479	12 048	71 966	58 397	13 569
中央其他部委所属学校	149 504	103 338	46 166	199 833	136 560	63 273
地方所属学校	339 399	123 974	215 425	397 932	146 065	251 867

普通高等学校

	本专科学生数			
	双学士学位	校外班	走读生	少年班
毕业生数	1 059	4 780	19 039	5
招生数	1 769	9 368	28 877	241
在校学生数	5 219	15 328	78 815	733

本专科学生数

单位：人

在校学生数			预计毕业生数		
计	本科	专科	计	本科	专科
2 065 923	**1 335 220**	**730 703**	**579 956**	**310 388**	**269 568**
1 791 720	1 236 219	555 501	492 245	285 051	207 194
167 098	82 319	84 779	53 484	22 823	30 661
54 871	11 618	43 253	6 663	380	6 283
40 710	101	40 609	21 714	67	21 647
11 524	4 963	6 561	5 850	2 067	3 783
254 926	229 351	25 575	67 513	57 051	10 462
662 923	524 791	138 132	168 297	125 021	47 276
1 148 074	851 078	566 996	344 146	132 316	211 830

学生数补充资料

单位：人

另有其他学生数					
预科班	进修班		短训班	外国学留生	其他
	计	其中：助教进修班			
3 554	16 476	4 324	59 252	3 487	7 832
5 284	21 476	3 989	53 651	4 381	8 668
6 211	25 347	4 134	40 169	6 552	10 250

普通高等学校

	毕业生数			招生数		
	计	本科	专科	计	本科	专科
总计	**553 466**	**279 791**	**273 675**	**669 731**	**341 022**	**328 709**
工科	173 585	115 397	58 188	219 532	141 962	77 570
农科	25 073	15 653	9 420	27 179	16 457	10 722
林科	5 228	3 481	1 747	5 786	3 799	1 987
医药	38 153	26 535	11 618	48 135	31 399	16 736
师范	179 120	48 913	130 207	203 446	58 587	144 859
文科	34 681	18 188	16 493	34 687	20 437	14 250
理科	25 664	21 668	3 996	29 485	24 073	5 412
财经	51 273	19 598	31 675	76 041	30 864	45 177
政法	12 490	9 005	6 485	14 191	7 995	6 196
体育	4 219	2 721	1 498	4 817	2 865	1 952
艺术	3 980	1 632	2 348	6 432	2 584	3 848

分科学生数

单位：人

在校学生数			预计毕业生数		
计	本科	专科	计	本科	专科
2 065 923	**1 335 220**	**730 703**	**579 956**	**310 388**	**269 568**
727 722	545 498	182 224	188 510	131 049	57 461
93 677	67 389	26 288	25 776	15 900	9 876
19 828	15 464	4 364	5 544	3 919	1 625
191 527	152 077	39 450	38 099	27 994	10 105
531 511	220 902	310 609	182 444	52 886	129 558
111 683	79 222	32 461	32 966	19 394	12 572
108 717	98 479	10 238	27 777	23 868	3 909
206 088	107 609	98 479	57 025	32 714	33 311
43 654	28 325	15 329	12 933	6 833	6 100
14 831	11 085	3 746	4 371	2 727	1 644
16 685	9 170	7 515	4 511	2 104	2 407

普通高等学校函授部、

	函授部							
	毕业生数			招生数			在校学生数	
	计	本科	专科	计	本科	专科	计	本科
总计	**149 678**	**30 603**	**119 075**	**188 926**	**42 754**	**146 172**	**477 702**	**148 379**
工科	11 480	4 452	7 028	37 364	7 418	29 946	105 041	41 651
农科	5 509	298	5 211	6 868	460	6 408	15 748	1 656
林科	1 354	247	1 107	1 612	148	1 464	4 042	720
医药	3 361		3 361	5 653	88	5 565	18 902	385
师范	63 058	22 805	40 253	68 884	28 430	40 454	174 520	87 307
文科	21 596	1 350	20 246	14 003	1 747	12 256	39 154	6 968
理科	1 883	177	1 706	3 093	362	2 731	9 515	1 963
财经	33 438	836	32 602	40 237	3 246	36 991	80 176	5 564
政法	6 207	310	5 897	8 187	628	7 559	24 811	1 544
体育	1 745	128	1 617	2 176	227	1 949	4 634	621
艺术	47		47	849		849	1 159	

普通高等学校教

	教职工总数中				
	函授部、夜大学教职工		政治工作人员	由校办厂、场收入支付工资的职工	合同制职工
	计	其中：专任教师			
人数	8 282	3 014	44 719	34 167	18 616

夜大学分科学生数

单位：人

	夜大学								
	毕业生数			招生数			在校学生数		
专科	计	本科	专科	计	本科	专科	计	本科	专科
329 323	**50 953**	**9 128**	**41 825**	**586 531**	**8 055**	**50 598**	**157 431**	**35 640**	**121 791**
63 390	12 278	4 192	8 086	17 483	5 016	12 467	56 581	23 459	33 122
14 092	174		174	70		70	212		212
3 322	199	45	154	164		164	458	124	334
18 517	3 422	257	3 165	4 269	355	3 914	15 689	2 396	13 293
87 213	12 337	2 878	9 459	6 966	1 235	5 731	16 136	3 695	12 441
32 186	9 866	966	8 900	7 887	380	7 507	21 665	2 523	19 142
7 552	3 075	395	2 680	2 333	90	2 243	7 397	906	6 491
74 612	7 459	152	7 307	15 332	693	14 639	30 137	2 167	27 970
23 267	1 272	243	1 029	2 105	175	1 930	5 520	224	5 296
4 013	301		301	305		305	516		516
1 159	570		570	1 739	111	1 628	3 120	146	2 974

职工数补充资料

单位：人

另有其他人员					
聘期一年以上的外国专家、教授	附属中学教职工	附属小学教职工	现有离退休人员	服务公司等集体所有制人员	停薪留职人员
1 914	17 948	6 497	108 132	41 846	6 744

专任教师中本学年内不担任教学工作的人数

单位：人

	合计	教授	副教授	讲师	教员	助教
总计	**40 276**	**1 129**	**4 844**	**12 317**	**1 680**	**20 306**
脱产进修	20 634	99	1 016	5 483	828	13 208
科学研究	9 059	689	2 474	3532	134	2 230
外借人员	1 238	36	194	471	64	473
因病休养	1 730	94	362	776	118	380
其他	7 615	211	798	2 055	536	4 015

非教学人员中有教师职称的人数

单位：人

	合计	教授	副教授	讲师	助教
总计	**43 873**	**2 541**	**9 240**	**1 9541**	**12 551**
行政人员中	23 200	991	4 533	11 451	6 225
科研机构人员中	15 382	1 485	3 946	5 579	4 372
教辅人员中	3 205	28	383	1 508	1 286
校办厂、场职工中	338	5	89	165	79
附设机构人员中	1,748	32	289	838	589

普通高等学校分科专任教师数

单位：人

	合计	教授	副教授	讲师	教员	助数	合计中：公共课教师
总计	**393 185**	**14 778**	**78 777**	**147 184**	**15 090**	**137 356**	**65 010**
其中：女教师	111 042	1 547	14 925	42 265	5 444	46 861	16 976
工科	108 140	4 516	24 281	42 085	3 348	33 910	2 318
农科	16 090	880	3 673	5 682	242	5 613	120
林科	3 092	168	711	1 006	51	1 156	3
医药	33 700	3 079	7 066	11 466	909	11 180	1 037
教育	5 111	114	755	1 440	363	2 439	2 231
文科	89 165	2 173	16 198	32 661	4 382	33 751	30 339
其中：中国共产党党史	5 198	91	1 064	1 933	230	1 880	2 884
哲学	7 686	197	1 587	2 904	279	2 719	3 595
政治经济学	6 299	145	1 270	2 243	270	2 371	3 179
国际共产主义运动史	1 180	34	194	386	54	512	300
科学社会主义	1 562	29	228	507	90	708	554
汉语言文学	16 580	482	3 638	6 721	803	4 936	2 440
英语	25 648	371	3 607	9 276	1 317	11 077	10 826
理科	83 765	2 578	17 857	34 413	2 530	26 387	17 763
其中：数学	25 192	634	5 191	10 352	807	8 208	7 022
物理	21 041	519	4 657	9 046	595	6 224	4 237
化学	19 896	590	4 140	8 424	560	6 182	3 586
财经	18 154	561	2 556	5 116	1 226	8 695	297
政法	5 678	146	922	1 623	437	2 550	301
体育	20 412	215	2 930	8 180	785	8 302	10 059
艺术	9 878	348	1 828	3 512	817	3 373	542

普通高等学校专

	合计	研究生毕业		
		博士	硕士	未授博士、硕士学位的
总计	**393 185**	**2 371**	**44 081**	**13 651**
其中：女教师	111 042	238	7 932	2 882
教授	14 778	688	808	1 917
副教授	78 777	542	2 839	4 319
讲师	147 184	706	17 606	3 309
教员	15 090	94	2 030	599
助教	137 356	341	20 798	3 507

普通高等学校专任

	合计	30岁以下	31～35岁	36～40岁
总计	**393 185**	**137 852**	**47 964**	**24 768**
其中：女教师	111 042	46 876	14 055	6 675
教授	14 778		3	10
副教授	78 777	38	158	364
讲师	147 184	13 061	28 582	19 961
教员	15 090	9 976	1 664	811
助教	137 356	114 777	17 557	3 622

任教师学历情况

单位：人

高等学校本科专业			高等学校专科毕业及本专科肄业二年以上	高等学校本专科肄业未满两年及以下
学士	研究生肄业	未授学士学位的		
152 497	**744**	**139 871**	**35 138**	**4 832**
50 430	130	38 439	9 879	1 112
2 757	96	7 885	502	125
12 593	226	52 782	4 640	836
34 918	223	67 154	20 667	2 601
7 056	10	2 898	1 805	598
95 173	189	9 152	7 524	672

教师年龄情况

单位：人

41～45岁	46～50岁	51～55岁	56～60岁	61岁以上
32 358	**50 437**	**62 337**	**28 315**	**9 154**
9 737	14 012	15 254	3 490	943
71	751	2 944	5 697	5 482
3 121	18 416	36 697	16 789	3 194
27 393	30 409	21 882	5 495	401
761	832	678	296	72
1 012	209	136	38	5

普通高等学校

	上学年初报表在校学生数	增加学生数					
		计	招生数	复学	其他学校转入	其他	计
本专科学生	1 958 351	680 251	669 731	4 299	1 722	4 702	572 881

普通高等学校校办工厂、

	校办工厂		校办农（林）场		
	总产值（万元）	纯收入（万元）	土地面积（亩）		粮食总产量（万斤）
			农场	林场	
总计	121 058.00	25 951.02	132 237	82 875	3 791

普通高等学

	合计	教学、行政用房					
		计	教室	实验室	科研用房	图书馆	体育馆
校舍建筑总面积	90 549 270	34 266 257	10 238 235	10 130 427	1 547 229	4 017 025	714 753
其中：被外单位长期借用、占用面积	1 295 215	337 832	52 032	68 856	3 726	15 912	6 466
危房面积	3 062 889	854 124	287 287	170 283	15 936	66 523	21 263
当年新增面积	5 369 763	2 246 134	728 557	597 329	139 640	402 292	90 225
正在施工面积	7 408 319	4 203 634	1 497 435	1 060 015	221 282	847 994	121 149

学生数变动情况

单位：人

减少学生数								本学年初报表在校学生数
毕业生	结业生	休学	退学	开除	死亡	转到其他学校	其他	
553 466	2 826	4 092	6 080	468	510	1 424	4 016	2 065 923

农（林）场及其他收入情况

农副业纯收入（万元）	教学科研及其他收入（万元）				全部纯收入（万元）
	计	教学服务收入	科研活动收入	其他收入	
1 285.17	64 857.93	30 132.79	9 586.68	25 138.46	92 094.10

校舍情况

单位：平方米

工厂	校、系行政用房	生活及福利附属用房						其他用房
		计	学生宿舍	学生食堂	教工及家属住宅	教工食堂	福利及附属用房	
2 650 061	4 921 168	52 653 660	14 033 496	3 145 598	29 175 526	659 618	5 620 824	3 499 353
39 383	64 081	867 297	173 069	9 769	669 703	3 064	71 691	160 086
126 714	159 745	2 067 725	323 132	99 468	1 366 848	21 548	255 569	141 040
110 998	159 558	2 943 824	722 848	237 965	1 635 730	38 781	299 303	179 805
144 699	283 763	2 994 121	572 208	270 517	1 800 349	57 708	280 880	210 564

（二）研　究　生

全 国 研 究 生

	合计					攻读博士学位		
	毕业生数	招生数	在学研究生数	预计毕业生数	指导教师人数	毕业生数	招生数	在学研究生数
总　　计	**40 838**	**35 645**	**112 776**	**39 318**	**48 872**	**1 538**	**3 262**	**10 525**
普通高等学校	36 290	32 208	100 810	34 989	40 766	1 330	2 779	8 697
其中：								
国家任务	28 205	29 459	89 728	29 894	39 116	1 294	2 651	8 350
委托培养	8 085	2 749	11 082	5 095	1 650	36	128	347
科研机构	4 548	3 437	11 966	4 329	8 106	253	483	1 828
其中：								
国家任务	4 212	3 302	11 431	4 099	7 967	246	467	1 761
委托培养	336	135	735	230	139	7	16	67

基　本　情　况

单位：人

研究生		攻读硕士学位研究生					研究生班研究生				
预计毕业生数	指导教师人数	毕业生数	招生数	在学研究生数	预计毕业生数	指导教师人数	毕业生数	招生数	在学研究生数	预计毕业生数	指导教师人数
2 941	**3 384**	**34 732**	**30 907**	**98 376**	**34 069**	**45 229**	**4 523**	**1 476**	**3 875**	**2 308**	**259**
2 364	2 637	30 499	27 995	88 346	30 357	37 870	4 461	1 434	3 767	2 268	295
2 303	2 597	2 3652	25 722	78 669	26 005	36 360	3 259	1 086	2 709	1 586	159
61	40	6 847	2 273	9 677	4 352	1 510	1 202	348	1 058	682	100
577	747	4 283	2 912	10 030	3 712	7 359	62	42	108	40	—
562	729	3 934	2 802	9 608.	3 525	7 238	32	33	62	12	—
15	18	299	110	422	187	121	30	9	46	28	—

三、中 等 教 育

（一）中等专业学校

中　等　专　业　学　校

	学校数（所）	毕业生数	招生数			在校学生数	
			计	招高中毕业生数	招初中毕业生数		合计
总　　计	**4 022**	**595 737**	**776 382**	**208 011**	**568 371**	**2 051 713**	**475 981**
中等技术学校	2 957	392 219	540 452	175 543	364 909	1 368 225	370 413
工业学校	908	138 941	200 527	59 677	140 850	519 419	150 858
农业学校	384	39 040	57 132	11 203	45 929	152 242	48 071
林业学校	49	6 803	8 017	1 339	6 678	23 309	7 892
医药学校	573	85 703	108 729	13 401	95 328	299 250	63 318
财经学校	548	83 286	113 073	67 312	45 761	242 808	57 572
政法学校	123	20 341	20 165	17 296	2 869	42 495	12 219
体育学校	138	3 168	9 611	229	9 382	25 676	9 548
艺术学校	143	5 584	8 146	711	7 435	26 886	13 481
其他学校	91	9 353	150 52	4 375	10 677	36 140	7 454
中等师范学校	1 065	203 518	235 930	32 468	203 462	683 488	105 568
其中：							
幼儿师范学校	67	10 783	11 947	206	11 741	36 013	6 742

分　类　别　情　况

单位：人

教职工数											
校本部教职工									校办厂、场职工		附设机构人员
计	专任教师					教辅人员	行政人员	工勤人员	计	其中由厂、场收入支付工资的职工	
	计	高级讲师	讲师	助理讲师	教员						
439 789	**225 336**	**21 976**	**70 074**	**74 702**	**58 584**	**38 106**	**91 745**	**84 602**	**24 945**	**12 758**	**11 247**
338 986	167 691	15 924	53 321	56 888	41 558	31 116	72 059	68 120	21 432	10 712	9 995
133 851	63 607	5 786	20 191	22 413	15 217	13 393	28 519	28 332	13 828	6 205	3 179
43 525	20 302	2 486	6 683	6 450	4 683	4 157	8 536	10 530	3 780	1 656	766
6 675	3 133	396	964	1 016	757	656	1 291	1 595	1 093	783	124
58 031	31 005	3 745	10 727	11 526	5 007	6 037	10 275	10 714	650	450	4 637
56 084	27 719	1 825	7 569	9 479	8 846	3 891	13 748	10 726	916	626	572
11 977	5 208	285	1 435	1 853	1 635	940	3 881	1 948	112	67	130
9 121	5 064	364	1 786	1 453	1 461	508	1 897	1 652	36	13	391
13 247	8 127	809	2 890	1 691	2 737	1 160	2 317	1 643	115	60	119
6 475	3 526	228	1 076	1 007	1 215	374	1 595	980	902	852	77
100 803	57 645	6 052	16 753	17 814	17 026	6 990	19 686	16 482	3 513	2 046	1 252
6 331	3 610	389	1 156	1 032	1 033	367	1 465	889	240	150	171

中等专业学校分科学生数

单位：人

	毕业生数	招生数			在校学生数	预计毕业生数
		计	招高中毕业生数	招初中毕业生数		
总　　计	**595 737**	**776 382**	**208 011**	**56 8371**	**2 051 713**	**598 794**
工　　科	115 613	178 189	49 528	128 661	461 450	100 782
农　　科	31 499	41 623	8 282	33 341	115 660	28 939
林　　科	6 549	8 174	1 428	6 746	24 295	5 943
医　　药	85 653	109 504	13 206	96 298	300 061	84 371
师　　范	203 518	235 856	32 432	203 424	683 235	226 459
财　　经	113 439	152 090	80 540	71 550	338 216	110 334
政　　法	2 1192	21 363	17 667	3 696	46 095	21 329
体　　育	2 951	9 270	229	9 041	24 806	4 330
艺　　术	6 267	10 044	1 007	9 037	31 547	7 288
其　　他	9 056	10 269	3 692	6 577	26 348	9 019

中等专业学校专任教师年龄情况

单位：人

	合 计	30岁以下	31～35	36～40	41～45	46～50	51～55	56～60	61岁以上
总 计	**225 336**	**98 601**	**32 417**	**18 898**	**19 551**	**24 691**	**21 783**	**7 766**	**1 629**
高级讲师	21 983	15	12	24	609	5 955	9 790	4 390	1 188
讲 师	70 102	3 248	11 388	10 441	14 906	16 343	10 631	2 817	328
助理讲师	74 709	47 681	16 701	6 416	2 355	972	427	146	11
教 员	58 542	47 657	4 316	2 017	1 681	1 421	935	413	102
中等技术学校	167 691	70 481	25 118	14 576	15 155	18 828	16 454	5 932	1 147
高级讲师	15 931	14	10	23	426	4 187	7151	3 268	852
讲 师	53 349	2 374	8 488	7 717	11 424	12 709	8 210	2 212	215
助理讲师	56 895	34 999	13 350	5 264	1 971	806	371	127	7
教 员	41 516	33 094	3 270	1 572	1 334	1 126	722	325	73
中等师范学校	57 645	28 120	7 299	4 322	4 396	5 863	5 329	1 834	482
高级讲师	6 052	1	2	1	183	1 768	2 639	1 122	336
讲 师	16 753	874	2 900	2 724	3 482	3 634	2 421	605	113
助理讲师	17 814	12 682	3 351	1 152	384	166	56	19	4
教 员	17 026	14 563	1 046	445	347	295	213	88	29

中等专业学校分课

	合计	政治课	普						
			计	语文	数学	物理	化学	生物	地理
总计	**225 336**	**14 756**	**110 037**	**23 446**	**20 524**	**9 920**	**9 375**	**3 599**	**1 830**
中等技术学校	167 691	11 239	56 731	10 790	11 298	5 618	6 092	1 183	545
中等师范学校	57 645	3 517	53 306	12 656	9 226	4 302	3 283	2 416	1 285

中等专业学校分中央部

	学校数（所）	毕业生数	招生数			在校学生数	预计毕业生数	
			计	招高中毕业生数	招初中毕业生数			合计
总计	**4 022**	**595 737**	**776 382**	**208 011**	**568 371**	**2051 713**	**598 794**	**475 981**
中央部委所属学校	364	63 541	84 110	34 195	4 9915	220 791	56 698	71 025
地方所属学校	3 658	532 196	69 2272	173 816	518 456	1830 922	542 096	404 956

中等专业学校女学生

	女学生数							
	毕业生数	招生数			在校学生数	预计毕业生数	合计	
		计	招高中毕业生数	招初中毕业生数				计
总计	**261 429**	**345 263**	**68 463**	**276 800**	**932 528**	**265 984**	**176 078**	**160 659**

程的专任教师数

单位：人

历史	心理学	教育学	音乐	美术	体育	英语	其他外国语	其他	专业课	技术基础课
2 087	**1 674**	**2 118**	**5 335**	**4 023**	**13 670**	**8 685**	**320**	**3 431**	**74 209**	**26 334**
475	241	90	648	533	8 934	7 790	287	2 207	73 484	26 237
1 612	1 433	2 028	4 687	3 490	4 736	895	33	1 224	725	97

门、地方学校基本情况

单位：人

教职工数											
校本部教职工									校办厂、场职工		附设机构人员
计	专任教师					教辅人员	行政人员	工勤人员	计	其中由厂场收入支付工资的职工	
	计	高级讲师	讲师	助理讲师	教员						
439789	**225 336**	21 976	**70 074**	**74 702**	**58 584**	**38 106**	**91 745**	**84 602**	**24 645**	**12 758**	**11 247**
63 366	28 556	2 792	9 141	9 030	7 593	6 489	13 901	14 420	5 630	1 682	2 029
376423	196 780	19 184	60 933	65 672	50 991	31 617	77 844	70 182	19 315	11 076	9 218

和女教职工数

单位：人

女教职工数										
校本部女教职工								校办厂、场职工		附设机构人员
专任女教师					教辅人员	行政人员	工勤人员	计	其中由厂场收入支付工资的职工	
计	高级讲师	讲师	助理讲师	教员						
80 197	**4 529**	**23 264**	**28 913**	**23 483**	**20 862**	**29 374**	**30 226**	**8 408**	**4 758**	**7 011**

中等专业学校学

	上学年初报表在校学生数	增加学生数				
		计	本学年初招生数	复学	其他学校转入	其他
总计	**1 872 756**	**802 847**	**776 382**	**1 506**	**6 951**	**18 008**
中等技术学校	1 221 246	560 634	540 452	1 140	5 201	13 841
中等师范学校	651 510	242 213	235 930	366	1 750	4 167

中等专业学校校办工厂、

	校办工厂		校办农林		
	总产值（万元）	纯收入（万元）	土地面积（亩）		粮食总产量（万斤）
			农场	林场	
总计	**41 435.89**	**9 176.59**	**72 504**	**4 4873**	**9 046.28**
中等技术学校	25 121.02	7 228.13	61 345	35 694	8 914.12
中等师范学校	16 314.87	1 948.46	11 159	9 179	132.16

中等专业学

	合计				中
	计	教学、行政用房	生活及福利用房	其他用房	计
校舍建筑面积	50 628 539	19 550 301	26 516 083	4 562 155	39 275 994
其中：被外单位借占面积	703 390	195 137	384 043	124 210	601 605
危房面积	1 983 764	489 661	1 185 600	308 503	1 326 063
当年新增面积	2 620 460	1 058 711	1 423 726	138 023	1 957 964
正在施工面积	3 400 356	1 911 884	1 328 733	159 739	2 795 682

补充资料：学校占地面积479161.6亩，其中：中等技术学校379059.3亩，中等师范学校100102.3亩。

生 数 变 动 情 况

单位：人

减少学生数									本学年初报表在校学生数
计	上学年毕业学生数	上学年结业学生数	休学	退学	开除	死亡	转到其他学校	其他	
623 890	**595 737**	**2 120**	**1 586**	**5 600**	**587**	**510**	**4 146**	**12 060**	**2051 713**
413 655	392 219	1 815	1 210	4 830	432	335	1 766	9 504	1368 225
210 235	203 518	305	376	770	155	175	2 380	2 556	683 488

农（林）场及其他收入情况

场	教学、科研及其他收入（万元）				全年纯收入（万元）
农副业纯收入（万元）	合计	教学服务	科研服务	其他收入	
560.42	**14 403.59**	**12 526.57**	**73.94**	**1 802.88**	**24 140.80**
483.39	13 448.33	12 048.82	72.34	1 328.07	21 160.85
77.03	954.26	477.75	1.60	474.81	2 979.95

校 校 舍 情 况

单位：万平方米

等技术学校			中等师范学校			
教学、行政用房	生活及福利用房	其他用房	计	教学、行政用房	生活及福利用房	其他用房
15 087 645	20 610 299	3 578 049	11 296 060	4 440 755	5874 752	980 553
170 225	320 304	111 076	101 785	24 912	63 769	13 125
328 717	793 038	204 308	655 293	159 992	391 436	103 865
779 345	1 078 566	100 053	660 210	279 246	342 994	37 970
1 593 497	1 064 924	137 261	600 574	3142 87	263 809	22 478

中等专业学校专任教师学历情况

单位：人

	合计	高等学校本科毕业及以上	高等学校专科毕业及本专科肄业两年以上	高等学校本专科肄业未满两年	中专、高中毕业及以下
总计	**225 336**	**118 522**	**69 368**	**1 688**	**35 758**
中等技术学校	167 691	87 417	49 688	1 278	29 308
中等师范学校	57 645	31 105	19 680	410	6 450

中等专业学校学生数补充资料

单位：人

	学生总数中				另有其他学生数			
	干部中专班	职工中专班	农村中专班	走读生	进修班	短训班	函授生	其他
毕业生数	8 809	55 361	3 873	24 404	10 296	99 083	57 766	5 482
招生数	5 812	35 702	12 688	43 128	20 874	37 117	71 604	16 349
在校生数	15 503	107 953	23 491	119 252	31 465	27 580	179 040	30 135

（二）普 通 中 学

普通中学校数、班数

	学校数（所）				班数（个）	
	计	初级中学	高级中学	完全中学	初中	高中
总计	**91 492**	**74 968**	**3 202**	**13 322**	**803 767**	**147 662**
教育部门和集体办	82 706	69 768	2 926	10 012	734 692	127 610
其他部门办	8 786	5 200	276	3 310	69 075	20 052
城市	11 398	6 171	625	4 602	127 971	477 23
教育部门和集体办	7 175	3 822	468	2 885	91 950	36 868
其他部门办	4 223	2 349	157	1 717	36 021	10 855
县镇	13 772	7 868	1 159	4 745	132 484	63 004
教育部门和集体办	11 797	6 742	1 086	3 969	117 845	58 379
其他部门办	1 975	1 126	73	776	14 639	4 625
农村	66 322	60 929	1 418	3 975	543 312	36 935
教育部门和集体办	63 734	59 204	1 372	3 158	524 897	32 363
其他部门办	2 588	1 725	46	817	18 415	4 572
总计中：						
重点中学	2 252	178	599	1 476	20 286	34 975
四年制初中	333	322	1	10	2 862	—
小学附设初中班					69 742	—

补充资料：学校数“总计”中，专为少数民族独立设置的学校3032所。

普通中学

	毕业生数		招生数			
	初中	高中	初中	高中	计	一年级
总计	**11 572 264**	**2 505 641**	**13 404 731**	**2 442 686**	**40 155 430**	**14 054 924**
教育部门和集体办	10 663 403	2 227 560	12 529 739	2 177 371	3 7266 440	13 134 795
其他部门办	908 861	278 081	874 992	265 315	2 888 990	920 129
城市	1 906 204	794 211	1 944 400	718 256	6 123 476	2 009 116
教育部门和集体办	1 441 644	639 877	1 472 204	582 900	4 605 176	1 519 561
其他部门办	464 560	154 334	472 196	135 356	1 518 300	489 555
县镇	2 113 029	1 070 894	2 224 879	1 078 663	6 931 554	2 319 816
教育部门和集体办	1 914 193	1 011 512	2 036 765	1 019 706	6 318 083	2 123 608
其他部门办	198 836	59 382	188 114	58 957	613 471	196 208
农村	7 553 031	640 536	9 235 452	645 767	27 100 400	9 725 992
教育部门和集体办	7 307 566	576 171	9 020 770	574 765	26 343 181	9 491 626
其他部门办	245 465	64 365	214 682	71 002	757 219	234 366
总计中：						
重点中学	3 94 772	612 324	348 891	597 372	1 138 559	365 059
四年制初中	13 481		40 512		122 696	43 986
小学附设初中班	758 672	28	1 097 769		3 086 030	1 199 707
女生学	4 787 985	985 009	5 588 048	929 762	16 659 453	5 839 967

学 生 数

单位：人

在校学生数								
初中			高中					
				二年制		三年制		
二年级	三年级	四年级	计	一年级	二年级	一年级	二年级	三年级
13 697 701	**12 377 398**	**25 407**	**7 459 787**	**21 736**	**26 772**	**2 465 128**	**2 439 594**	**2 506 557**
12 705 331	11 402 221	24 093	6 662 057	15 454	20 377	2 201 527	2 190 764	2 233 935
992 370	975 177	1 314	797 730	6 282	6 395	263 601	248 830	272 622
2 080 245	2 030 247	3 868	2 228 782	3 714	4 916	723 977	726 229	769 946
1 559 387	1 523 286	2 942	1 809 127	1 535	2 599	589 776	594 569	620 648
520 858	506 961	926	419 655	2 179	2 317	134 201	131 660	149 298
2 383 061	2 224 019	4 658	3 310 031	5 851	7 341	1 093 446	1 085 430	1 117 963
2 171 982	2 018 023	4 470	3 133 351	4 554	5 651	1 034 971	1 031 295	1 056 880
211 079	205 996	188	176 680	1 297	1 690	58 475	54 135	61 083
9 234 395	8 123 132	16 881	1 920 974	12 171	14 515	647 705	627 935	618 648
8 973 962	7 860 912	16 681	1 719 579	93 65	12 127	576 780	564 900	556 407
260 433	262 220	200	201 395	2 806	2 388	70 925	63 035	62 241
382 149	390 306	1 045	1 868 791	144	110	612 657	617 400	638 480
31 610	22 395	24 705						
1 053 604	832 295	424						
5 678 764	5129 699	11 023	2 851 347	8 105	9 702	940 881	927 522	966 137

普通中学

	教职工				
	合计	专任教师			行政人员
		计	初中	高中	
总计	**3 896 672**	**2 959 628**	**2 402 742**	**556 886**	**507 430**
教育部门办	2 970 135	2 267 160	1 794 958	472 202	434 844
其他部门办	449 045	325 830	243 249	82 581	61 293
集体办	477 492	366 638	364 535	2 103	11 293
城市	937 754	649 121	457 371	191 750	162 267
教育部门办	656 909	461 531	317 439	144 092	124 396
其他部门办	247 022	181 745	134 245	47 500	37 380
集体办	33 823	5 845	5 687	158	491
县镇	886 692	644 574	415 705	228 869	126 412
教育部门办	743 598	546 945	337 348	209 597	112 199
其他部门办	96 661	70 050	51 581	18 469	12 488
集体办	46 433	27 579	26 776	803	1 725
农村	2 072 226	1 665 933	1 529 666	136 267	218 751
教育部门办	1 569 628	1 258 684	1 140 171	118 513	198 249
其他部门办	105 362	74 035	57 423	16 612	11 425
集体办	397 236	333 214	332 072	1 142	9 077
总计中：					
女教职工	1 122 669	873 307	733 676	139 631	109 639

教职工数

单位：人

数			代课教师	临时工	兼任教师
工勤人员	校办工厂·农场职工				
	计	其中：由厂、场收入支付工资的职工			
341 741	**87 873**	**54 077**	**128 156**	**114 490**	**107 42**
225 642	42 489	15 224	97 810	87 805	7 386
56 609	5 313	2 536	8 434	3 750	2 673
59 490	40 071	36 317	21 912	22 935	683
75 642	50 724	35 208	9 413	17 473	4 928
48 566	22 416	9 543	6 625	14 020	3 254
24 839	3 058	1 063	2 365	1 953	1 544
2 237	25 250	24 602	423	1 500	130
94 839	20 867	10 747	22 252	32 773	2 560
71 618	12 836	4 140	18 115	26 985	1 841
13 302	821	369	1 719	569	615
9 919	7 210	6 238	2 418	5 219	104
171 260	16 282	8 122	96 491	46 244	3 254
105 458	7 237	1 541	73 070	46 800	2 291
18 468	1 434	1 104	4 350	1 228	514
47 334	7 611	5 477	19 071	16 216	449
102 581	37 142	26 637	39 664	33 630	1 615

普通中学分课程

	合计	初				中
		计	高等学校本科毕业及以上	高等学校专科毕业和本专科肄业两年以上	高等学校本专科肄业未满两年	中专、高中毕业
总计	**2 959 628**	**2 402 742**	**136 722**	**718 905**	**53 556**	**1 382 147**
政治	210 220	167 215	9 886	51 306	4 010	90 297
语文	675 834	578 129	31 920	183 206	13 182	322 251
数学	634 315	537 588	28 265	160 772	12 597	323 250
物理	269 602	203 796	13 359	75 418	4 772	106 125
化学	188 011	128 538	8 798	50 670	3 189	63 503
生物	111 568	85 755	8 946	25 466	1 865	44 606
地理	110 466	86 789	5 297	19 655	1 873	53 067
历史	115 164	85 613	7 193	23 567	1 848	46 390
英语	377 815	306 469	10 470	82 264	5 958	194 566
俄语	4 610	2 965	500	972	73	1 313
日语	1 926	1 240	123	318	24	711
体育	136 569	104 330	6 273	22 122	1 839	64 673
生理卫生	23 032	22 285	1 203	4 208	480	14 404
音乐	36 411	35 482	1 326	6 949	656	23 203
美术	29 074	28 460	1 249	6 545	573	17 133
计算机课	2 423	895	205	434	14	203
职业劳动	14 573	12 417	558	2 125	217	7 758
其他课	18 015	14 776	1 151	2 953	386	8 694

专任教师学历情况

单位：人

中专、高中肄业及以下	高中 计	高等学校本科毕业及以上	高等学校专科毕业和本专科肄业两年以上	高等学校本专科肄业未满两年	中专、高中毕业及以下
111 412	**556 886**	**230 215**	**258 564**	**7 758**	**60 349**
11 716	43 005	17 177	19 779	751	5 298
27 570	97 705	43 163	45 264	1 284	7 994
12 704	96 727	48 499	42 410	986	4 832
4 122	65 806	30 889	30 225	662	4 030
2 378	59 473	26 088	28 810	565	4 010
4 872	25 813	11 910	11 126	343	2 434
6 897	23 677	8 845	10 195	509	4 128
6 615	29 551	12 860	12 921	436	3 334
13 211	71 346	18 871	40 795	1 132	10 548
152	1 645	962	497	18	168
64	686	197	231	30	228
9 423	32 239	8 120	12 913	769	10 437
1 990	747	197	266	37	247
3 384	929	145	369	31	384
2 960	614	114	256	20	224
39	1 528	764	625	28	111
1 759	2 156	462	799	76	819
1 592	3 293	952	1 083	81	1 123

普通中学校舍情况

单位：M^2

	总计	城市	县镇	农村
学校数（所）	91492	11398	13 772	66322
学校占地面积（亩）	11 185 533.7	3 936 309.4	2 405 427.2	4843 796.6
学校建筑面积	23 142 537	53 706 958	57 585 785	120 120 794
其中：				
当年新增面积	12 849 464	2 623 199	3 460 640	67 065 625
危险房屋面积	13 891 837	2 172 528	3 336 404	8 382 905
外位单长期占用面积	1 456 754	636 243	467 888	352 623

（三） 农业、职业中学

农业、职业中学校数、班

	独立设置的学校数（所）			
	计	初 中	高 中	初高中合设
总　　计	**8 954**	**1 416**	**7 043**	**495**
教育部门和集体办	7 464	1 401	5 592	471
其他部门办	1 490	15	1 451	24
城　　市	2 312	31	2 228	53
教育部门和集体办	1 435	26	1 370	39
其他部门办	877	5	858	14
县　　镇	2 191	85	2 001	105
教育部门和集体办	1 781	78	1 601	102
其他部门办	410	7	400	3
农　　村	4 451	1 300	2 814	337
教育部门和集体办	4 248	1 297	2 621	330
其他部门办	203	3	193	7
总 计 中：				
普通中学附设				
女 学 生				

补充资料：附设农业、职业班的普通中学校数5040所。

数、毕业生数和招生数

班数（个）		毕业生数（人）		招生数（人）	
初中	高中	初中	高中	初中	中高
9 430	**55 179**	**118 222**	**691 908**	**185 692**	**1 010 183**
9 287	45 217	116 416	588 649	182 517	842 769
143	9 962	1 806	103 259	3 175	167 414
341	22 079	4 196	273 577	4 766	362 673
284	15 701	3 899	205 305	3 944	261 684
57	6 378	297	68 272	822	100 989
931	14 527	12 142	175 688	19 746	284 844
915	12 530	11 801	158 193	19 302	243 443
16	1 997	341	17 495	444	41 401
8 158	18 573	101 884	242 643	161 180	362 666
8 088	16 986	100 716	225 151	159 271	337 642
70	1 587	1 168	17 492	1 909	25 024
910	10 403	13 371	142 169	26 597	186 303
		43 228	284 359	70 861	403 439

农业、职业中学在校学生

	在校学					
	合计	初中				
		计	一年级	二年级	三年级	计
总计	**2 793 710**	**452 785**	**172 531**	**134 610**	**145 644**	**2 340 925**
教育部门和集体办	2 389 587	446 622	169 310	132 869	144 443	1 942 965
其他部门办	404 123	6 163	3 221	1 741	1 201	397 960
城市	915 551	13 660	4 566	4 747	4 347	901 891
教育部门和集体办	667 964	11 766	3 675	4 132	3 959	656 198
其他部门办	247 587	1 894	891	615	388	245 693
县镇	688 611	47 240	17 944	13 627	15 669	641 371
教育部门和集体办	601 039	46 525	17 430	13 552	15 543	554 514
其他部门办	87 572	715	514	75	126	86 857
农村	1 189 548	391 885	150 021	116 236	125 628	797 663
教育部门和集体办	1 120 584	388 331	148 205	115 185	124 941	732 253
其他部门办	68 964	3 554	1 816	1 051	687	65 410
总计中：						
普通中学附设	486 829	42 818	16 625	5 086	21 107	444 011
女生数	1 223 132	171 893	66 567	50 493	54 833	1 051 240

补充资料：高中四年制一年级8186人，二年级7009人，三年级5342人，四年级6738人。

数和预计毕业生数

单位：人

生数						一九八九年预计毕业生数	
高中							
二年制		三年制			四年制	初中	高中
一年级	二年级	一年级	二年级	三年级			
237 957	**172 358**	**760 734**	**613 069**	**529 532**	**27 275**	**151 400**	**720 425**
206 739	148 159	625 075	503 838	433 502	25 652	149 232	599 211
31 218	24 199	135 659	109 231	96 030	1 623	2 168	121 214
54 045	41 511	302 836	251 783	232 198	19 518	4 322	279 891
36 185	26 783	219 754	184 829	169 898	18 749	3 934	202 700
17 860	14 728	83 082	66 954	62 300	769	388	77 191
74 814	52 021	207 257	165 291	138 439	3 549	15 623	192 976
66 569	46 082	174 347	143 208	120 967	3 341	15 497	169 403
8 245	5 939	32 910	22 083	17 472	208	126	23 573
109 098	78 826	250 641	195 995	158 895	4 208	131 455	247 558
103 985	75 294	230 974	175 801	142 637	3 562	129 801	227 108
5 113	3 532	19 667	20 194	16 258	646	1 654	20 450
60 810	44 407	129 556	106 891	99 990	2 357	23 405	150 631
99 450	73 394	334 313	280 338	248 154	15 591	57 063	327 720

农业、职业中学高中

	合计	工科	农科	林科	医药
毕业生数	691 908	209 502	151 686	29 689	21 070
招生数	1 010 183	321 299	188 486	43 160	54 142
在校学生数	2 340 925	736 501	452 758	105 220	116 616
1989年预计毕业生数	720 425	226 130	145 134	32 092	27 433

农业、职业中

	教职			
	合计	专任教师		
		计	初中	高中
总计	**30 7690**	**202 820**	**25 639**	**177 181**
教育部门办	239 238	162 310	19 350	142 960
其他部门办	47 358	30 584	362	30 222
集体办	21 094	9 926	5 927	3 999
城市	115 230	73 852	1 193	72 659
教育部门办	81 541	53 181	928	52 253
其他部门办	29 791	20 465	192	20 273
集体办	3 898	206	73	133
县镇	76 693	49 417	2 743	46 674
教育部门办	63 015	42 257	2 300	39 957
其他部门办	10 243	6 024	26	5 998
集体办	3 435	1 136	417	719
农村	115 767	79 551	21 703	57 848
教育部门办	94 682	66 872	16 122	50 750
其他部门办	7 324	4 095	144	3 951
集体办	13 761	8 584	5 437	3 147
总计中：				
女教职工	89 863	59 448	5 408	54 040

阶 段 分 科 学 生 数

单位：人

师范	文科	财经	政法	体育	艺术	修理服务	其他
37 110	29 344	73 382	1 758	3 681	17 613	85 651	31 422
38 891	40 842	107 228	3 274	4 886	26 713	130 637	50 625
105 726	106 109	255 828	7 254	10 922	61 174	273 661	109 156
38 404	34 309	79 639	1 994	3 329	19 186	81 031	31 754

学 教 职 工 数

单位：人

工		数		代课教师	临时工	兼任教师
行政人员	工勤人员	校办工厂，农场职工				
		计	其中：由厂、场收入支付工资的职工			
54 044	**34 689**	**16 137**	**10 184**	**10 353**	**13 577**	**19 401**
45 286	23 900	7 742	3 115	7 684	10 721	9 958
7 950	6 777	2 047	1 231	1 556	1 145	8 260
808	4 012	6 348	5 838	1 113	1 711	1 183
23 500	9 768	8 110	5 046	2 526	2 902	9 536
17 966	6 460	3 934	1 566	1 396	2 047	3 928
5 396	3 071	859	226	1 017	657	5 450
138	237	3 317	3 254	113	198	158
14 005	10 123	3 148	2 017	2 573	4 357	5 757
12 099	7 084	1 575	644	2 083	3 438	3 362
1 751	2 050	418	291	345	444	2 044
155	989	1 155	1 082	145	475	351
16 539	14 789	4 879	3 121	5 254	6 318	4 108
15 221	10 356	2 233	905	4 205	5 236	2 668
803	1 656	770	714	194	44	766
515	2 786	1 876	1 502	855	1 038	674
14 035	10 709	5 680	3 990	2 386	3 179	2 897

农业、职业中学专

	合计	初			
		计	高等学校本科毕业及以上	高等学校专科毕业和本专科肄业两年以上	高等学校本专科肄业未满两年
总计	**202 820**	**25 639**	**657**	**4 773**	**684**
文化课	136 223	22 043	547	4 123	543
专业课					
工科	18 139	286	10	93	7
农科	13 644	1 528	41	256	58
林科	3 264	404	8	66	17
医药	2 803	59	3	7	2
师范	4 741	197	9	43	2
文科	3 612	288	7	84	22
财经	4 895	32	2	3	2
政法	325	24	1	3	1
体育	2 019	232	19	44	10
艺术	3 289	105	3	14	3
修理务服	6 508	235	3	24	8
其他	3 358	206	4	13	9

任教师学历情况

单位：人

中		高中				
中专、高中毕业	中专、高中肄业及以下	计	高等学校本科毕业及以上	高等学校专科毕业和本专科肄业两年以上	高等学校本专科肄业未满两年	中专、高中毕业及以下
17 778	**1 747**	**177 181**	**35 827**	**90 475**	**5 056**	**45 823**
15 431	1 399	114 180	25 567	62 254	2 899	23 460
165	11	17 853	3 714	8 995	546	4 598
1 032	141	12 116	1 715	5 350	505	4 546
273	40	2 860	468	1 237	83	1 072
42	5	2 744	665	1 035	111	933
141	2	4 544	603	1 686	125	2 130
165	10	3 324	585	1 904	112	723
22	3	4 863	654	2 452	176	1 581
14	5	301	61	151	18	71
135	24	1 787	284	682	50	771
68	17	3 184	392	1 274	112	1 406
152	48	6 273	588	2 254	224	3 207
138	42	3 152	531	1 199	96	1 326

农业、职业中学校舍情况

	总计	城市	县镇	农村
学校数（所）	8 954	2 312	2 191	4 451
学校占地面积（亩）	787 988.6	321 228.7	111 513.1	355 246.8
学校建筑面积（m^2）	20 697 689	1 298 635	5 402 029	8 997 025
其中：				
当年新增面积（m^2）	1 579 487	466 232	557 339	555 916
危险房屋面积（m^2）	1 126 605	214 326	253 181	659 098
外单位长期占用面积（m^2）	94 700	43 848	27 302	23 550

四、初等教育（小学）

小学校数、班

	学校数（所）	教学点数（个）	计	毕业生数（人）	招生数（人）
总计	**793 261**	**159 766**	**3 987 503**	**19 303 408**	**21 232 824**
教育部门和集体办	775 098	154 358	3 814 552	18 387 654	20 293 751
其他部门办	18 163	5 408	172 951	915 754	939 073
城市	26 841	2 360	303 389	1 894 188	2 348 156
教育部门和集体办	20 679	1 643	224 710	1 408 408	1 829 149
其他部门办	6 162	717	78 679	485 780	519 007
县镇	41 098	5 294	315 649	2 055 188	2 143 280
教育部门和集体办	37 544	4 692	282 571	1 866 060	1 964 842
其他部门办	3 554	602	33 078	189 128	178 438
农村	725 322	152 112	3 368 465	15 354 032	16 741 388
教育部门和集体办	716 875	148 023	3 307 271	15 113 186	16 499 760
其他部门办	8 447	4 089	61 194	240 846	241 628
总计中：六年制	458 040	85 383	2 422 317	8 330 019	12 612 025
女学生					

补充资料：1、学校数“总计”中专为少数民族独立设置的学校32175所。

2、附设初中班的小学校19559所，附设学前班的小学校181923所。

数和学生数

单位：万人

在校学生数						
合计	一年级	二年级	三年级	四年级	五年级	六年级
125 357 811	**26 107 221**	**23 056 671**	**23 097 838**	**22 257 589**	**21 146 971**	**9 691 521**
119 796 158	25 111 893	22 189 522	22 130 956	21 255 469	20 136 101	8 972 217
5 561 653	995 328	867 149	966 882	1 002 120	1 010 870	719 304
12 456 090	2 435 937	2 053 132	2 172 434	2 163 573	2 092 407	1 538 607
9 497 882	1 901 849	1 602 423	1 666 396	1 637 647	1 563 378	1 126 189
2 958 208	534088	450 709	506 038	525 926	529 029	412 418
12 464 292	2 371 299	2 134 915	2 254 116	2 254 711	2 235 486	1 213 765
11 357 466	2 185 038	1 967 207	2 064 086	2 054 179	2 030 764	1 056 192
1 106 826	186 261	167 708	190 030	200 532	204 722	157 573
100 437 429	21 299 985	18 868 624	18 671 288	17 839 305	16 819 078	6 939 149
98 940 810	21 025 006	18 619 892	18 400 474	17 563 643	16 541 959	6 789 836
1 496 619	274 979	248 732	270 814	275 662	277 119	149 313
76 332 654	15 168 313	13 502 255	13 659 330	12 574 747	11 736 488	9 691 521
57 155 771	12 064 277	10 678 630	10 601 956	10 051 564	9 372 846	4 386 588

小 学 教

	教	职	
	合 计	专任教师	行政人员
总 计	**6 142 398**	**5 501 300**	**467 363**
教育部门办	3 174 473	2 691 024	392 832
其他部门办	406 342	342 176	35 442
集 体 办	2 561 583	2 468 100	39 089
城 市	769 693	645 380	82 642
教育部门办	508 826	426 185	61 892
其他部门办	210 981	1 77 369	19 805
集 体 办	49 886	41 826	945
县 镇	675 872	584 052	59 220
教育部门办	469 765	400 419	49 796
其他部门办	82 586	67 610	7 557
集 体 办	123 521	116 023	1 867
农 村	4 696 833	4 271 868	32 5 501
教育部门办	2 195 882	1 864 420	281 144
其他部门办	112 775	97 197	8 080
集 体 办	2 388 176	2 310 251	36 277
总计中：			
女教职工	2 430 832	2 284 433	83 234

职　　工　　数

单位：人

工数			代课教师	临时工
工勤人员	校办工厂、农场职工			
	计	其中：由厂、场收入支付工资的职工		
147 126	**26 609**	**12 599**	**353 448**	**76 540**
78 332				
	12 285	1 853	253 114	52 980
27 053	1 671	791	15 450	4 177
41 741	12 653	9 955	84 884	19 383
30 045	11 626	6 842	17 608	11 383
15 881	4 868	900	11 073	8 823
12 807	1 000	345	4 508	1 745
1 357	5 758	5 597	2 027	815
26 521	6 079	2 774	23 382	6 145
16 190	3 360	581	14 687	4 300
7 037	382	255	2 629	497
3 294	2 337	1 938	6 066	1 348
90 560	8 904	2 938	312 458	59 012
46 261	4 057	372	227 354	39 857
7 209	289	191	8 313	1 935
37 090	4 558	2 420	76 791	17 220
52 372	10 793	6 573	145 023	30 542

学龄儿童入学率

单位：人

	学龄儿童入学率			在校学生巩固率		
	七至十一周岁学龄儿童总数	已入学的七至十一周岁学龄儿童数	学龄儿童入学率（%）	学年初学生数	学年末学生数	巩固率（%）
总计	**96558401**	**93 803 532**	**97.15**	**127 689 962**	**123 729 826**	**96.90**
城市	9 733 427	9 715 975	99.82	—	—	—
县镇	9 608 533	9 560 635	99.50	—	—	—
农村	77 216 441	74 526 922	96.52	—	—	—
总计中：女儿童	46 026 317	43 750 129	95.05	—	—	—

全国学龄儿童入学率以县分组情况

单位：个

调查的县数	按入学率分组的县数				已验收普及了初等教育的县数
	入学率在95%以上	入学率在90%以上不足95%的	入学率在85%以上不足90%的	入学率在85%以下的	
1 767	1 437	130	57	143	1 326

小学专任教师学历情况

单位：人

	合计	中师、高中毕业及以上的	中师、高中肄业及初师、初中毕业的	初师、初中肄业及以下的	合计中：	
					中、高师毕业的教师	取得“专业合格证书”的教师
人数	5 501 300	3 748 278	1 520 307	232 715	2 169 953	166 338
%	100	68.13	27.64	4.23	39.44	3.02

小学校舍情况

单位：m^2

	总计	城市	县镇	农村
学校数（所）	793 261	26 841	41 098	725 322
学校占地面积（亩）	13 403 218.2	2 768 261.3	1181 419.1	9 453 537.8
学校建筑面积（m^2）	391 633 381	40 625 911	37 038 930	313 968 540
其中：				
当年新增面积	14 147 154	1 960 368	1 807 553	10 379 233
危险房屋面积	25 092 052	1 573 645	2 083 520	21 434 887
外单位长期占用面积	1 519 357	313 395	183 191	1 022 771

五、特殊教育

	学校数（所）	班数（个）		毕业生数		
		小学	初中	计	小学	初中
总计	**577**	**4 108**	**380**	**4 513**	**3 813**	**700**
盲聋哑学校合计	446	3 044	343	4 253	3 584	669
盲聋哑学校	43	541	71	881	720	161
盲生部	5	82	21	198	112	86
聋哑生部	25	459	50	683	608	75
聋哑学校	382	2 419	200	3 073	2 671	382
盲校	21	84	72	299	173	126
合计中：女生、女教职工				1 594	1 364	230
教育部门办	389	2 699	317	3 917	3 273	644
弱智儿童辅读校（班）合计	131	1 064	37	260	229	31
其中：小学附设班		599	31	85	85	
女生、女教职工				111	101	10
教育部门办	123	973	35	251	220	31

校基本情况

单位：人

招生数			在校学生数			教职工数	
计	小学	初中	计	小学	初中	计	其中：专任教师
11 971	**11 105**	**866**	**57 617**	**54 775**	**2 842**	**16 056**	**10 777**
9 220	8 354	866	45 331	42 548	2 783	13 630	8 665
1 454	1 271	183	8 040	7 328	712	2 312	1 477
316	216	100	1 155	931	224	279	239
1 138	1 055	83	6 885	6 397	488	1 943	1 238
7 269	6 789	480	35 547	34 279	1 268	10 443	6 699
497	294	203	1 844	941	803	875	489
3 466	3 151	315	17 249	16 179	1 070	8 015	5 962
8 355	8 366	825	41 019	38 500	2 519	12 328	7 922
2 751	2 751		12 286	12 227	59	2 426	2 112
1 622	1 622		6 569	6 553	116	976	930
984	984		4 912	4 906	6	2 004	1 800
2 403	2 403		11 456	11 397	59	2 258	1 963

六、幼儿教育

幼儿教育基本情况

	园数（所）	班数（个）	在园幼儿数（人）	教职工数（人）			
				计	其中		
					园长	教师	保健员
总计	**171 845**	**594 185**	**18545300**	**979 107**	**50 052**	**670 368**	**45 526**
按办别分：教育部门办	10 068	104 554	3 749 635	145 912	9 321	107 803	7 011
其他部门办	27 887	109 085	3 208 782	394 186	26 067	176 128	32 227
集体办	133 890	380 546	11586883	439 009	14 664	386 437	6 288
按城乡分：城市	27 817	131 566	4 384 096	440 872	29 388	202 511	28 871
县镇	19 909	74 533	2 652 194	155 078	10 854	111 762	11 707
农村	124 119	388 074	11509010	383 157	9 810	356 095	4 948
总计中：女幼儿、女教职工		13	8 656 198	925 675	47 459	634 104	42 565

园长、专任教师学历情况

单位：人

	合计	中师、高中毕业及以上	中师、高中肄业及初师、初中毕业	初师、初中肄业及以下	总计中	
					受过学前教育专业训练	取得“专业合格证书”的园长、教师
总计	**720 420**	**356 168**	**298 496**	**65 756**	**165 019**	**21 952**
园长	50 052	29 367	16 217	4 468	14 154	1 988
教师	670 368	326 801	282 279	61 288	150 865	19 964

七、成人教育

	学校数（所）	毕业生数			招生数		
		计	本科	专科	计	本科	专科
总计	**1 373**	**553 213**	**11 170**	**542 043**	**450 732**	**15 962**	**434 770**
其中：全脱产		203 948	3 671	200 277	162 330	5 187	157 143
普通专科班		19 093		19 095	39 510		39 510
广播电视大学	40	275 007		275 007	191 914	28	191 886
其中：全脱产		87 409		87 409	52 884		52 884
普通专科班		18 894		18 894	37 990		37 990
职工高等学校	888	135 280	1 182	134 098	96 158	1 118	95 040
其中：全脱产		64 159	638	63 521	41 586	394	41 192
农民高等学校	5	668		668	377		377
其中：全脱产		668		668	377		377
管理干部学院	171	26 024	38	25 986	32 522	397	32 125
其中：全脱产		22 415	38	22 377	27 433	374	27 059
教育学院	265	101 222	9 124	92 098	123 933	14 290	109 643
其中：全脱产		29 297	2 995	26 382	40 090	4 419	35 671
独立函授学院	4	15 012	826	14 186	5 828	129	5 699
其中：普通专科班							
普通高等学校举办函授部		149 678	30 603	119 075	188 926	42 754	146 172
其中：普通专科班		2 005		2 005	14 015	66	13 949
夜大学		50 953	9 128	41 825	58 653	8 055	50 598
其中：普通专科班		622		622	2 011		2 011

校基本情况

单位：人

在校学生数			预计毕业生数			教职工数		兼任教师数
计	本科	专科	计	本科	专科	计	其中：专任教师	
1 092 469	**36 464**	**1 056 005**	**3 74 114**	**9 947**	**364 167**			
393 012	11 926	381 086	154 076	5 479	148 597	194 471	83 893	25 530
85 854		85 854	21 377		21 377			
453 778	27	453 751	154 804		154 804	24 157	9 659	12 474
137 854		137 854	49 434		49 434			
83 904		83 904	21 087		21 087			
288 021	5 093	282 928	93 732	1 319	92 313	81 617	36 974	10 157
120 757	1 765	118 992	45 122	497	44 625			
709		709	306		306	406	171	10
709		.709	306		306			
61 667	847	60 820	26 713	231	26 482	37 847	14 128	1 407
52 011	824	51 187	23 829	231	23 598			
276 173	30 031	246 142	96 417	8 397	88 020	49 999	22 742	1 106
76 781	9 337	67 444	35 385	4751	30 634			
12 121	466	11 655	2 142		2 142	445	219	376
477 702	148 379	326 323	123 898	43 173	80 725			
23 662	219	23 443	4 338		4 338			
157 431	35 640	121 791	40 295	7 059	33 236			
3 903		3 903	520		520			

成人高等学校

	毕业生数		
	计	本科	专科
总计	**553 213**	**11 170**	**542 043**
工科	64 983	1 058	63 925
农科	1 314		1 314
林科	496		496
医科	4 583		4 583
师范	118 208	9 950	108 258
文科	151 114		151 114
理科	1 160		1 160
财经	131 270	132	131 138
政法	78 346		783 46
体育	325		325
艺术	1 414	30	1 384

分科学生数

单位：人

招生数 计	招生数 本科	招生数 专科	在校学生数 计	在校学生数 本科	在校学生数 专科
450 732	**15 962**	**434 770**	**1 092 469**	**36 464**	**1 056 005**
77 269	1 209	76 060	269 207	5 487	263 720
3 603		3 603	5 224		5 224
858		858	1 485		1 485
7 377		7 377	16 488		16 488
141 101	14 311	126 790	317 462	30 052	287 410
45 505		45 505	98 859		98 859
1 318		1 318	3 560		3 560
131 163	341	130 822	309 550	642	308 908
39 065	80	38 985	62 912	239	62 673
670		670	2 053		2 053
2 803	21	2 782	5 669	44	5 625

成 人 高 等 学 校

	合计			单科班		
	结业	招生	在校	结业	招生	在校
总 计	**582 364**	**772 317**	**534 770**	**148 338**	**234 726**	**150 053**
广播电视大学	286 680	434 636	265 668	95 750	165 936	95 329
职工高等学校	133 847	190 196	157 059	33 485	45 999	34 490
农民高等学校		38	279		38	279
管理干部学院	80 390	78 466	54 139	6 564	11 489	7 851
教 育 学 院	56 212	30 407	31 837	8 735	6 846	8 084
独立函授学院		2 383	2 383		1 333	1 333

成 人 高 等 学

	教职				
	合计	专任教			
		计	教授	副教授	讲师
总 计	**184 302**	**86 893**	**451**	**10 483**	**29 988**
广播电视大学	23 525	9 659	88	10 27	3 395
职工高等学校	77 471	36 974	126	3 149	12 593
农民高等学校	390	171		19	84
管理干部学院	35 218	14 128	131	1 851	4410
教 育 学 院	47 254	25 742	105	4 402	9 363
独立函授学院	444	219	1	35	143

注：本表不包括普通高等学校举办的函授部、夜大学的教职工数。

其他学生数

单位：人

进修班			培训班			其他		
结业	招生	在校	结业	招生	在校	结业	招生	在校
29 467	**74 058**	**76 954**	**314 845**	**363 943**	**189 936**	**89 714**	**99 590**	**117 827**
5 813	7 314	10 088	150 303	239 379	116 691	34 814	22 007	43 560
12 200	47 929	46 678	65 809	62 643	45 028	22 353	33 625	30 863
4 674	9 375	10 844	64 899	42 776	20 099	4 253	14 826	15 345
4 729	2 964	3 072	22 036	7 105	5 683	20 712	13 492	14 998

校教职工数

单位：人

工		数			兼任教师
师		教辅人员	行政人员	工勤人员	
教员	助教				
17 934	**28 037**	**18 278**	**47 371**	**31 760**	**25 530**
2 244	2 905	3 262	7 578	3 026	12 474
8 955	12 151	7 442	19 059	13 996	10 157
21	47	32	92	95	10
2 493	5 243	3 143	9 797	8 150	1 407
4 213	7 659	4 300	10 760	6 452	1 106
8	32	99	85	41	376

成人高等学校专

	合计	研究生毕业		
		博士	硕士	未授博士硕士学位的
总计	**86 893**	**23**	**1 364**	**1 136**
教授	451	10	22	63
副教授	10 483	7	114	257
讲师	29 988	2	428	246
教员	17 934	4	341	280
助教	28 037		459	290

成人高等学校在校学生、教

	本专科在校学生总数中					教
	共产党员	共青团员	民主党派	华侨	少数民族	共产党员
总计	**84 728**	**500 143**	**739**	**709**	**37 282**	**70 955**
广播电视大学	28 351	219 038	651	517	16 127	8 490
职工高等学校	17 617	163 370	51	119	5 091	26 197
农民高等学校	11	554	—	—	84	167
管理干部学院	21 114	24 849	13	24	3 645	16 643
教育学院	16 747	88 957	20	47	12 187	19 175
独立函授学院	888	3 375	4	2	148	283

任教师学历情况

单位：人

高等学校本科毕业			高等学校专科毕业及本专科肄业二年以上	高等学校本专科肄业未满二年及以下
学士	研究生肄业	未授学士学位的		
34 827	**295**	**32 678**	**14 640**	**1 930**
107	3	203	27	16
1 963	63	6 812	1 071	196
8 277	145	15 526	4 607	757
6 638	24	5 406	4 593	648
17 842	60	4 731	4 342	313

职工的政治及其他情况

单位：人

职工总数中				专任教师中				
共青团员	民主党派	华侨	少数民族	共产党员	共青团员	民主党派	华侨	少数民族
34 661	**4 089**	**571**	**7 010**	**27 867**	**20 367**	**3 204**	**340**	**3 491**
1 580	344	60	928	2 565	2 447	174	24	394
13 344	1 375	137	1 842	10 202	8 038	1 086	89	879
60	1	—	55	83	32	1	—	39
6 588	338	63	1 119	5 615	3 639	229	28	482
9 421	2 028	311	3 057	9 277	6 164	1 712	199	1 694
68	3	—	9	125	47	2	—	3

成人高等学

	校舍建筑总面积	校舍建
		被外单位占、借用面积
总计	**16 004 659**	**313 872**
教学行政用房	6 982 804	131 319
其中：教室面积	2 825 972	33 408
实验室面积	1 001 866	5 011
图书馆面积	665 824	2 036
生活及福利附属用房	7 185 828	114 599
其中：教职工宿舍	908 428	59 196
学生宿舍	2 547 168	19 993
其他用房	1 836 027	67 954

补充资料：学校占地面积105.391亩。

成人高等学

	固定资	
	计	其中：
		教学仪器设备
总计	331 913.55	89 765.2

校 校 舍 情 况

单位：m^2

筑 总 面 积 中：		正在施工面积
危房面积	当年新增面积	
287 086	**1 063 296**	**1 395 133**
70 521	486 840	755 615
27 458	169 367	226 929
2 913	66 482	159 007
4 412	65 463	117 645
160 608	517 506	547 913
86 113	237 504	295 079
37 528	189 740	171 775
55 957	58 950	91 605

校 其 他 情 况

产（万元）	图书册数（万册）
生产、实习设备	
14 030.54	81 064.72

成人中等专业

	学校数（所）	毕业生数		招生	
		合计	其中：全脱产	合计	全脱产
总计	**5 014**	**501 808**	**220 863**	**581 989**	**228 335**
广播电视中等专业学校	113	99 253	12 501	123 912	26 884
其中：职工	15	78 163	9 677	58 273	9 044
职工中等专业学校	2 098	155 007	108 026	199 026	100 647
干部中等专业学校	395	21 725	18 660	33 559	16 581
农民中等专业学校	291	17 265	14 231	32 740	26 696
教师进修学校	2 117	208 558	67 445	192 752	57 527

成人中、小学和成人技

	学校数（所）	毕业结业生数		招生数	
		计	其中：函授、业余	计	其中：函授、业余
成人中学	11 294	759 980	589 870	875 887	696 900
职工中学	6 241	523 565	427 048	586 283	502 833
高中					
初中					
农民中学	5 053	236 415	162 822	289 604	194 067
高中					
初中					
成人技术培训学校	40 979	10 627 436	8 393 765	9 748 589	8 540 521
职工技术培训学校	7 536	2 842 212	1 694 510	1 965 799	1 547 525
农民技术培训学校	33 443	7 785 224	6 699 255	7 782 790	6 992 996
其中：县办农民技术培训学校	1 002	158 463	115 030	172 528	127 715
成人初等学校	185 482	13 058 344	10 577 119	14 782 906	14 133 033
职工初等学校	3 069	208 970	179 366	249 719	210 732
农民初等学校	182 413	12 849 374	10 397 753	14 533 187	13 922 301
技术班	116 149	10 592 142	8 367 056	11 961 100	11 402 720
小学班	26 399	812 556	717 364	922 841	850 738
扫盲班	39 453	1 442 336	1 312 875	1 587 696	1 503 987

学校基本情况

单位：人

数	在校学生数				专职教职工数		兼任教师
函授、业余	合计	全脱产	函授、业余	合计中：女学生	合计	其中：专任教师	
353 654	**1 798 192**	**535 823**	**1 262 369**	**747 480**	**189 594**	**100 781**	**38 451**
97 028	366 144	59 007	307 137	142 691	8 133	3 374	10 669
49 229	177 854	21 898	146 575	70 315	2 041	963	2 533
98 379	540 931	276 486	264 445	221 098	86 553	43 940	18 916
16 978	63 488	33 648	29 840	18 640	14 276	7 466	2 415
6 044	63 300	50 217	13 083	21 563	9 072	5 033	1 332
135 225	764 329	116 465	647 864	343 488	71 560	40 968	5 119

术培训学校基本情况

单位：万人

在校学生数			预计毕业结业生数		教职工数		兼任教师
计	全脱产	函授、业余	计	其中：函授、业余	计	其中：专任教师	
1 183 303	229 002	954 299	566 115	462 074	63 682	41 715	47 215
736 851	85 310	651 481	348 362	295 359	50 397	32 049	32 718
446 510	143 692	302 818	217 753	166 715	13 285	9 666	14 497
9 329 834	789 678	8 631 102	6 653 484	6 283 155	124 002	66 944	191 112
2 075 824	366 565	1 709 205	1 227 818	1 009 473	55 512	31 519	58 581
7 254 010	423 113	6 920 472	5 725 666	5 273 682	68 490	35 425	132 531
183 650	34 010	149 640	108 130	86 683	4 819	2 730	4 904
16 095 077	437 716	15 657 361	12 160 213	11 708 906	148 096	69 718	404 835
291 815	19 372	272 443	188 749	173 681	6 844	3 018	12 237
15 803 262	418 344	15 384 918	11 971 464	11 535 225	141 252	66 700	392 598
12 476 248	306 163	12 160 085	9 861 225	8 649 719	98 017	45 995	242 639
1 294 597	48 907	1 245 690	755 755	740 484	17 702	9 370	58 973
2 030 827	63 274	1 967 553	1 262 890	946 903	21 608	11 271	159 753

成人中等专业学校其他学生数

	结业生数	招生数	在校学生数
进修班（一年级以上）			
总　　计	56 660	110 749	177 288
广播电视中等专业学校	1 195	11 993	16 658
其中：职工	659	8 180	11 701
职工中等专业学校	20 106	42 550	54 132
干部中等专业学校	4 128	12 631	15 002
农民中等专业学校	1 496	3 112	3 892
教师进修学校	29 735	40 463	87 604
短训班（不满一年）			
总　　计	306 595	289 295	179 589
广播电视中等专业学校	13 377	34 243	32 505
其中：职工	3 879	2 874	2 447
职工中等专业学校	164 531	139 633	73 158
干部中等专业学校	37 280	28 041	9 953
农民中等专业学校	13 441	13 382	7 185
教师进修学校	77 966	73 996	56 788
其他班			
总　　计	5 606	11 896	13 360
广播电视中等专业学校		100	100
其中：职工			
职工中等专业学校	2 377	7 961	7 611
干部中等专业学校	1 667	1 792	1 856
农民中等专业学校	142	162	112
教师进修学校	1 420	1 881	3 681

八、电 化 教 育

教育系统卫星电视教育地面收转台、站和放象点数

	收转站、差转台（含教育电视台）（座）	卫星地面接收站（个）	放像点（个）
总计	**368**	**1 607**	**15 385**
华北地区			
北京市	1	2	
天津市	9		37
河北省	12	93	360
山西省	8	67	753
内蒙古自治区	7	26	86
东北地区			
辽宁省	29	11	700
吉林省	5	72	610
黑龙江省	11	21	105
华东地区			
上海市	1	5	860
江苏省	4	52	74
浙江省	33	25	265
安徽省	9	24	500
福建省	6	105	1 200
江西省	7	42	383
山东省	20	232	2 100
中南地区			
河南省	19	136	1 069
湖北省	1	85	900
湖南省	31	39	1 690
广东省		122	294
广西壮族自治区	70	10	110
西南地区			
四川省	9	18	1 154
贵州省	3	104	224
云南省	21	180	985
西藏自治区	1		11
西北地区			
陕西省	13	47	168
甘肃省	4	49	222
青海省	27	14	240
宁夏回族自治区	6	2	125
新疆维吾尔自治区	1	24	160

九、自 学 考 试

上半年全国高等教育自

	报考人数	实考人数	合格人数	单科合格证书获得人数（累计数）
总　计	**1 734 805**	**1 387 916**	**733 985**	**3 062 887**
华北地区				
北京市	40 722	31 760	11 116	90 300
天津市	28 891	23 716	16 149	
河北省	66 395	56 587	32 615	53 280
山西省	61 233	41 642	34 913	258 822
内蒙古自治区	12 267	10 536	6 480	
东北地区				
辽宁省	113 637	79 546	49 319	166 114
吉林省	39 065	35 274	21 940	75 298
黑龙江省	41 445	34 422	21 864	70 504
华东地区				
上海市	36 289	30 079	17 506	344 808
江苏省	151 565	96 016	50 189	147 270
浙江省	68 087	44 666	26 063	70 121
安徽省	99 639	81 399	48 839	261 121
福建省	39 142	92 384	19 785	43 546
江西省	58 126	41 083	21 620	49 577
山东省	102 648	63 820	34 495	124 413
中南地区				
河南省	61 537	54 341	34 778	73 149
湖北省	148 630	104 845	60 974	123 109
湖南省	100 685	79 714	47 459	477 817
广东省	79 006	59 549	31 750	65 625
广西壮族自治区	42 235	32 952	21 302	84 215
西南地区				
四川省	154 193	112 949	51 924	129 648
贵州省	21 700	16 722	7 844	28 866
云南省	48 517	38 994	18 651	53 402
西藏自治区	1 460	1 203	647	4 649
西北地区				
陕西省	59 585	52 726	30 907	100 092
甘肃省	25 936	20 651	10 908	32 854
青海省	3 317	2 839	1 303	4 250
宁夏回族自治区	5 353	4 051	2 618	20 179
新疆维吾尔自治区	23 490			109 858

学考试考试基本情况

单位：人

计	毕业证书获得人数 专科 累计数	专科 其中本次考试	本科 累计数	本科 其中本次考试	获得学士学位人数 累计数	获得学士学位人数 本次考试
221 281	**221 042**	**49 639**	**239**	**94**	**161**	**51**
10 738	10 614	1 061	124	26	83	20
7 678	7 678					
8 045	8 045	1 614				
5 855	58 55	1 136				
762	762					
36 818	36 799	6 833	19		19	
11 163	11 163	2 247				
11 390	11 390	1 897				
7 730	7 634	1 823	96	68	59	31
18 581	18 581	4 868				
5 575	5 575	2 706				
6 222	62 22	2 102				
4 229	4 229	2 450				
4 688	4 688	1 335				
10 974	10 674	3 018				
5 055	5 055	2 421				
11 817	11 817					
9 763	9 763	4 148				
5 280	5 280	1 593				
12 019	12 019	1 833				
9 941	9 941	3 563				
1 901	1 901	533				
4 881	4 881					
130	130	9				
5 501	5 501	1 737				
3 386	3 386	424				
741	741	149				
418	718	139				

下半年全国高等教育自

	报考人数	实考人数	合格人数	单科合格证书获得人数（累计数）	毕 计
总计	**1 561 291**	**1 212 597**	**712 895**	**4 646 956**	**282 707**
华北地区					
北京市	38 365	32 610	19 541	293 956	11 859
天津市	24 371	19 531	10 952	244 065	7 737
河北省	67 673	53 007	31 808	81 258	10 404
山西省	87 432	70 316	39 119	305 138	6 983
内蒙古自治区	12 573	10 068	5 793	21 486	2 078
东北地区					
辽宁省	96 539	67 577	41 897	173 747	42 454
吉林省	36 000	33 366	23 126	149 729	14 316
黑龙江省	44 552	32 988	23 352	78 419	13 206
华东地区					
上海市	29 346	24 705	17 249	369 336	9 877
江苏省	114 776	83 229	48 357	246 186	21 726
浙江省	52 890	34 477	23 192	71 367	6 988
安徽省	80 380	71 872	41 103	239 817	7 811
福建省	32 104	22 899	16 232	40 148	5 786
江西省	43 544	36 385	22 933	54 692	6 364
山东省	70 318	52 724	34 669	132 364	14 082
中南地区					
河南省	44 975	29 905	3 083	94 822	15 527
湖北省	60 358	52 666	35 886	86 889	7 223
湖南省	129 063	97 359	43 519	79 125	16 994
广东省	90 118	67 359	38 460	537 253	13 272
广西壮族自治区	71 337	59 903	35 122	77 030	7 621
海南省	5 189	4 401	14 607	3 083	587
西南地区					
四川省	122 545	93 997	55 186	143 550	13 904
贵州省	15 808	12 023	6 706	33 496	1 992
云南省	43 851	30 693	14 514	54 382	6 462
西藏自治区	362	357	256	4 345	211
西北地区					
陕西省	60 503	52 140	32 876	109 410	8 127
甘肃省	24 622	19 297	9 800	38 717	4 206
青海省	2 918	2 363	1 216	4 765	890
宁夏回族自治区	3 473	2 938	2 024	22 203	635
新疆维吾尔自治区	55 286	41 464	20 317	162 878	3 385

学考试考试基本情况

单位：人

业证书获得人数				获得学士学位人数		备注
专科		本科				
累计数	其中本次考试	累计数	其中本次考试	累计数	其中本次考试	
282 239	**49 251**	**468**	**187**	**200**	**39**	
11 711	1 097	148	24	95	12	
7 695		42				缺本次考试毕业生数
10 404	2 359					
6 983	1 087					
2 078	565					
42 385	5 585	69	50	19		
14 316	3 153					
13 206	1 790					
9 718	2 083	159	63	85	26	
21 726	3 145					
6 988	1 413					缺本次考试毕业生数
7 811	1 589					
5 786	1 549					
6 364	1 676					
14 082	3 108					
15 527	2 850					缺本次考试毕业生数
7 223						缺本次考试毕业生数
16 994						
13 262	3 497	10	10			
7 621	2 341					
587	343					
13 904	3 720					
1 992	431					
6 422	467	40	40	1	1	
211	64					（"4345"系人次数）
8 127	2 626					
4 206	820					
890	132					
635	217					
3 385	1 544					

下半年全国中专自学考试考试基本情况 单位人：

地区	报名人数	单科合格证书获得者人数		专业证书获得者人数		毕业证书获得者人数		累计建档考生人数	备注
		累计数	其中本次考试	累计数	本次考试	累计数	本次考试		
总计	**281 917**	**1 258 041**	**260 246**	**417**	**171**	**43 728**	**75 24**	**337 416**	
北京市	204		51					29	
天津市	1 487	11 444	2 739						
河北省	29 218	127 309	31 940			1 748	387	26 552	
山西省	18 571	12 022	12 022						
内蒙区	6 168	14 058	6 550					5 661	
辽宁省	31 414	273 750	32 063			7 364	1 880	80 396	
吉林省	18 121	38 475	22 056					17 152	
黑龙江	13 847					7 762	1 706	34 115	
上海市	22 000	436 147	21 844			24 953	1 622	69 733	
江苏省	7 946	5 310	3 382					3 382	
浙江省	3 024		3 031					2 254	
安徽省	10 668	22 087	4 430					7 845	
福建省	5 426	5 813	3 230					3 832	
江西省	11 682	25 417	11 871			237	237		
山东省	6 927	10 715	1 745	471	171	213	96	3 730	
河南省									
湖北省	3 531		3 804					2 092	
湖南省	1 913	4 824	1 134					2 325	
广东省	26 694	174 935	44 766					31 981	
广西区	9 762	15 279	7 889					6 821	
四川省	1 912	2 789	981						
贵州省	3 386	10 223	2 981					4 130	
云南省						1 000	1 000	6 291	
西藏区									
陕西省	10 447	30 477	6 765			451	161	16 075	
甘肃省	12 566	36 967	5 874				435	13 020	
青海省									
宁夏区									
新疆区	25 003		29 098						

十、教育经费

国家财政预算内教育经费支出数

单位：亿元

	财政预算内教育经费数	其中		
		教育事业费	教育基建投资	部委用于中专技工学校费用
1952年	11.61	8.95	2.55	0.11
1965年	35.90	29.12	2.91	3.87
1978年	76.23	65.60	5.63	5.00
1980年	113.19	94.18	10.56	8.45
1981年	122.50	102.48	11.06	8.96
1982年	136.64	115.68	12.36	8.60
1983年	152.88	127.85	16.21	8.82
1984年	179.04	148.16	19.58	11.30
1985年	224.35	184.16	271.9	13.00
1986年	264.97	214.32	31.85	18.80
1987年	277.02	228.72	28.30	20.00
1988年	323.56	275.56	30.00	18.00

国家财政预算内教育经费增长情况

	财政预算内教育经费数（亿元）	国家财政收入（亿元）	国家财政支出（亿元）	预算内教育经费所占比重	
				占财政收入（%）	占财政支出（%）
1952年	11.61	183.70	176.00	6.32	6.60
1965年	35.90	437.30	466.30	8.21	7.70
1978年	76.23	1 121.10	1 111.00	6.80	6.86
1980年	113.19	1 085.20	1 212.70	10.43	9.33
1981年	122.50	1 089.60	1 114.97	11.24	10.99
1982年	136.64	1 124.00	1 153.31	12.16	11.85
1983年	152.88	1 249.00	1 292.45	12.24	11.83
1984年	179.04	1 501.90	1 546.40	12.65	12.29
1985年	224.35	1 866.40	1 844.80	12.02	12.16
1986年	264.97	2 260.30	2 330.80	11.72	11.37
1987年	277.00	2 346.60	2 426.90	11.80	11.41
1988年	323.56	2 587.82	2 668.31	12.50	12.13

注：国家财政收入、支出数字来源于国家统计局《中国统计年鉴》（1988）

教育事业费中人员经费、公用经费数及所占比重

	教育事业费（亿元）	人员经费（亿元）		公用经费（亿元）	
		计	占总数%	计	占总数%
1952年	8.96	6.32	70.56	2.64	29.44
1965年	29.11	21.26	73.05	7.85	26.95
1978年	65.34	41.83	64.00	23.51	36.00
1980年	93.39	60.79	65.10	32.60	34.90
1981年	102.03	64.98	63.70	37.05	36.30
1982年	115.54	75.32	65.19	40.22	34.81
1983年	127.56	79.97	62.69	47.59	37.31
1984年	148.24	88.43	59.65	59.81	40.35
1985年	184.34	114.15	61.92	170.19	38.08
1986年	215.67	134.79	62.50	80.88	37.50
1987年	228.72	148.32	64.85	80.40	35.15
1988年					

大中小学事业费中人员经费、公用经费所占比重

单位：%

	高校		中学		小学	
	人员经费	公用经费	人员经费	公用经费	人员经费	公用经费
1952年	51.00	49.00	57.20	42.80	85.19	14.81
1965年	57.89	42.11	72.80	27.20	89.29	10.71
1978年	41.50	58.50	62.65	37.35	74.68	25.32
1980年	43.04	56.96	66.92	33.08	77.93	22.07
1981年	41.21	58.79	66.82	33.18	76.94	23.07
1982年	41.28	58.72	68.85	31.16	78.72	21.28
1983年	42.56	57.44	65.86	34.14	75.91	24.09
1984年	38.15	61.85	64.69	35.31	75.27	24.73
1985年	37.83	62.17	68.38	31.26	80.89	19.11
1986年	39.53	60.47	68.82	31.18	81.07	18.93
1987年	41.85	58.15	72.24	27.76	83.25	16.75
1988年						

生均教育事业费支出数

单位：元

	大学	中学	小学
1952年	830.00	110.48	7.40
1965年	917.68	88.89	19.96
1978年	1 844.00	39.88	16.50
1980年	1 752.38	60.13	23.19
1981年	1 752.81	69.58	25.94
1982年	1 922.43	85.95	30.93
1983年	2 185.31	96.90	34.35
1984年	2 228.59	107.62	38.58
1985年	2 477.29	128.54	47.30
1986年	2 564.10	134.90	48.30
1987年	2 314.70	141.15	59.96
1988年			

高等教育、中初等教育基建投资额

单位：亿元

	全国高教和教育部门中初等教育基建投资额				
	合计	高教		中初等教育	
		计	其中：国家投资	计	其中：国家投资
1952年	2.55	1.27	1.27	1.28	1.28
1965年	3.30	1.10	1.05	2.20	1.86
1978年	6.46	3.34	3.17	3.12	2.46
1980年	14.04	9.00	8.05	5.04	2.51
1981年	15.14	9.82	8.65	5.32	2.41
1982年	17.54	10.58	9.70	6.96	2.66
1983年	24.07	15.18	13.49	8.89	2.72
1984年	31.60	19.49	16.67	12.12	2.91
1985年	43.77	24.63	22.22	17.14	4.97
1986年	56.06	32.99	26.19	23.06	5.66
1987年	57.15	29.99	23.49	27.16	4.81
1988年	65.14	29.26	21.29	35.88	5.20

预算外资金收入情况

单位：亿元

	1986年	1987年	1988年
总计	**81.31**	**95.41**	**127.22**
一、高等学校、中等专业学校基金收入	7.35	7.77	8.00
二、中小学勤工俭学收入(用于改善办学条件部分)	7.00	9.00	13.09
三、中小学学杂费收入	10.56	10.99	16.32
四、教育费附加收入	17.15	26.40	34.49
其中：城镇教育费附加	4.40	8.18	10.21
农村教育费附加	12.75	18.22	24.28
五、社会集资、捐资收入	15.95	16.24	24.63
其中：城镇企事业单位及个人资助	2.08	2.22	4.49
农村企事业单位及个人资助	11.30	11.51	15.74
华侨、港澳同胞资助	1.09	1.31	1.97
其他资助	1.46	1.20	2.43
六、厂矿企业用于教育	18.00	20.00	23.00
七、其它收入	5.30	5.01	7.69

十一、各级各类学校分布情况

（分省、自治区、直辖市）

普　通　高　等　学　校

	学校数（所）	本专科学生数				合　计		
		毕业生数	招生数	在校生数	预　计毕业生数		计	计
总　　计	**1 075**	**553 466**	**669 731**	**2 065 923**	**579 956**	**993 643**	**825 728**	**393 185**
华北地区								
北　京　市	67	32 141	41 318	143 546	35 668	99 056	80 421	36 693
天　津　市	22	13 374	15 895	53 071	14 319	28 607	23 186	11 143
河　北　省	50	20 789	24 134	73 047	21 295	34 485	28 754	13 291
山　西　省	25	17 139	17 474	49 450	13 916	20 199	17 941	8 443
内蒙古自治区	19	9 111	11 325	23 634	9 064	14 513	12 718	6 437
华北地区								
辽　宁　省	63	31 552	38 398	120 510	32 737	56 047	48 422	22 640
吉　林　省	42	17 973	22 318	72 933	20 339	38 194	31 155	14 707
黑　龙　江　省	42	20 360	25 023	78 879	23 453	42 449	34 023	15 754
华东地区								
上　海　市	51	30 581	37 572	128 163	33 006	71 353	56 898	26 603
江　苏　省	71	39 437	47 780	147 705	41 956	68 010	55 766	27 792
浙　江　省	37	18 712	19 364	60 419	17 545	26 472	22 884	11 578
安　徽　省	38	18 788	20 978	63 139	19 542	27 047	22 781	11 520
福　建　省	35	16 811	20 135	57 059	17 661	20 426	17 541	9 059
江　西　省	30	18 593	18 928	52 152	15 517	25 689	18 861	9 204
山　东　省	50	30 869	35 714	101 281	32 005	43 990	37 473	17 585
中南地区								
河　南　省	47	22 860	27 165	79 882	25 736	34 830	29 339	13 846
湖　北　省	57	35 463	42 460	130 048	36 493	62 434	51 382	24 566
湖　南　省	45	24 691	28 722	87 297	24 461	35 986	30 361	14 504
广　东　省	45	25 277	36 878	97 224	26 312	38 783	32 216	15 706
广西壮族自治区	42	8 957	12 179	37 524	10 419	15 802	13 699	6 687
海　南　省	4	2 016	4 630	9 133	2 152	3 403	2 382	1 222
西南地区								
四　川　省	60	35 865	43 569	140 760	39 929	65 210	55 604	25 031
贵　州　省	24	6 833	8 373	27 264	7 439	12 445	11 434	5 588
云　南　省	26	10 469	14 476	44 985	12 927	16 865	15 214	7 991
西藏自治区	3	683	568	1 736	423	1 757	1 567	723
西北地区								
陕　西　省	48	23 982	30 713	97 955	25 331	51 062	41 502	19 326
甘　肃　省	17	8 687	10 838	33 039	9 356	14 940	12 363	5 660
青　海　省	7	1 706	1 931	7 012	2 020	2 975	2 766	1 504
宁夏回族自治区	6	2 066	2 434	7 673	2 053	3 439	3 027	1 560
新疆维吾尔自治区	20	7 681	8 439	30 403	6 882	17 175	14 048	6 822

基 本 情 况（总 计）

单位：人

教职工数										
校本部教职工								科研机构人员数	校办工厂、农场职工数	附设机构人员数
专任教师					教辅人员	行政人员	工勤人员			
教授	副教授	讲师	教员	助教						
14 778	**78 777**	**147 184**	**15 090**	**137 356**	**112 426**	**167 238**	**152 879**	**39 221**	**63 137**	**65 557**
2 425	9 714	12 960	1 866	6 728	12 392	15 571	15 765	6 665	5 467	6 503
566	2 488	4 637	484	2 968	3 359	4 681	4 003	1 538	1 696	2 187
255	1 135	5 310	490	5 001	4 040	6 145	5 278	701	2 254	2 776
232	1 712	2 956	321	3 222	1 776	3 597	4 125	477	913	868
225	1 115	2 446	226	2 425	1 543	2 198	2 540	368	956	471
985	4 622	9 022	1 042	6 969	7 212	10 318	8 252	1 401	3 283	2 941
585	2 815	5 585	674	5 048	4 174	6 578	5 696	1 612	2 509	2 918
684	3 100	5 343	592	6 035	4 282	6 735	7 252	1 227	3 495	3 404
1 191	5 185	10 533	948	8 746	7 871	11 289	11 135	4 800	5 560	4 095
911	5 335	10 677	860	10 009	7 791	10 963	9 220	3 490	5 013	3 741
328	1 857	4 403	607	4 383	3 137	4 353	3 816	886	1 388	1 314
353	2 400	4 502	238	4 027	3 007	4 468	3 786	1 122	1 445	1 699
225	1 369	3 782	371	3 312	2 143	3 422	2 917	873	884	1 128
159	1 665	3 347	316	3 717	2 328	3 867	3 462	180	4 876	1 772
531	3 276	5 951	428	7 399	4 543	8 338	7 007	1 229	2 323	2 965
344	2 785	4 452	628	5 637	3 459	6 607	5 391	272	3 103	2 116
1 034	4 949	9 472	721	8 390	7 351	10 182	9 283	2 618	3 325	5 109
392	2 878	5 778	435	5 021	3 838	6 031	5 988	1 110	2 503	2 012
718	3 273	6 112	644	4 959	4 823	6 458	5 229	1 778	1 314	3 475
134	1 390	2 504	258	2 401	1 784	3 052	2 176	314	724	1 065
23	192	427	18	562	297	508	355	32	128	861
977	5 181	9 541	804	8 528	8 231	11 225	11 117	2 760	2 590	4 256
210	1 189	2 283	362	1 544	1 112	2 538	2 196	153	473	385
230	1 534	2 706	400	3 121	1 688	3 158	2 377	431	279	941
6	61	268	95	293	142	420	282	53	92	45
718	3 887	6 976	612	7 133	5 923	8 332	7 921	2 361	2 947	4 252
176	1 079	1 966	274	2 165	1 861	2 303	2 539	614	1 093	870
26	222	571	90	595	335	539	388	62	69	78
21	220	481	44	794	366	638	463	65	187	160
114	1 049	2 193	242	3 224	1 582	2 724	2 920	29	1 948	1 150

大 学 、 学 院 、 专

	学校数（所）	本专科学生数			教			
		毕业生数	招生数	在校学生数	合计		专	
						计	计	教授
总计		**505 003**	**615 486**	**1 925 768**	**957 622**	**792 388**	**375 363**	**14 683**
华北地区								
北京市		30 283	38 843	137 435	97 944	79 343	36 272	2 422
天津市		11 916	13 905	47 030	26 523	21 456	10 347	560
河北省		19 257	22 487	68 759	32 994	27 298	12 544	252
山西省		14 543	15 514	43 890	19 095	16 842	7 897	228
内蒙古自治区		8 043	10 057	29 675	14 185	12 417	6 281	222
东北地区								
辽宁省		29 466	35 800	113 152	54 154	46 584	21 744	980
吉林省		17 114	21 778	71 072	38 044	31 005	14 612	585
黑龙江省		17 264	22 934	73 125	41 034	32 619	15 061	684
华东地区								
上海市		30 581	37 572	128 163	71 353	56 898	26 603	1 191
江苏省		31 577	40 254	127 017	62 335	50 664	24 933	903
浙江省		17 109	17 872	55 803	23 401	19 839	9 273	327
安徽省		16 436	18 623	58 147	26 150	21 952	11 079	349
福建省		13 775	16 145	48 153	18 926	16 086	8 282	221
江西省		16 969	17 484	48 670	24 161	17 717	8 565	157
山东省		29 946	346 37	99 048	43 032	36 533	17 196	528
中南地区								
河南省		21 178	24 647	73 718	33 381	27 991	13 138	342
湖北省		31 574	36 972	115 239	58 017	47 489	22 528	1 009
湖南省		21 052	25 515	79 202	33 903	28 446	13 584	391
广东省		23 952	33 853	90 661	37 609	31 125	15 197	713
广西壮族自治区		8 409	10 752	33 864	14 756	12 728	6 106	129
海南省		2 016	4 630	9 133	3 403	2 382	1 222	23
西南地区		33 310	41 029	134 627	64 430	54 835	24 653	971
四川省		6 597	7 761	26 048	12 208	11 197	5 465	210
贵州省		10 120	13 675	42 656	16 197	14 550	7 618	225
云南省		683	568	1 736	1 757	1 567	723	6
西藏自治区								
西北地区		22 876	29 428	94 475	50 314	40 763	18 953	718
陕西省		8 062	10 220	31 717	14 868	12 291	5 632	176
甘肃省		1 706	1 931	7 012	2 904	2 766	1 504	26
青海省		2 066	2 434	7 673	3 439	3 027	1 560	21
宁夏回族自治区		7 123	8 166	28 868	17 105	13 978	6 791	114
新疆维吾尔自治区								

科　学　校　基　本　情　况

单位：人

职工数									
校本部教职工数							科研机构人员	校办工厂、农场职工	附设机构人员
任教师				教辅人员	行政人员	工勤人员			
副教授	讲师	教员	助教						
74 628	**141 928**	**13 529**	**130 595**	**108 918**	**160 159**	**147 948**	**39 001**	**61 661**	**64 572**
9 642	12 824	1 772	9 612	12 280	15 326	15 465	6 662	5 467	6 472
2 397	4 267	453	2 670	3 157	4 310	3 642	1 537	1 384	2 146
2 167	5 088	389	4 648	3 923	5 806	5 025	688	2 252	2 756
1 639	2 836	210	2 984	1 718	3 336	3 891	472	913	868
1 089	2 391	194	2 385	1 505	2 142	2 489	366	931	471
4 503	8 739	931	6 591	7 007	9 814	8 019	1 397	3 255	2 918
2 810	5 541	651	5 025	4 166	6 543	5 684	1 612	2 509	2 918
3 048	5 105	487	5 737	4 138	6 418	7 002	1 225	3 792	3 398
5 185	10 533	948	8 746	7 871	11 289	11 135	4 800	5 560	4 095
4 422	9 832	685	9 091	7 237	9 935	8 559	3 473	4 557	3 641
178	4 203	556	4 009	2 965	4 021	3 580	880	1 379	1 303
2 358	4 358	225	3 789	2 914	4 309	3 650	1 108	1 409	1 681
1 315	3 536	269	2 941	1 997	3 088	2 719	864	876	1 100
1 572	3 128	227	3 481	2 213	3 675	3 264	168	4 766	1 510
3 230	5 874	413	7 151	4 435	8 054	6 848	1 229	2 313	2 957
2 686	4 230	553	5 327	3 361	6 264	5 228	254	3 077	2 059
4 687	8 707	612	7 513	6 814	9 362	8 785	2 550	3 012	4 966
2 736	5 487	347	4 623	3 560	5 595	5 707	1 104	2 391	1 962
3 207	5 941	558	4 778	4 705	6 218	5 005	1 750	1 314	3 420
1 309	2 303	244	2 121	1 689	2 883	2 050	303	706	1 019
192	427	18	562	297	508	355	32	128	861
5 120	9 344	792	8 426	8 112	11 077	10 993	2 759	2 590	4 246
1 173	2 235	339	1 508	1 092	2 477	2 163	153	473	385
1 479	2 637	371	2 906	1 627	3 013	2 292	431	279	937
61	268	95	293	142	420	282	53	92	45
3 859	6 896	540	6 940	5 867	8 125	7 818	2 361	2 939	4 251
1 078	1 965	274	2 139	1 859	2 265	2 535	614	1 093	870
222	571	90	595	335	539	388	62	69	7
220	481	44	974	366	638	463	65	187	160
1 044	2 181	242	3 210	1 566	2 709	2 912	29	1 948	1 150

短 期 职 业 大

	学校数（所）	本专科学生数						
		毕业生数	招生数	在校生数	预计毕业生数	合　计		
							计	
								计
总　　计	**119**	**25 693**	**29 279**	**75 342**	**24 929**	**19 392**	**18 311**	**9 291**
华北地区								
北　京　市	2	768	1 200	2 942	879	62	44	29
天　津　市	1	354	411	975	366	327	311	125
河　北　省	8	824	970	2 391	922	753	738	414
山　西　省	2	327	517	1 114	267	235	230	112
内蒙古自治区	3	112	296	703	359	149	124	71
东北地区								
辽　宁　省	8	1 557	1 739	4 601	1 437	1 509	1 455	725
吉　林　省	2	809	210	1 185	672	150	150	95
黑龙江省	4	794	823	2 496	1 165	841	834	405
华东地区								
上　海　市								
江　苏　省	41	4 312	4 069	1 1939	4 164	3 929	3 538	1 765
浙　江　省	6	1 070	1 194	3 654	1 206	1 080	1 059	532
安　徽　省	7	1 997	2 025	4 114	1 103	428	422	236
福　建　省	21	1 933	2 279	5 288	1 744	1 039	1 012	563
江　西　省	5	554	265	925	500	575	443	246
山　东　省	3	513	704	1 501	517	386	385	165
中南地区								
河　南　省	7	1 356	1 849	4 860	1 548	1 449	1 348	708
湖　北　省	10	2 236	2 702	7 232	2 103	2 339	2 212	1 139
湖　南　省	4	1 394	1 101	2 358	453	762	729	329
广　东　省	5	1 325	2 507	5 684	1 768	1 115	1 035	471
广西壮族自治区	2	167	179	380	163	117	117	68
海　南　省								
西南地区								
四　川　省	3	911	1 189	3 382	1 164	757	746	378
贵　州　省	2	236	612	1 216	337	237	237	123
云　南　省	1	246	343	1 156	415	263	261	160
西藏自治区								
西北地区								
陕　西　省	5	1 106	1 285	3 480	1 013	748	739	373
甘　肃　省	2	625	618	1 322	585	72	72	28
青　海　省								
宁夏回族自治区								
新疆维吾尔自治区	1	167	192	444	79	70	70	31

学基本情况

单位：人

教职工数										
校本部教职工数								科研机构人员	校办工厂、农场职工	附设机构人员数
专任教师					教辅人员	行政人员	工勤人员			
教授	副教授	讲师	教员	助教						
45	**1 041**	**3 152**	**1 020**	**4 033**	**2 059**	**4 364**	**2 597**	**120**	**615**	**346**
		4	11	14		13	2			18
	9	58	2	56	22	87	77		11	5
	32	102	90	190	65	177	82	7	2	6
	17	19	32	44	12	64	42	5		
3	10	28		30	12	27	14		25	
5	88	224	103	305	161	393	176	4	28	22
	5	44	23	23	8	35	12			
	17	137	38	213	96	208	125	2	3	2
7	214	730	128	686	480	761	532	17	336	38
	48	148	26	310	107	259	161	6	9	6
2	17	73	12	132	39	96	51	6		
4	39	183	102	235	92	241	116	9	1	17
1	30	84	30	101	52	77	68	6	102	24
1	21	41	12	90	71	106	43			1
2	99	222	75	310	134	343	163	18	26	57
4	156	433	86	460	265	498	310	5	52	70
1	45	77	39	167	100	199	101	6	12	15
3	59	163	83	163	118	224	222	28		52
4	13	26	4	21	4	30	15			
6	61	197	12	102	106	148	114	1		10
	16	48	23	36	20	61	33			
2	11	18	17	112	21	75	23			2
	28	80	72	193	56	207	103		8	1
	1	1		26	2	38	4			
	5	12		14	16	15	8			

普通高等学校分校、

	毕业生数	招生数	在校学生数	教			
				合计	计		
						计	教授
总计	**22 770**	**24 966**	**64 813**	**16 629**	**15 029**	**8 531**	**50**
华北地区							
北京市	1 090	1 275	3 169	1 050	1 034	392	3
天津市	1 104	1 579	5 066	1 757	1 419	671	6
河北省	708	677	1 897	738	718	333	3
山西省	2 269	1 443	4 446	869	869	434	4
内蒙古自治区	956	972	2 256	179	177	85	0
东北地区							
辽宁省	529	859	2 757	384	383	171	0
吉林省	50	330	676	0	0	0	0
黑龙江省	2 302	1 266	3 258	574	570	288	0
华东地区							
上海市	0	0	0	0	0	0	0
江苏省	3 548	3 457	8 749	1 746	1 564	1 094	1
浙江省	533	298	962	1 991	1 986	1 773	1
安徽省	355	330	878	469	407	205	2
福建省	1 103	1 711	3 618	461	443	214	0
江西省	1 070	1 179	2 557	953	701	393	1
山东省	410	373	732	572	555	224	2
中南地区							
河南省	326	669	1 304	0	0	0	0
湖北省	1 653	2 786	7 577	2 078	1 681	899	21
湖南省	2 245	2 106	5 737	1 321	1 186	591	0
广东省	0	518	879	59	56	38	2
广西壮族自治区	381	1 248	3 280	929	854	513	1
海南省	0	0	0	0	0	0	0
西南地区							
四川省	1 644	1 351	2 751	23	23	0	0
贵州省	0	0	0	0	0	0	0
云南省	103	458	1 173	405	403	213	3
西藏自治区	0	0	0	0	0	0	0
西北地区							
陕西省	0	0	0	0	0	0	0
甘肃省	0	0	0	0	0	0	0
青海省	0	0	0	71	0	0	0
宁夏回族自治区	0	0	0	0	0	0	0
新疆维吾尔自治区	391	81	1 091	0	0	0	0

大专班基本情况

本位：人

职工数									
校本部教职工							科研机构人员	校办工厂、农场职工	附设机构人员
专任教师				教辅人员	行政人员	工勤人员			
副教授	讲师	教员	助教						
3108	**2104**	**541**	**2728**	**1449**	**2715**	**2334**	**100**	**861**	**639**
72	132	83	102	112	232	298	3	0	13
82	312	29	242	180	284	284	1	301	36
36	120	11	163	52	162	171	6	0	14
56	101	79	194	46	197	192	0	0	0
16	27	32	10	26	29	37	2	0	0
31	59	8	73	44	111	57	0	0	1
0	0	0	0	0	0	0	0	0	0
35	101	67	85	48	109	125	0	0	4
0	0	0	0	0	0	0	0	0	0
699	115	47	232	74	267	129	0	120	62
1631	52	25	64	65	73	75	0	0	5
25	71	1	106	54	63	85	8	36	18
15	63	0	136	54	93	82	0	7	11
63	135	59	135	63	115	130	6	8	238
25	36	3	158	37	178	116	0	10	7
0	0	0	0	0	0	0	0	0	0
106	332	23	417	272	322	188	63	261	73
97	214	49	231	178	237	180	0	100	35
7	8	3	18	0	16	2	0	0	3
68	175	10	259	91	139	111	11	18	46
0	0	0	0	0	0	0	0	0	0
0	0	0	0	13	0	10	0	0	0
0	0	0	0	0	0	0	0	0	0
44	51	12	103	40	88	62	0	0	2
0	0	0	0	0	0	0	0	0	0
0	0	0	0	0	0	0	0	0	0
0	0	0	0	0	0	0	0	0	0
0	0	0	0	0	0	0	0	0	71
0	0	0	0	0	0	0	0	0	0
0	0	0	0	0	0	0	0	0	0

综 合 大 学

	学校数（所）	本专科学生数						
		毕业生数	招生数	在校生数	预计毕业生数	合 计	计	计
总　　计	**49**	**63 450**	**74 791**	**241 581**	**66 307**	**113 881**	**92 595**	**45 646**
华北地区								
北京市	3	7 073	7 546	26 396	7 048	15 865	12 616	6 027
天津市	1	2 262	2 315	7 878	1 952	4 750	3 405	1 653
河北省	1	1 534	1 408	5 100	1 365	2 037	1 682	789
山西省	1	2 689	2 035	7 354	1 975	2 451	2 210	1 092
内蒙古自治区	1	930	1 080	3 263	800	1 549	1 299	668
东北地区								
辽宁省	3	4 562	5 707	16 064	5 182	4 635	4 380	2 111
吉林省	3	2 895	3 181	10 604	2 981	5 715	4 487	2 143
黑龙江省	1	1 036	1 015	4 009	1 138	1 885	1 802	872
华东地区								
上海市	2	3 411	4 139	13 899	3 931	7 565	5 740	2 706
江苏省	2	3 094	3 961	12 887	3 458	7 019	5 559	2 806
浙江省	2	1 933	2 220	7 610	2 086	3 101	2 777	1 550
安徽省	1	1 319	1 524	4 687	1 434	1 998	1 662	867
福建省	1	1 665	2 000	7 203	1 924	3 399	2 555	1 354
江西省	1	915	1 272	4 128	1 015	1 632	1 550	837
山东省	3	3 129	4 113	11 801	3 359	5 071	4 288	2 050
中南地区								
河南省	2	1 658	1 645	5 922	1 728	2 846	2 506	1 252
湖北省	2	3 646	4 427	13 217	3 706	7 090	5 108	2 426
湖南省	2	1 958	1 860	6 967	2 160	2 718	2 450	1 166
广东省	5	4 830	7 469	22 501	5 950	10 572	7 962	4 094
广西壮族自治区	1	1 725	2 108	6 328	1 663	2 526	2 190	1 128
海南省	1	864	1 826	3 541	654	1 448	1 083	544
西南地区								
四川省	2	2 536	2 772	9 554	2 759	4 439	3 744	1 864
贵州省	1	780	838	2 753	795	1 181	1 059	493
云南省	1	1 305	1 834	6 199	1 866	2 083	1 822	936
西藏自治区	1	246	268	804	199	614	588	302
西北地区								
陕西省	1	1 231	1 765	5 539	1 286	2 358	2 055	1 012
甘肃省	1	1 512	1 895	6 375	1 664	3 162	2 386	1 009
青海省	1	249	387	1 248	326	435	432	223
宁夏回族自治区	1	774	850	2 687	705	1 120	906	466
新疆维吾尔自治区	1	1 689	1 331	5 063	1 198	2 617	2 292	1 206

基 本 情 况

单位：人

教授	副教授	讲师	教员	助教	教辅人员	行政人员	工勤人员	科研机构人员	校办工厂、农场职工	附设机构人员数
教职工数										
校本部教职工										
专任教师										
2 317	**10 541**	**17 490**	**1 284**	**14 014**	**13 281**	**17 574**	**16 094**	**8 572**	**3 808**	**8 906**
496	1 635	2 215	241	1 440	2 095	2 300	2 194	1 426	642	1 181
139	498	680	23	313	461	618	673	494	260	591
19	167	333	2	268	268	294	331	157	97	101
44	240	388	44	376	130	445	543	117	35	89
39	160	300	1	168	186	176	269	141	51	58
87	497	856	105	566	804	1 035	430	91	29	135
78	450	899	80	636	603	808	933	584	158	486
39	198	251	5	379	180	372	378	8		75
116	474	1 238	149	729	1 123	892	1 019	1 026	475	324
146	703	1 110	6	841	795	1 036	922	752	347	361
107	333	551	16	543	362	406	459	89	79	156
33	250	347		237	145	352	298	147	45	144
61	277	700	4	312	400	450	351	489	103	252
21	192	309		315	249	307	157		17	65
80	417	702	83	768	419	958	861	267	165	351
48	364	423	39	378	316	534	404	12	106	222
152	568	938		768	883	869	930	784	408	790
23	218	453	51	421	233	565	486	96	49	123
270	1 040	1 422	144	1 218	1 175	1 524	1 169	704	368	1 538
22	279	487	6	334	272	441	349	18	128	190
13	98	200	12	221	145	209	185	17	12	336
81	428	780	12	563	554	659	667	366	82	247
19	130	188	35	121	132	218	216	46	17	59
50	237	340	4	305	135	470	281	141		120
3	12	118	67	102	50	138	98	8	3	15
77	276	368	1	290	298	369	376	89	19	195
33	154	325	118	379	480	365	532	454	58	264
2	33	83	1	104	46	96	67		3	
6	78	158	5	219	95	216	129	49	52	113
13	135	328	30	700	247	452	387			325

高 等 理 工 院

	学校数（所）	本专科学生数						
		毕业生数	招生数	在校生数	预计毕业生数	合 计	计	计
总 计	**281**	**172 664**	**220 075**	**732 941**	**188 551**	**402 082**	**318 852**	**147 045**
华北地区								
北京市	22	11 590	15 834	56 647	13 097	40 273	31 065	13 963
天津市	6	5 565	6 682	23 344	6 017	13 161	10 481	4 990
河北省	15	6 225	8 488	25 703	6 388	14 209	11 818	5 248
山西省	5	3 505	4 632	15 310	3 926	7 384	6 288	2 883
内蒙古自治区	2	1 462	2 164	6 046	1 394	2 769	1 878	1 107
东北地区								
辽宁省	19	12 134	14 450	51 729	13 445	28 599	23 247	10 446
吉林省	14	5 493	7 976	27 134	7 345	13 791	11 254	5 030
黑龙江省	14	6 907	9 751	32 568	8 162	19 558	14 923	6 975
华东地区								
上海市	24	16 582	19 939	69 282	17 877	39 450	30 939	14 464
江苏省	25	15 266	20 227	64 481	16 924	33 685	26 387	12 896
浙江省	6	4 560	5 256	19 048	5 085	9 376	7 152	3 419
安徽省	8	4 622	5 630	19 895	4 934	11 172	8 677	4 367
福建省	4	3 104	3 917	12 905	3 319	5 356	4 450	2 323
江西省	7	3 283	4 357	14 133	3 709	8 661	5 603	2 588
山东省	12	8 803	10 571	33 376	9 043	16 322	12 990	5 754
中南地区								
河南省	10	4 854	5 855	19 266	5 428	10 422	7 555	3 468
湖北省	18	15 019	16 978	56 589	14 390	30 833	25 298	12 121
湖南省	15	8 117	10 312	33 033	9 117	14 886	12 229	5 646
广东省	6	3 747	6 221	17 318	4 222	7 702	6 101	2 987
广西壮族自治区	3	1 117	1 868	5 304	1 373	2 228	1 976	893
海南省	0							
西南地区								
四川省	18	12 606	16 108	53 386	14 362	30 288	25 072	10 328
贵州省	2	796	979	3 598	996	1 927	1 645	774
云南省	3	2 279	3 313	10 566	2 543	4 155	3 748	1 890
西藏自治区	0							
西北地区								
陕西省	17	12 559	15 527	52 083	1 2645	30 224	23 229	10 253
甘肃省	2	1 516	1 748	5 997	1 600	2 961	2 471	1 094
青海省	0							
宁夏回族自治区	1	75	179	607	161	271	260	137
新疆维吾尔自治区	3	878	1 113	3 593	749	2 419	2 089	1 006

校基本情况

单位：人

教职工数										
校本部教职工								科研机构人员	校办工厂、农场职工	附设机构人员数
专任教师					教辅人员	行政人员	工勤人员			
教授	副教授	讲师	教员	助教						
5 291	**31 658**	**56 978**	**4 648**	**48 470**	**48 857**	**62 079**	**60 871**	**20 145**	**35 376**	**27 709**
870	3 999	4 871	503	3 720	5 249	5 987	5 866	3 694	2 810	2 704
227	1 183	2 074	185	1 321	1 654	2023	1 814	790	1 184	706
54	824	2 261	160	1 944	1 776	2 531	2 268	288	1 207	896
89	628	1 030	100	1 036	723	1 135	1 547	265	569	262
22	171	361	41	512	289	218	264	82	602	207
412	2 310	4 307	457	2 960	3 862	4 653	4 286	944	2 719	1 689
156	956	2 040	176	1 702	1 679	2 348	2 197	615	882	1 040
314	1 513	2 428	116	2 604	2 222	2 738	2 988	758	1 899	1 978
542	2 930	5 698	494	4 800	4 398	5 636	6 441	2 567	4 000	1 944
403	2 505	5 005	449	4 534	3 910	5 322	4 259	2 205	2 778	2 315
95	672	1 410	366	876	1 168	1 271	1 294	713	872	639
149	1 014	1 843	89	1 272	1 296	1 706	1 308	846	844	805
48	375	1 106	61	733	658	689	780	96	383	427
29	456	988	45	1 070	804	1 098	1 140	79	2 384	568
178	1 216	2 022	18	2 320	1 847	2 740	2 649	608	1 572	1 152
59	643	1 202	49	1 515	954	1 669	1 464	123	2 143	601
435	2 570	4 892	239	3 985	3 592	4 934	4 651	1 017	2 000	2 518
167	1 174	2 330	115	1 860	1 742	2 288	2 553	572	1 153	932
131	744	1 268	175	669	1 121	1 146	847	448	516	637
20	143	304	14	412	281	486	316	56	81	115
382	2 279	4 009	366	3 292	4 639	4 900	5 205	1 454	1 416	2 346
17	393	365	11	188	138	334	399	17	206	59
53	452	692	18	675	540	744	574	89	152	166
397	2 267	3 689	365	3 535	3 659	4 560	4 757	1 806	2 486	2 703
32	265	424	2	371	433	415	519	2	273	215
	4	42		91	17	70	36	11		
10	172	317	34	473	196	438	449		245	85

高 等 农 业 院

	学校数（所）	本专科学生数				合计		
		毕业生数	招生数	在校生数	预计毕业生数		计	计
总　　计	**59**	**30 612**	**35 482**	**115 592**	**31 520**	**71 131**	**52 099**	**25 072**
华北地区								
北京市	2	656	1 157	3 796	885	3 571	2 415	1 271
天津市	1	154	120	452	92	363	356	178
河北省	2	1 379	1 476	5 212	1 519	3 108	2 226	1 115
山西省	1	680	839	2 937	732	1 669	1 399	632
内蒙古自治区	2	1 097	1 184	3 895	1 122	2 078	1 787	851
东北地区								
辽宁省	3	1 273	1 538	4 808	1 250	2 701	2 345	1 134
吉林省	3	1 092	1 224	4 472	1 173	3 417	2 350	1 053
黑龙江省	2	1 663	1 367	4 467	1 241	3 962	2 759	1 111
华东地区								
上海市	2	693	837	2 832	829	1 518	1 260	631
江苏省	3	1 587	2 060	6 855	1 890	3 724	2 868	1 547
浙江省	2	824	1 055	4 189	1 163	2 152	1 887	1 010
安徽省	2	1 019	1 009	3 446	1 018	2 110	1 588	695
福建省	2	898	1 221	3 860	1 071	2 179	1 755	831
江西省	2	1 174	1 110	3 390	884	3 898	1 303	578
山东省	2	2 141	1 791	5 403	1 713	2 726	2 187	1 021
中南地区								
河南省	4	1 648	1 920	5 871	1 508	2 670	2 244	1 110
湖北省	1	1 048	1 255	4 670	1 228	2 856	2 111	1 022
湖南省	1	1 295	1 515	4 483	1 277	2 758	1 459	708
广东省	5	1 702	2 879	7 825	2 072	3 779	3 114	1 433
广西壮族自治区	1	858	919	3 307	1 013	1 733	1 362	661
海南省	1	393	807	1 752	433	1 152	527	287
西南地区								
四川省	5	2 779	2 472	8 463	2 665	4 379	3 598	1 723
贵州省	1	624	689	2 207	588	1 178	1 026	491
云南省	1	489	953	2 579	614	1 072	884	498
西藏自治区	1	64	55	228	47	538	430	169
西北地区								
陕西省	1	747	901	3 144	768	2 180	1 729	822
甘肃省	1	533	858	2 503	680	1 496	1 096	533
青海省	1	112	158	676	187	300	282	127
宁夏回族自治区	1	465	405	1 424	415	741	575	343
新疆维吾尔自治区	3	1 525	1708	6 446	1 443	5 123	3 177	1 487

校　基　本　情　况

单位：人

教职工数										
校本部教职工								科研机构人员数	校办工厂农场职工数	附设机构人员
专任教师					教辅人员	行政人员	工勤人员			
教授	副教授	讲师	教员	助教						
1 047	**5 355**	**8 972**	**395**	**9 303**	**5 952**	**10 144**	**10 931**	**1 542**	**13 228**	**4 262**
117	341	419	20	374	249	384	511	154	875	127
3	25	79		71	20	80	78			7
44	227	409	36	399	232	489	390	76	626	180
31	155	233		213	46	289	432		130	140
27	183	302	48	291	163	321	452	45	205	41
81	242	457	16	338	303	459	449	51	137	168
32	210	345	40	426	275	501	521	43	944	80
70	248	325	18	450	290	509	849	64	948	191
12	108	273	14	224	127	296	206	27	160	71
72	326	590	18	541	317	494	510	29	663	164
43	169	374	22	402	223	330	324		117	148
27	176	285		207	276	357	260		391	131
22	160	350	1	298	142	365	417	139	172	113
9	116	177	28	248	150	334	241	28	2 282	285
29	200	285		507	212	464	490	45	354	140
27	234	379	4	466	314	460	360	23	224	179
57	210	335	88	332	359	337	393	153	427	165
16	170	270	1	251	136	298	317	73	1 026	200
66	320	553	7	487	397	600	684	127	322	216
13	173	263	1	211	186	286	229	125	150	96
7	40	76		164	57	169	14	10	116	499
69	379	620	25	630	431	686	758	141	354	286
16	125	216	5	129	70	216	249	13	109	30
12	103	162		221	60	140	186	45	89	54
	7	44		118	49	134	78	15	63	30
58	179	273		312	221	276	410	54	277	120
32	130	158		213	112	157	294	57	291	52
2	18	43		64	32	77	46		11	7
3	71	106		163	78	80	74	5	135	26
50	310	571	3	553	425	556	709		1 630	316

高 等 林 业 院

	学校数（所）	本专科学生数						
		毕业生数	招生数	在校生数	预计毕业生数	合计	计	计
总计	**11**	**4 598**	**5 296**	**18 168**	**5 311**	**10 972**	**8 758**	**4 416**
华北地区								
北京市	1	359	470	1 686	408	1 473	1 115	500
天津市	0							
河北省	1	423	357	866	244	478	401	160
山西省	0							
内蒙古自治区	1	442	497	1 731	470	747	708	345
东北地区								
辽宁省	0							
吉林省	1	313	432	1 280	319	818	508	240
黑龙江省	1	1 000	1 023	3 949	1 295	2 317	1 714	871
华东地区								
上海市	0							
江苏省	1	601	617	2 234	707	1 604	1 206	663
浙江省	1	349	270	1 115	332	511	464	254
安徽省	0							
福建省	1	305	424	1 470	401	709	598	289
江西省	0							
山东省	0							
中南地区								
河南省	0							
湖北省	0							
湖南省	1	394	606	1 753	489	1 045	926	506
广东省	0							
广西壮族自治区	0							
海南省	0							
西南地区								
四川省	0							
贵州省	0							
云南省	1	233	230	990	328	640	583	302
西藏自治区	0							
西北地区								
陕西省	1	179	370	1 094	318	630	535	286
甘肃省	0							
青海省	0							
宁夏回族自治区	0							
新疆维吾尔自治区	0							

校 基 本 情 况

单位：人

教职工数										
校本部教职工								科研机构人员数	校办工厂农场职工数	附设机构人员数
专任教师					教辅人员	行政人员	工勤人员			
教授	副教授	讲师	教员	助教						
170	**941**	**1 577**	**85**	**1 643**	**920**	**1 642**	**1 780**	**252**	**1 060**	**902**
35	135	155	12	163	118	120	377	96	93	169
2	21	62		75	57	106	78		49	28
7	66	119	27	126	65	117	181	17		22
3	46	98		93	72	117	79	4	242	64
52	226	298	6	289	140	411	292		362	241
30	184	231	7	211	176	212	155	85	185	128
	23	75		156	46	79	85		23	24
7	50	86		146	61	129	119	9	23	79
16	103	220		167	48	158	214	27	31	61
7	46	135	33	81	73	91	117			57
11	41	98		136	64	102	83	14	52	29

高等医药院

	学校数（所）	本专科学生数						
		毕业生数	招生数	在校生数	预计毕业生数	合计	计	计
总计	**119**	**37 366**	**46 243**	**186 253**	**37 116**	**106 914**	**93 560**	**42 447**
华北地区								
北京市	5	1 073	1 898	7 290	1 110	6 753	6 258	2 242
天津市	3	529	912	3 944	689	2 683	2 375	1 187
河北省	6	1 815	2 216	9 171	2 054	5 239	3 918	1 681
山西省	3	1 246	1 290	4 733	1 180	2 534	2 322	1 059
内蒙古自治区	3	811	1 175	4 096	668	2 169	2 124	979
东北地区								
辽宁省	6	2 090	2 851	10 250	1 756	6 239	5 686	2 549
吉林省	4	1 386	1 905	6 924	1 289	4 281	3 620	1 773
黑龙江省	5	1 683	2 037	7 835	1 606	4 302	3 502	1 413
华东地区								
上海市	5	1 560	1 970	9 932	1 707	6 532	5 360	2 325
江苏省	9	2 601	3 453	14 472	2 981	7 917	6 935	3 211
浙江省	3	1 013	1 376	5 407	1 146	2 748	2 493	1 188
安徽省	5	1 405	1 548	6 563	1 337	2 307	2 924	1 388
福建省	2	764	1 091	4 136	809	1 534	1 390	595
江西省	5	1 745	1 926	7 196	1 790	3 635	3 115	1 498
山东省	9	2 869	2 757	11 493	2 603	6 329	5 770	2 839
中南地区								
河南省	5	2 502	2 055	8 659	2 097	4 172	3 779	1 581
湖北省	7	2 305	3 021	11 278	2 440	6 431	5 315	2 378
湖南省	3	1 408	1 950	7 107	1 369	3 789	3 288	1 504
广东省	5	1 585	1 996	8 908	1 578	5 273	4 640	2 186
广西壮族自治区	4	733	1 150	4 686	826	2 576	2 196	1 009
海南省	0							
西南地区								
四川省	5	2 110	2 665	11 171	1 896	6 692	5 642	2 616
贵州省	4	623	973	4 039	739	2 472	2 407	1 090
云南省	3	928	929	3 990	809	2 219	1 942	1 083
西藏自治区	0							
西北地区								
陕西省	3	776	1 027	4 194	840	3 102	2 654	1 458
甘肃省	2	570	693	2 751	567	1 236	1 172	482
青海省	1	230	207	852	241	393	393	217
宁夏回族自治区	1	231	320	1 180	200	546	546	232
新疆维吾尔自治区	3	775	852	3 996	789	1 191	1 794	684

校基本情况

单位：人

教职工数										
校本部教职工								科研机构人员数	校办工厂农场职工数	附设机构人员数
专任教师					教辅人员	行政人员	工勤人员			
教授	副教授	讲师	教员	助教						
3 176	**8 584**	**14 546**	**1 137**	**15 004**	**14 922**	**18 912**	**17 279**	**3 576**	**2 801**	**6 977**
265	563	636	148	630	1 399	1 317	1 300	226	215	54
116	235	419	63	354	498	388	302	161	57	90
87	312	533	32	717	640	812	785	67	67	1 187
49	270	394	3	343	314	468	481	33	80	99
81	170	433	38	257	251	399	495	24		21
261	484	932	40	832	883	1 208	1 046	153	244	156
199	434	457	86	597	523	525	799	199	152	310
145	252	445	47	524	538	776	775	331	250	219
283	418	759	11	854	849	1 291	895	293	276	603
149	669	1 088	70	1 235	1 116	1 388	1 220	321	370	291
65	200	389	17	517	392	495	418	75	104	76
92	351	399	35	511	454	516	566	65	42	176
29	100	193	13	260	200	356	239	42	38	64
62	335	516	83	502	348	616	653	6		514
159	494	1 002	50	1 134	841	1 204	886	78	40	441
93	344	539	48	557	537	844	817	35	68	290
189	426	888	90	785	920	1 090	927	354	180	582
100	348	583	66	407	554	657	573	246	29	226
145	371	792	18	860	883	875	696	108		525
31	239	350	4	385	336	527	324	76	208	96
251	525	901	43	896	787	1 066	1 173	409	334	307
109	209	467	4	301	277	566	474	29	17	19
68	212	356	36	411	199	359	301	26		251
65	310	574	30	479	445	412	339	206		242
29	88	165	37	163	245	228	217	13	16	35
7	44	89	18	59	64	56	56			
10	43	63		116	100	107	107			
37	138	184	7	318	329	366	415		14	103

高 等 师 范 院

	学校数（所）	本专科学生数						
		毕业生数	招生数	在校生数	预计毕业生数	合计	计	计
总计	**262**	**169 272**	**189 272**	**490 978**	**169 039**	**169 069**	**151 137**	**76 419**
华北地区								
北京市	3	3 530	3 760	12 701	3 252	7 114	5 948	2 974
天津市	3	2 337	2 458	7 296	2 674	3 272	2 460	1 264
河北省	13	7 291	7 857	20 877	7 808	7 441	6 796	3 334
山西省	10	7 591	6 138	12 956	4 817	4 461	4 107	1 966
内蒙古自治区	6	3 850	4 387	11 060	3 789	4 173	3 953	2 034
东北地区								
辽宁省	14	6 682	79 90	21 341	6 668	6 789	6 153	3 229
吉林省	8	4 553	5 630	15 967	4 949	7 499	6 350	3 184
黑龙江省	10	5 744	7 155	17 950	7 251	7 146	6 282	2 982
华东地区								
上海市	5	4 682	5 562	15 928	4 415	8 013	6 334	3 221
江苏省	12	10 238	10 964	27 644	9 648	7 305	6 722	3 594
浙江省	10	7 317	8 853	13 326	4 785	4 825	4 585	2 475
安徽省	12	7 296	7 666	20 530	8 524	6 924	6 388	3 412
福建省	9	7 313	8 099	19 302	7 552	5 329	4 942	2 683
江西省	8	10 093	8 686	18 395	6 683	5 672	5 235	2 719
山东省	16	11 894	13 803	32 797	13 285	10 328	9 181	4 560
中南地区								
河南省	14	9 734	11 594	29 227	11 630	10 171	9 399	4 615
湖北省	10	8 146	9 852	23 785	8 850	6 941	5 957	2 953
湖南省	13	8 750	9 035	24 986	7 808	8 021	7 371	3 713
广东省	11	10 338	12 273	26 212	8 447	6 732	6 062	3 010
广西壮族自治区	7	3 138	4 182	12 788	3 830	4 599	4 037	2 002
海南省	2	759	1 997	3 840	1 065	803	772	391
西南地区								
四川省	17	11 019	13 480	39 868	12 889	11 458	10 525	5 092
贵州省	10	2 793	3 084	9 985	3 164	3 781	3 535	1 791
云南省	11	3 299	4 237	11 979	3 841	3 882	3 590	1 947
西藏自治区								
西北地区								
陕西省	11	4 802	6 034	17 758	5 143	6 817	5 990	2 924
甘肃省	6	2 837	3 636	9 728	3 007	4 105	3 409	1 696
青海省	3	807	834	3 018	939	1 192	1 110	639
宁夏回族自治区	2	358	482	1 372	488	493	484	245
新疆维吾尔自治区	6	2 081	2544	8 362	1 838	3 783	3 460	1 770

校基本情况

单位：人

教职工数 校本部教职工 专任教师 教授	 副教授	 讲师	 教员	 助教	 教辅人员	 行政人员	 工勤人员	 科研机构人员数	 校办工厂农场职工数	 附设机构人员数
1 564	**13 126**	**29 206**	**3 455**	**29 068**	**17 278**	**31 675**	**25 765**	**3 080**	**4 166**	**10686**
199	822	1 111	239	603	857	1 054	1 063	349	246	568
24	226	621	67	326	308	528	360	37	83	692
47	600	1 373	124	1 190	879	1 448	1 135	99	206	340
11	299	711	71	874	364	956	821	44	75	235
42	298	785	24	885	465	805	649	25	73	122
63	567	1 312	244	1 043	707	1 383	834	79	126	431
91	572	1 252	190	1 079	775	1 683	708	149	110	890
54	480	1 130	205	1 113	584	1 244	1 472	38	300	526
142	745	1 288	103	943	738	1 204	1 171	643	435	601
77	556	1 510	108	1 343	695	1 234	1 199	66	187	330
7	237	1 045	114	1 072	556	939	615	3	85	152
45	545	1 343	91	1 388	698	1 177	1 101	58	110	368
54	343	1 004	153	1 129	531	960	768	89	133	165
30	455	1 041	58	1 135	566	1 054	896	30	91	316
65	736	1 567	206	1 983	939	2 105	1 532	213	162	772
106	913	1 423	163	2 010	1 010	2 054	1 720	48	138	586
81	529	1 087	59	1 197	857	1 319	828	205	226	553
62	682	1 536	103	1 330	831	1 472	1 355	76	184	390
70	477	1 342	173	948	801	1 249	1 002	278	108	284
34	364	697	187	720	513	878	644	38	122	402
3	54	151	6	177	95	130	156	5		26
84	857	1 945	225	1 981	1 117	2 362	1 954	157	202	574
38	392	709	99	553	325	792	627	13	107	126
24	313	583	141	886	437	675	531	80	38	174
54	438	1 125	43	1 264	716	1 297	1 053	136	69	622
45	294	601	49	707	442	648	623	68	449	179
8	80	222	46	283	121	207	143	43	39	
	20	82	31	112	56	117	66			9
4	229	610	133	794	295	656	739	11	59	253

	学校数（所）	本专科学生数						
		毕业生数	招生数	在校生数	预计毕业生数	合计	计	计
总计	**14**	**3 615**	**4 474**	**15 021**	**4 260**	**11 546**	**9 986**	**4 765**
华北地区								
北京市	7	1 515	1 875	6 668	1 864	6 145	5 336	2 569
天津市	1	211	240	805	239	465	442	214
河北省								
山西省								
内蒙古自治区			82	143		146	144	65
东北地区								
辽宁省	1	314	390	1 079	270	624	573	260
吉林省								
黑龙江省								
华东地区								
上海市	1	354	467	1 939	439	1 528	1 238	603
江苏省								
浙江省	1	43	96	96		89	89	42
安徽省								
福建省								
江西省								
山东省								
中南地区								
河南省								
湖北省								
湖南省								
广东省	1	391	430	1 293	426	900	756	307
广西壮族自治区								
海南省								
西南地区								
四川省	1	434	524	1 727	563	812	716	358
贵州省								
云南省								
西藏自治区								
西北地区								
陕西省	1	353	370	1 274	459	837	692	347
甘肃省								
青海省								
宁夏回族自治区								
新疆维吾尔自治区								

校基本情况

单位：人

教职工数										
校本部教职工								科研机构人员数	校办工厂农场职工数	附设机构人员数
专任教师					教辅人员	行政人员	工勤人员			
教授	副教授	讲师	教员	助教						
146	**965**	**1 904**	**370**	**1 380**	**1 068**	**1 955**	**2 198**	**266**	**76**	**1218**
97	562	979	293	638	564	849	1 354	140	25	644
5	31	101	26	51	36	119	73	1	2	20
	5	23	27	10	26	16	37	2		
4	56	112	2	86	44	133	136	17		34
16	97	270	4	216	129	334	172	63	49	178
	15	15	2	10	6	29	12			
7	58	137		105	116	182	151	15		129
8	82	131	12	125	75	154	129	28		68
9	59	136	4	139	72	139	134			145

高 等 财 经 院

	学校数（所）	本专科学生数						
		毕业生数	招生数	在校生数	预计毕业生数	合计	计	计
总　计	80	**25 283**	**39 541**	**113 936**	**30 183**	**45 767**	**41 438**	**19 875**
华北地区								
北京市	7	2 158	3 292	11 017	2 190	6 360	5 505	2 829
天津市	3	1 493	2 317	7 058	1 887	2 501	2 352	1 001
河北省	3	1 121	1 232	3 342	911	1 057	1 014	473
山西省	3	1 101	2 023	5 046	1 019	1 465	1 385	699
内蒙古自治区	1	367	441	1 654	462	700	668	297
东北地区								
辽宁省	4	1 610	2 308	6 521	1 440	2 599	2 351	1 131
吉林省	4	1 034	1 411	4 240	1 252	1 663	1 589	777
黑龙江省	4	1 271	1 492	4 566	1 317	2 093	1 889	953
华东地区								
上海市	6	1 902	2 814	8 550	2 229	3 342	3 038	1 343
江苏省	3	938	1 509	4 596	1 333	1 808	1 543	776
浙江省	3	1 167	1 666	4 875	1 329	1 842	1 676	771
安徽省	3	1 130	1 576	3 904	1 192	1 208	1 120	555
福建省	2	468	692	1 781	469	487	454	222
江西省	1	690	1 112	3 478	813	1 393	1 362	662
山东省	2	839	1 270	2 953	705	1 414	1 322	648
中南地区								
河南省	4	1 049	2 097	5 846	1 716	2 807	2 215	964
湖北省	3	1 437	1 751	5 426	1 541	2 302	2 068	984
湖南省	4	1 223	2 040	5 942	1 643	1 827	1 729	853
广东省	3	316	1 438	3 550	810	1 077	1 049	474
广西壮族自治区	3	401	661	1 414	423	442	421	215
海南省								
西南地区								
四川省	4	1 088	1 741	5 163	1 402	2 549	2 176	1 002
贵州省	2	330	490	1 525	297	779	731	374
云南省	1	472	592	2 264	608	597	545	289
西藏自治区								
西北地区								
陕西省	4	786	1 930	4 894	1 205	1 827	1 756	838
甘肃省	1	442	639	1 950	508	680	616	295
青海省								
宁夏回族自治区								
新疆维吾尔自治区	2	450	647	2 381	762	894	450	450

校 基 本 情 况

单位：人

教职工数										
校本部教职工								科研机构人员	校办工厂农场职工	附设机构人员数
专任教师					教辅人员	行政人员	工勤人员			
教授	副教授	讲 师	教 员	助 教						
416	**2 921**	**6 513**	**1 395**	**8 630**	**4 224**	**9 378**	**7 961**	**693**	**1 558**	**2078**
112	596	879	67	1 175	490	1 198	988	154	453	248
21	160	374	102	344	301	603	447	40	83	26
1	40	197	46	189	111	244	186	7		36
8	103	181	71	336	187	240	259	13	24	43
4	41	91	15	146	86	106	179	32		
36	164	414	47	470	236	465	519	52		196
14	88	285	15	375	148	363	301	11	21	42
7	127	284	140	395	212	421	303	26	33	145
35	173	497	73	565	314	797	584	66	48	190
6	91	227	58	394	184	312	271	15	147	103
5	86	303	11	366	214	352	339		80	86
5	47	212	11	280	99	264	202		13	75
	13	84	20	105	31	118	83		31	5
7	77	213	72	293	135	312	253	31		
8	106	253	33	348	98	340	236	8	10	74
9	169	235	169	382	218	607	426	13	398	181
58	175	364	139	248	241	326	517	33	28	173
7	134	292	51	369	189	342	345	14	19	65
9	61	131	20	253	94	273	208	4		24
	23	73	15	104	26	92	88	1	11	9
42	177	342	70	731	218	524	432	102	137	134
5	62	133	72	102	69	171	117	23	16	9
1	24	92		172	62	120	74	3		49
15	96	260	74	393	146	465	307	27	6	38
1	47	76		171	52	143	126	2		62
	41	121	4	284	93	180	171	16		68

高等政法院

	学校数（所）	本专科学生数				合计	计	计
		毕业生数	招生数	在校生数	预计毕业生数			
总计	**25**	**8 076**	**9 325**	**28 518**	**8 758**	**12 976**	**11 806**	**5 052**
华北地区								
北京市	5	1 687	2 176	7 138	1 978	4 507	3 966	1 653
天津市								
河北省								
山西省								
内蒙古自治区								
东北地区								
辽宁省	2	544	507	1 826	610	826	786	319
吉林省	1	156	159	454	149	270	257	117
黑龙江省		41	80	201	41			
华东地区								
上海市	3	974	1 109	3 709	1 126	1 672	1 498	627
江苏省	1	460	489	1 505	512	361	350	194
浙江省	2	300	255	687	271	303	302	134
安徽省								
福建省	1	147	150	283	133	121	121	59
江西省	1	139	200	507	123	223	223	76
山东省	1	239	242	754	311	364	352	131
中南地区								
河南省			60	60		210	210	106
湖北省	2	348	971	2 827	680	988	892	402
湖南省	1	152	303	668	145	180	180	79
广东省								
广西壮族自治区								
海南省								
西南地区								
四川省	1	1 147	1 068	3 213	950	1 202	1 057	485
贵州省								
云南省	2	615	605	1 766	660	594	540	230
西藏自治区								
西北地区								
陕西省	1	895	790	2 574	884	943	832	353
甘肃省	1	182	161	346	185	257	240	87
青海省								
宁夏回族自治区								
新疆维吾尔自治区		50						

校基本情况

单位：人

教职工数										
校本部教职工								科研机构人员	校办工厂农场职工	附设机构人员数
专任教师					教辅人员	行政人员	工勤人员			
教授	副教授	讲师	教员	助教						
126	**825**	**1 564**	**503**	**2 034**	**1 180**	**3 360**	**2 214**	**226**	**150**	**794**
83	383	579	170	438	441	1 075	797	114	65	362
1	55	110	2	151	97	253	117			40
	4	41	41	31	47	75	36	7		6
11	74	222	72	248	135	428	308	37	62	75
	12	51	6	125	24	93	39			11
	12	30	3	89	21	98	49			1
		21	6	32	10	45	7			
	4	19		53	24	69	54			
	14	39	13	65	22	121	78			12
	8	23	75		8	68	28			
11	52	84	12	243	77	257	156	7		89
	4	17	9	49	5	52	44			
13	100	139	18	215	105	244	223	34		111
	26	52	59	93	32	606	72			9
6	62	113	15	157	113	215	151	27	17	67
1	15	24	2	45	19	79	55		6	11

高 等 体 育 院

	学校数（所）	本专科学生数				合 计	计	计
		毕业生数	招生数	在校生数	预计毕业生数			
总 计	**16**	**3 770**	**4 281**	**13 366**	**3 945**	**7 679**	**7 207**	**3 376**
华北地区								
北京市	1	376	434	1 512	341	1 254	1 210	510
天津市	1	263	240	712	232	474	449	229
河北省	1	177	130	385	84	163	161	82
山西省								
内蒙古自治区		40	19	19				
东北地区								
辽宁省	1	274	309	1 070	253	686	635	321
吉林省	1	116	99	362	114	205	205	80
黑龙江省	1	221	260	818	237	345	318	172
华东地区								
上海市	1	242	523	1 341	286	777	669	316
江苏省	1	151	180	544	177	195	195	100
浙江省								
安徽省								
福建省	1	150	180	642	188	273	264	140
江西省								
山东省	1	188	182	509	275	373	365	122
中南地区								
河南省	1	59	90	171	81	83	83	42
湖北省	1	492	340	1 324	520	832	796	364
湖南省								
广东省	1	253	414	1 183	308	525	475	223
广西壮族自治区	1	102	164	389	225	123	112	57
海南省								
西南地区								
四川省	1	369	354	1 242	380	680	634	333
贵州省								
云南省								
西藏自治区								
西北地区								
陕西省	1	297	363	1 143	244	691	636	285
甘肃省								
青海省								
宁夏回族自治区								
新疆维吾尔自治区								

校基本情况

单位：人

教职工数										
校本部教职工								科研机构人员数	校办工厂农场职工数	附设机构人员数
专任教师					教辅人员	行政人员	工勤人员			
教授	副教授	讲师	教员	助教						
109	**696**	**1 383**	**62**	**1 126**	**610**	**1 715**	**1 506**	**90**	**40**	**342**
22	160	218	8	102	205	240	255	22	22	
10	48	117	2	52	22	100	98			25
1	12	40		29	12	44	23			2
13	59	139	1	109	35	133	146			51
5	16	23	6	30	4	68	53			
3	39	45	17	68	20	56	70			27
12	65	127	2	110	33	151	169	29	18	61
1	16	36	1	46	5	52	38			
	12	55	11	62	18	69	37			9
4	15	50	2	51	22	125	96	8		
	11	6	6	19	4	28	9			
10	73	160	1	120	42	187	203	12		24
7	44	94	1	77	35	147	70	19		31
	9	27	1	20	12	35	8			11
13	64	135	2	119	50	120	131			46
8	53	111	1	112	91	160	100			55

高 等 艺 术 院

	学校数（所）	本专科学生数						
		毕业生数	招生数	在校生数	预计毕业生数	合计	计	计
总计	**30**	**3 602**	**4 702**	**12 477**	**3 813**	**11 868**	**10 963**	**5 361**
华北地区								
北京市	8	598	704	2 379	646	3 431	3 048	1 305
天津市	2	206	200	607	171	611	555	302
河北省								
山西省								
内蒙古自治区								
东北地区				24		33	33	20
辽宁省	2	512	609	1 221	426	840	811	415
吉林省	1	126	91	311	96	385	385	215
黑龙江省			20	20				
华东地区								
上海市	2	181	212	754	167	956	822	367
江苏省	1	189	251	548	162	463	643	240
浙江省	1	136	123	412	142	445	400	203
安徽省								
福建省		64	82	189	51			
江西省								
山东省	1	254	281	694	194	677	633	295
中南地区								
河南省								
湖北省	2	113	237	696	294	604	604	252
湖南省								
广东省	2	463	499	1 181	377	685	635	339
广西壮族自治区	1	20	241	626	111	413	402	208
海南省								
西南地区								
四川省	2	212	334	911	303	749	660	357
贵州省	1	92	102	177	34	110	104	66
云南省	1	119	313	831	389	457	451	214
西藏自治区								
西北地区								
陕西省	2	251	351	778	226	705	655	375
甘肃省								
青海省								
宁夏回族自治区								
新疆维吾尔自治区	1	66	52	118	24	304	302	188

校基本情况

单位：人

教职工数										
校本部教职工								科研机构人员数	校办工厂农场职工数	附设机构人员数
专任教师					教辅人员	行政人员	工勤人员			
教授	副教授	讲师	教员	助教						
276	**1 281**	**1 962**	**329**	**1 513**	**1 256**	**2 417**	**1 929**	**259**	**142**	**504**
106	367	465	93	274	568	367	520	130	18	235
21	73	114	14	80	37	135	81	15	16	25
	11	4	5			13				
22	100	159	25	109	80	203	113	10		19
7	34	101	17	56	40	73	57			
22	101	161	26	57	25	260	170	49	37	48
20	59	99	9	53	89	59	75			
6	62	63	30	42	42	95	60		19	26
7	54	90	11	133	72	130	136	2	20	22
13	58	81		100	45	178	129			
8	73	120	17	121	41	142	113	34		16
2	45	87	11	63	52	80	62			11
23	108	106	9	111	42	116	145	12	19	58
	13	27	1	25	16	16	6	3		3
1	26	86	23	78	36	89	112			6
18	78	149	7	123	42	130	108	2	13	35
	19	50	31	88	11	61	42	2		

高 等 民 族 学

	学校数（所）	本专科学生数						
		毕业生数	招生数	在校生数	预计毕业生数	合计	计	计
总计	**10**	**5 465**	**6 970**	**21 750**	**6 224**	**10 366**	**9 016**	**4 420**
华北地区								
北京市	1	758	972	3 374	1 250	2 248	1 895	821
天津市	—							
河北省	—							
山西省	—							
内蒙古自治区	—							
东北地区								
辽宁省	—							
吉林省	—							
黑龙江省	—							
华东地区								
上海市	—							
江苏省	—							
浙江省	—							
安徽省	—							
福建省	—							
江西省	—							
山东省	—							
中南地区								
河南省	—							
湖北省	1	673	926	3 004	741	1 218	1 021	525
湖南省	—							
广东省	1	327	752	1 569	354	423	387	182
广西壮族自治区	1	696	707	2 302	792	1 045	886	446
海南省	—							
西南地区								
四川省	1	654	862	2 680	596	1 205	1 034	495
贵州省	1	559	606	1 764	489	780	690	386
云南省	1	484	767	2 665	854	948	848	442
西藏自治区	1	373	245	704	177	605	549	252
西北地区								
陕西省	—							
甘肃省	1	470	590	2 067	560	971	901	436
青海省	1	308	345	1 218	327	655	549	298
宁夏回族自治区	—	163	198	403	84	268	256	137
新疆维吾尔自治区	—							

院基本情况

单位：人

教职工数										
校本部教职工								科研机构人员数	校办工厂农场职工数	附设机构人员数
专任教师					教辅人员	行政人员	工勤人员			
教授	副教授	讲师	教员	助教						
95	**843**	**1 937**	**407**	**1 138**	**819**	**2 023**	**1 754**	**400**	**117**	**833**
23	151	429	61	157	139	397	538	160		193
24	132	210	7	152	70	187	239	48	4	145
2	26	90	6	58	42	96	67	13		23
8	102	190	15	131	102	197	141		24	135
5	121	236	10	123	107	246	186	56	46	69
6	49	130	112	89	65	164	75	9	1	80
12	84	190	69	87	93	207	106	47		53
3	42	106	28	73	43	148	106	30	26	
3	85	192	66	90	66	230	169	18		52
7	47	134	25	85	72	103	76	19	16	17
2	4	30	8	93	20	48	51			12

普通高等学校女学

	学校数（所）	本专科学生数				合计		
		毕业生数	招生数	在校生数	预计毕业生数		计	计
总计		**171 538**	**226 073**	**689 406**	**184 631**	**356 554**	**282 557**	**111 042**
华北地区								
北京市		11 813	14 987	53 036	12 651	40 837	32 784	13 366
天津市		5 264	6 670	22 421	6 014	10 993	8 616	3 574
河北省		7 797	10 594	31 609	8 954	12 698	9 835	4 184
山西省		7 158	7 272	19 945	5 685	7 267	6 279	2 618
内蒙古自治区		3 137	4 891	13 749	3 667	5 198	4 450	1 883
东北地区								
辽宁省		12 176	15 318	46 388	12 552	19 845	16 751	6 619
吉林省		6 616	8 077	27 719	7 051	13 135	10 305	4 340
黑龙江省		7 729	9 158	29 396	8 715	14 230	10 856	4 307
华东地区								
上海市		10 179	13 570	45 272	11 360	25 626	19 719	7 303
江苏省		10 775	13 828	42 701	11 887	22 606	17 526	6 982
浙江省		5 775	6 667	19 502	5 493	8 901	7 490	2 862
安徽省		4 443	5 601	15 536	4 295	8 479	6 639	2 585
福建省		4 856	6 712	17 946	5 167	6 688	5 564	2 374
江西省		3 606	4 708	11 742	3 053	9 002	5 926	2 121
山东省		7 807	10 854	31 027	9 040	14 482	11 545	4 689
中南地区								
河南省		7 095	8 971	26 400	8 518	11 758	9 238	3 745
湖北省		8 754	10 743	34 094	9 283	23 139	17 840	6 165
湖南省		6 566	8 454	24 325	6 392	13 025	10 270	3 635
广东省		6 848	11 766	30 203	7 632	14 729	11 571	4 251
广西壮族自治区		2 162	4 248	12 061	2 666	6 013	4 909	1 775
海南省		407	1 313	2 422	555	1 287	741	262
西南地区								
四川省		10 829	14 807	45 012	11 331	23 458	19 080	7 412
贵州省		2 100	2 877	9 630	2 339	4 959	4 398	1 698
云南省		3 398	5 224	16 130	4 509	6 515	5 600	2 585
西藏自治区		286	264	675	162	633	566	227
西北地区								
陕西省		6 849	9 752	30 746	8 001	16 972	12 793	4 795
甘肃省		2 514	3 389	10 295	2 824	5 182	4 103	1 493
青海省		799	791	2 987	840	1 075	979	460
宁夏回族自治区		764	974	2 986	685	1 332	1 120	522
新疆维吾尔自治区		3 036	3 593	13 451	3 310	6 490	5 064	2 210

生和女教职工数　　　　单位：人

教职工数										
校本部教职工								科研机构人员数	校办工厂农场职工数	附设机构人员数
专任教师					教辅人员	行政人员	工勤人员			
教授	副教授	讲师	教员	助教						
1 547	**14 925**	**42 265**	**5 444**	**46 861**	**55 496**	**58 194**	**57 822**	**11 068**	**23 011**	**39918**
307	2 722	5 126	866	4 345	6 374	6 860	6 184	2 293	2 090	3 670
61	534	1 485	213	1 281	1 694	1 740	1 608	496	607	1 274
31	385	1 665	180	1 923	2 006	1 963	1 682	206	896	1 761
21	328	814	107	1 348	891	1 172	1 598	140	336	512
25	206	737	94	821	855	766	946	114	330	304
98	748	2 601	461	2 711	3 426	3 836	2 870	339	985	1 770
63	463	1 634	276	1 904	2 105	1 981	1 879	416	729	1 685
58	478	1 419	200	2 152	2 140	2 129	2 280	368	1 217	1 789
126	1 011	2 964	307	2 895	3 346	4 343	4 727	1 428	2 233	2 246
70	969	2 934	270	2 739	3 776	3 535	3 233	752	1 894	2 434
19	329	1 085	143	1 286	1 617	1 453	1 558	178	462	771
28	350	1 146	63	998	1 543	1 299	1 212	289	523	1 028
21	155	922	109	1 167	1 006	1 030	1 153	197	284	643
11	225	733	92	1 060	1 185	1 189	1 431	45	1 946	1 085
58	662	1 723	132	2 114	2 197	2 338	2 321	280	777	1 880
21	445	1 235	381	1 663	1 828	1 817	1 848	79	1 022	1 419
109	848	2 552	234	2 422	3 960	3 919	3 796	712	1 243	3 344
48	434	1 440	113	1 600	2 077	2 088	2 470	360	968	1 427
71	618	1 658	215	1 689	2 392	2 384	2 544	493	488	2 177
4	236	666	70	799	995	1 148	990	107	327	670
2	16	89	7	148	167	125	187	8	62	476
126	1 184	2 833	231	3 038	3 537	4 029	4 101	810	916	2 652
40	231	716	112	599	654	1 026	1 020	48	198	315
37	287	836	135	1 290	792	1 156	1 067	133	97	685
2	10	92	32	91	89	152	98	15	21	31
65	646	1 679	189	2 216	2 594	2 594	2 810	575	1 054	2 550
9	168	537	91	688	942	718	950	137	454	488
1	33	150	30	246	205	178	136	19	33	44
7	48	127	7	333	215	229	154	21	105	86
8	156	667	84	1 295	888	997	969	10	714	702

中　等　专　业　学

	学校数（所）	毕业生数	招生数			在校学生数	预计毕业生数	
			计	招高中毕业生数	招初中毕业生数			合计
总　　计	**4 022**	**595 737**	**776 382**	**208 011**	**568 371**	**2 051 713**	**598 794**	**475 981**
华北地区								
北　京　市	123	13 941	19 386	2 182	17 240	58 401	14 726	14 313
天　津　市	73	7 994	12 769	2 198	10 481	38 360	10 473	10 031
河　北　省	308	30 378	36 313	10 503	25 810	95 198	28 165	22 818
山　西　省	120	21 403	32 053	10 815	21 238	78 793	22 784	16 679
内蒙古自治区	101	14 946	17 440	5 083	12 357	46 893	14 351	15 356
东北地区								
辽　宁　省	169	28 004	36 156	10 201	25 955	67 540	26 378	24 981
吉　林　省	114	19 755	21 768	6 839	14 929	61 185	17 564	15 480
黑　龙　江　省	109	19 420	21 278	4 954	16 324	63 278	22 200	17 158
华东地区								
上　海　市	115	24 098	20 039	5 388	14 651	65 244	21 033	15 777
江　苏　省	196	34 687	45 688	7 872	37 816	127 785	35 127	24 219
浙　江　省	136	18 093	23 122	6 915	16 207	63 113	20 378	14 016
安　徽　省	145	23 479	28 318	7 124	21 194	74 068	22 196	16 036
福　建　省	103	17 383	22 119	7 420	14 699	54 045	16 826	10 737
江　西　省	98	20 768	21 887	7 109	14 778	58 708	20 621	14 213
山　东　省	225	33 551	44 606	6 812	38 094	114 168	28 374	28 985
中南地区								
河　南　省	217	34 757	52 808	17 191	35 617	124 303	36 325	25 604
湖　北　省	244	35 279	49 531	11 740	37 791	120 940	34 674	26 556
湖　南　省	140	22 978	38 840	13 256	25 584	92 899	25 352	19 439
广　东　省	212	26 253	44 128	13 499	30 629	103 029	28 761	18 306
广西壮族自治区	123	17 801	28 343	9 788	18 555	66 707	18 278	15 021
海　南　省	22	2 605	3 220	1 270	1 950	8 448	3 249	18 874
西南地区								
四　川　省	280	43 825	51 616	11 953	39 663	143 733	43 664	36 201
贵　州　省	113	15 115	18 119	4 088	1 4031	50 913	14 916	11 595
云　南　省	130	18 692	25 082	4 401	2 0681	67 917	19 224	12 611
西藏自治区	15	833	1 060	77	983	4 365	624	1 269
西北地区								
陕　西　省	104	15 600	16 673	5 455	14 518	57 399	16 767	17 615
甘　肃　省	113	14 343	17 592	5 990	11 572	48 604	14 286	11 848
青　海　省	39	4 218	4 252	1 227	3 025	12 520	4 294	3 144
宁夏回族自治区	27	3 485	4 021	1 440	2 581	11 628	4 177	2 898
新疆维吾尔自治区	108	12 026	14 975	5 521	9 454	42 432	13 007	1 2101

校基本情况

单位：人

教职工数											
校本部教职工									校办厂、场职工		附设机构人员
计	专任教师					教辅人员	行政人员	工勤人员	计	其中：由厂、场收入支付工资的职工	
	计	高级讲师	讲师	助理讲师	教员						
439 789	**225 336**	**21 976**	**70 074**	**74 702**	**58 584**	**38 106**	**91 745**	**84 602**	**24 945**	**12 758**	**11 247**
13 467	6 514	737	2 145	1 858	1 774	1 466	2 701	2 795	695	317	142
9 655	4 692	444	1 624	1 814	810	813	2 160	1 990	298	124	78
21 583	11 610	869	3 612	3 853	3 276	1 641	4 297	4 035	795	285	440
15 794	8 021	946	2 519	2 671	1 885	1 351	3 421	3 001	552	293	333
14 516	7 221	622	2 186	2 796	1 617	1 463	3 003	2 829	679	195	161
22 999	11 466	1 124	3 840	3 815	2 687	1 997	5 414	4 122	1 637	993	345
14 432	7 232	763	2 530	2 310	1 599	1 098	3 215	2 887	897	601	151
15 502	7 168	742	2 257	2 464	1 705	1 310	3 195	3 829	1 136	821	520
14 714	7 106	499	2 594	2 793	1 220	1 527	2 991	3 090	791	233	272
22 335	11 879	1 134	3 689	4 040	3 016	2 034	4 363	4 059	1 682	949	202
12 913	6 981	589	2 252	2 566	1 574	1 160	2 660	2 112	808	584	295
15 038	8 027	904	2 775	2 838	1 510	1 234	3 152	2 625	705	451	293
10 071	5 633	361	1 684	1 906	1 682	770	2 170	1 498	453	274	213
12 208	6 323	655	1 725	2 362	1 581	1 065	2 374	2 446	1 480	900	525
27 080	14 522	1 691	3 930	5 232	3 669	1 962	5 951	4 645	1 329	610	675
23 712	12 675	1 711	3 091	3 213	5 200	1 933	5 069	4 035	741	360	1151
24 184	12 881	1 345	3 969	4 005	3 562	2 220	4 572	4 511	1 637	381	735
17 317	8 663	1 108	3 119	2 332	2 103	1 511	3 874	3 269	1 529	1 031	593
17 287	9 014	699	2 957	2 771	2 587	1 506	3 573	3 194	565	83	454
13 461	6 976	491	2 032	2 616	1 837	1 072	2 790	2 623	903	437	657
1 827	878	53	276	298	251	137	316	496	2	2	45
32 159	15 897	1 890	5 633	5 258	3 116	3 080	6 585	6 597	2 788	1 722	1254
11 134	5 574	524	1 775	1 905	1 370	817	2 533	2 210	123	48	338
12 315	6 544	679	1 931	2 119	1 815	1 057	2 198	2 516	133	4	163
1 260	626	10	114	234	259	69	276	289	9	9	
13 973	6 703	641	1 996	1 778	2 288	1 424	3 217	2 629	1 854	963	888
11 243	5 699	553	1 655	1 879	1 612	902	2 264	2 378	423	31	182
3 094	1 710	121	468	641	480	215	576	593	18	5	32
2 841	1 437	88	293	483	573	267	576	561	41	21	16
11 666	5 664	492	1 403	1 843	1 926	1 005	2 295	2 259	242	31	193

中　等　技　术　学

	学校数（所）	毕业生数	招生数			在校学生数	预计毕业生数	
			计	招高中毕业生数	招初中毕业生数			合计
总计	**2 957**	**392 219**	**540 452**	**175 543**	**364 909**	**1 368 225**	**372 203**	**370 413**
华北地区								
北京市	102	11 200	14 775	2 182	12 593	45 225	11 513	11 809
天津市	62	5 715	9 784	2 198	7 586	30 227	7 993	8 282
河北省	131	18 784	22 801	7 093	15 708	56 580	13 189	15 474
山西省	97	15 985	23 173	9 120	14 053	54 886	15 177	13 717
内蒙古自治区	80	11 054	13 151	4 729	8 422	33 870	9 986	12 442
东北地区								
辽宁省	137	18 280	25 768	7 513	18 255	66 522	15 543	20 325
吉林省	92	13 086	16 087	4 939	11 148	42 771	11 268	12 594
黑龙江省	77	12 681	14 993	4 887	10 106	36 945	11 317	13 481
华东地区								
上海市	104	16 521	15 797	5 346	10 451	49 233	15 551	13 755
江苏省	159	25 818	36 791	7 872	28 919	99 808	26 065	19 404
浙江省	107	11 692	17 020	6 915	10 105	46 067	14 298	11 316
安徽省	86	14 293	19 714	4 986	14 728	48 099	13 654	11 241
福建省	78	11 748	15 220	6 740	8 480	35 883	11 024	7 830
江西省	67	12 529	12 604	7 059	5 545	30 905	11 494	10 620
山东省	159	19 461	29 380	5 933	23 447	71 855	16 015	21 933
中南地区								
河南省	176	22 041	31 878	12 191	19 687	72 343	20 860	19 051
湖北省	188	25 261	38 266	11 435	26 831	89 669	24 185	20 941
湖南省	107	16 976	27 094	9 526	17 568	59 968	14 952	15 308
广东省	167	18 024	32 364	10 992	21 372	73 521	18 893	14 163
广西壮族自治区	97	11 152	20 798	8 905	11 893	46 196	11 852	11 719
海南省	14	1 133	1 659	835	824	4 149	1 558	992
西南地区								
四川省	169	25 883	31 064	9 710	21 354	84 297	23 734	26 809
贵州省	83	9 299	12 264	4 088	8 176	32 659	8 796	8 949
云南省	101	11 417	16 495	4 401	12 094	41 682	10 990	9 496
西藏自治区	10	614	608	55	553	2 239	432	818
西北地区								
陕西省	84	8 815	12 141	2 796	9 345	36 465	9 189	14 193
甘肃省	90	9 704	12 657	5 683	6 974	30 916	8 964	9 586
青海省	23	2 505	2 172	858	1 314	6 792	2 431	2 036
宁夏回族自治区	22	2 460	2 857	1 440	1 417	7 619	2 327	2 376
新疆维吾尔自治区	88	8 088	11 077	5 116	5 961	30 834	8 953	9 753

校基本情况

单位：人

教职工数											
计	校本部教职工								校办厂、场职工		附设机构人员
	专任教师					教辅人员	行政人员	工勤人员	计	其中：由厂、场收入支付工资的职工	
	计	高级讲师	讲师	助理讲师	教员						
338 986	**167 691**	**15 924**	**53 321**	**56 888**	**41 558**	**31 116**	**72 059**	**68 120**	**21 432**	**10 712**	**9995**
11 033	5 171	506	1 688	1 528	1 449	1 326	2 129	2 407	645	303	131
7 973	3 767	318	1 274	1 515	660	656	1 785	1 765	256	121	53
14 445	7 506	611	2 344	2 687	1 864	1 152	2 873	2 914	641	211	388
12 963	6 505	742	2 028	2 226	1 509	1 168	2 818	2 472	453	216	301
11 709	5 704	480	1 730	2 241	1 253	1 246	2 464	2 295	584	176	149
18 611	8 971	895	3 105	3 094	1 877	1 794	4 392	3 454	1 398	768	316
11 891	5 883	662	2 091	1 915	1 215	985	2 576	2 447	604	382	99
12 086	5 390	575	1 798	1 844	1 173	1 097	2 421	3 178	948	665	447
12 765	5 931	378	2 141	2 418	994	1 384	2 644	2 806	723	227	267
18 097	9 505	895	2 965	3 137	2 508	1 711	3 564	3 317	1 130	516	177
10 398	5 503	478	1 786	2 042	1 197	984	2 164	1 747	685	500	233
10 417	5 375	607	1 883	1 874	1 011	854	2 263	1 925	603	412	221
7 277	3 954	285	1 249	1 366	1 054	599	1 556	1 168	413	269	140
8 825	4 279	443	1 276	1 634	926	797	1 819	1 930	1 309	841	486
20 361	10 631	1 208	3 025	3 901	2 497	1 489	4 501	3 740	1 043	490	529
17 376	8 811	729	2 184	2 155	3 743	1 563	3 845	3 157	594	255	1081
18 929	9 596	887	2 969	3 172	2 568	1 701	3 952	3 680	1 395	257	617
13 358	6 432	762	2 379	1 781	1 510	1 197	3 053	2 676	1 395	928	555
13 272	6 719	500	2 281	2 145	1 793	1 198	2 886	2 469	493	59	398
10 368	5 176	393	1 561	1 897	1 325	911	2 208	2 073	844	386	507
960	426	21	134	143	128	84	182	268			32
23 114	1 007	1 204	3 992	3 862	1 949	2 393	4 832	4 882	2 499	1 648	1196
8 506	4 041	362	1 352	1 399	928	681	1 960	1 824	122	48	321
9 228	4 803	527	1 439	1 572	1 265	835	1 708	1 882	128		140
809	381	6	64	140	171	55	186	187	9	9	
11 514	5 228	563	1 687	1 459	1 519	1 265	2 709	2 312	1 839	956	840
9 021	4 384	392	1 318	1 500	1 174	777	1 833	2 027	406	24	159
2 000	1 050	63	289	432	266	156	386	408	9		27
2 329	1 157	44	221	387	505	222	479	471	37	18	10
9 351	4 405	388	1 068	1 422	1 527	836	1 871	2 239	227	27	175

中　等　工　业　学　校

	学校数（所）	毕业生数	招生数			在校学生数	预计毕业生数	
			计	招高中毕业生数	招初中毕业生数			合计
总计	**908**	**138 941**	**200 527**	**59 677**	**140 850**	**519 419**	**119 275**	**150 858**
华北地区								
北京市	35	4 168	6 896	1 233	5 663	21 794	4 938	5 771
天津市	27	2 708	4 704	922	3 782	14 948	3 292	4 575
河北省	35	5 370	6 797	1 422	5 375	18 021	3 574	5 152
山西省	27	6 371	7 789	3 686	4 103	18 753	5 029	5 636
内蒙古自治区	26	3 788	5 143	1 731	3 412	12 325	3 092	4 990
东北地区								
辽宁省	49	7 844	12 041	3 533	8 508	30 894	5 674	10 296
吉林省	25	3 998	5 369	2 447	2 922	13 831	2 877	4 190
黑龙江省	23	3 837	4 868	2 500	2 368	10 617	3 421	4 488
华东地区								
上海省	42	6 459	7 991	2 213	5 778	24 961	6 811	6 786
江苏省	66	13 035	19 740	2 880	16 860	53 756	12 043	10 310
浙江省	31	3 096	5 049	2 545	2 504	13 475	4 081	4 453
安徽省	28	4 990	8 533	1 454	7 079	19 731	4 177	4 156
福建省	25	5 151	5 942	2 120	3 822	12 933	2 998	3 458
江西省	22	3 455	4 175	2 049	2 126	10 740	3 210	3 965
山东省	47	5 673	9 561	1 014	8 547	25 070	4 215	8 104
中南地区								
河南省	45	6 969	10 012	2 909	7 103	24 341	5 125	6 447
湖北省	64	8 051	13 814	3 811	10 003	32 546	7 061	8 996
湖南省	35	6 394	9 445	3 276	6 169	21 306	4 857	6 204
广东省	49	6 716	11 229	3 044	8 185	28 090	5 820	5 729
广西壮族自治区	27	3 537	7 459	2 356	5 103	15 725	2 689	3 971
海南省	1	40	68		68	300	97	30
西南地区								
四川省	51	10 587	11 625	4 355	7 270	32 963	8 475	12 105
贵州省	22	2 894	3 592	1 195	2 397	9 622	2 523	2 803
云南省	20	2 665	4 123	882	3 241	10 894	2 655	2 853
西藏自治区								
西北地区								
陕西省	23	3 002	4 625	948	3 677	15 411	3 032	6 620
甘肃省	32	4 488	5 072	3 053	2 019	12 714	4 383	4 428
青海省	7	383	368	40	328	1 344	252	531
宁夏回族自治区	5	589	605	324	281	1 618	390	687
新疆维吾尔自治区	19	2 383	3 892	1 735	2 157	10 696	2 493	3 124

基本情况

单位：人

教职工数											
计	校本部教职工								校办厂、场职工		附设机构人员
	专任教师					教辅人员	行政人员	工勤人员	计	其中：由厂、场收入支付工资的职工	
	计	高级讲师	讲师	助理讲师	教员						
133 851	**63 607**	**5 786**	**20 191**	**22 413**	**15 217**	**13 393**	**28 519**	**28 332**	**13 828**	**6 205**	**3179**
5 158	2 350	217	709	695	726	526	1 057	1 225	519	292	94
4 318	2 033	169	641	854	369	436	860	989	237	111	20
4 571	2 269	152	687	824	606	360	879	1 063	448	87	133
5 236	2 511	326	685	964	536	473	1 127	1 125	311	142	89
4 557	2 142	223	651	861	407	511	989	915	376	139	57
9 391	4 310	413	1 459	1 520	918	1 016	2 114	1 951	676	130	229
4 006	1 888	207	701	623	327	383	830	905	139	60	45
3 968	1 724	154	572	613	385	378	799	1 067	427	373	93
6 118	2 723	158	983	1 201	381	765	1 280	1 350	572	165	96
9 295	4 925	482	1 604	1 759	1 080	893	1 811	1 666	881	365	134
3 849	1 861	164	628	717	352	400	876	712	512	404	92
3 671	1 891	161	657	647	426	315	770	695	430	314	55
3 077	1 630	87	553	633	357	270	651	526	308	242	73
3 448	1 628	161	467	646	354	350	678	792	398		119
7 285	3 505	279	987	1 385	854	615	1 703	1 462	631	385	188
5 866	2 863	234	713	598	1 318	487	1 332	1 184	451	199	130
7 725	3 649	290	1 083	1 341	935	755	1 763	1 558	1 083	97	188
5 127	2 346	261	852	676	557	496	1 166	1 119	824	461	253
5 319	2 617	208	994	876	629	551	1 150	1 001	322	6	88
3 509	1 763	144	453	715	451	272	800	674	406	169	56
29	15	1	2	3	9	1	8	5			1
9 611	4 321	487	1 629	1 428	777	1 193	1 958	2 139	2 051	1 470	443
2 732	1 278	118	457	390	313	267	595	565	21		50
1 751	1 394	140	398	460	396	255	551	551	91		11
5 048	2 205	278	772	627	528	638	1 122	1 083	1 296	584	276
4 029	1 783	139	531	640	473	408	818	1 020	321	8	78
507	242	17	71	87	67	34	112	119	7		17
680	331	3	52	151	125	62	142	145	5		2
2 970	1 410	83	290	476	558	283	851	696	85	2	69

中　等　农　业　学　校

	学校数（所）	毕业生数	招生数			在校学生数	预计毕业生数	
			计	招高中毕业生数	招初中毕业生数			合计
总　计	**384**	**39 040**	**57 132**	**11 203**	**45 929**	**152 242**	**37 092**	**48 071**
华北地区								
北京市	2	189	453	60	393	1 303	347	437
天津市	4	238	349	40	309	800	104	410
河北省	23	2 465	3 293	728	2 565	9 464	2 089	2 588
山西省	16	689	2 619		2 619	6 699	1 221	1 614
内蒙古自治区	11	1 349	1 450	331	1 119	4 767	1 353	1 935
东北地区								
辽宁省	12	1 477	1 825		1 825	4 874	299	2 049
吉林省	9	1 189	1 476	126	1 350	4 971	1 179	1 770
黑龙江省	11	1 985	2 053	308	1 745	4 407	1 082	2 882
华东地区								
上海省	4	646	395		395	1 380	401	491
江苏省	10	1 582	1 406	911	495	4 142	1 490	1 678
浙江省	11	261	863	121	742	3 841	1 257	1 064
安徽省	12	1 980	2 093	410	1 683	5 124	1 951	1 605
福建省	12	1 216	1 409	195	1 214	4 221	1 485	1 116
江西省	10	1 989	1 907	1 656	251	3 938	1 891	1 472
山东省	15	2 234	3 232	126	3 106	7 761	1 293	2 894
中南地区								
河南省	15	1 902	2 747	1 744	1 003	5 136	2 082	1 702
湖北省	20	2 867	4 139	309	3 830	9 735	2 364	2 167
湖南省	22	1 681	4 117	565	3 552	9 294	1 822	2 545
广东省	17	1 203	3 026	820	2 206	6 756	1 375	1 408
广西壮族自治区	18	231	3 246	391	2 855	6 910	851	1 943
海南省	5	267	431	322	109	1 168	536	450
西南地区								
四川省	30	3 650	4 228	378	3 850	12 432	2 991	3 433
贵州省	15	1 554	1 992	140	1 852	5 664	669	1 498
云南省	24	1 595	3 004	367	2 637	8 488	1 792	1 936
西藏自治区	1	108	117	25	92	424	73	163
西北地区								
陕西省	12	1 756	1 576	80	1 496	6 204	1 727	2 311
甘肃省	13	1 003	1 322	240	1 082	3 992	1 017	1 411
青海省	2	378	248	120	128	1 151	464	307
宁夏回族自治区	3	312	502	75	427	1 554	417	466
新疆维吾尔自治区	25	1 044	1 614	615	999	5 642	1 470	2 326

基本情况

单位：人

教职工数											
校本部教职工									校办厂、场职工		附设机构人员
计	专任教师					教辅人员	行政人员	工勤人员	计	其中：由厂、场收入支付工资的职工	
	计	高级讲师	讲师	助理讲师	教员						
43 525	**20 302**	**2 486**	**6 683**	**6 450**	**4 683**	**4 157**	**8 536**	**10 530**	**3 780**	**1 656**	**766**
378	169	34	58	44	33	47	78	84	40		19
406	170	15	79	53	23	36	93	107			4
2 451	1 324	157	392	495	280	185	446	496	108	49	29
1 539	692	118	253	183	138	172	341	334	55		20
1 732	825	74	260	293	198	190	306	411	180	13	23
1 746	850	125	350	235	140	143	409	344	280	217	23
1 628	724	97	246	266	115	134	330	440	112	6	30
2 414	934	131	351	246	206	208	442	830	426	221	42
448	175	16	57	66	36	52	103	118	43		
1 582	764	113	290	200	161	159	269	390	92	33	4
983	498	58	176	159	105	131	137	217	67	11	14
1 516	620	74	209	224	113	123	346	427	76	39	13
1 061	566	45	192	179	150	98	187	210	34		21
1 187	549	83	127	186	153	109	198	331	263	234	22
2 554	1 331	223	392	480	236	236	457	530	248	92	92
1 629	764	77	241	181	265	163	339	363	55	23	18
1 932	977	115	274	274	314	179	345	431	190	106	45
2 316	1 075	156	392	277	250	211	502	528	194	111	35
1 314	581	50	229	160	142	119	268	346	76	1	18
1 658	704	82	251	215	156	203	348	403	233	24	52
424	146	10	41	52	43	35	82	161			26
3 190	1 521	138	542	550	291	307	627	735	196	69	47
1 443	634	86	201	214	133	121	296	392	37	1	18
1 882	930	104	291	317	218	198	326	428	28		26
154	66	2	8	42	14	24	31	33	9	9	
1 713	757	83	258	239	177	192	395	369	515	365	83
1 308	616	60	165	172	219	104	256	332	83	14	20
298	153	10	40	74	29	36	52	57			9
434	209	14	56	91	48	64	72	89	32	18	
2 205	978	136	262	283	297	178	455	594	108		13

中　等　林　业　学

	学校数（所）	毕业生数	招生数			在校学生数	预计毕业生数	合计
			计	招高中毕业生数	招初中毕业生数			
总　　计	**49**	**6 803**	**8 017**	**1 339**	**6 678**	**23 309**	**5 269**	**7 892**
华北地区								
北京市	1		123		123	245		105
天津市	1	39	48		48	287	80	139
河北省								
山西省	1	253	180		180	571		168
内蒙古自治区	2	240	448		448	1 044	241	347
东北地区								
辽宁省	1	195	201		201	759	196	370
吉林省	3	1 366	741	47	694	1 655	190	610
黑龙江省	4	674	945	127	818	2 514	322	708
华东地区								
上海市	1	34	123	82	41	461	192	172
江苏省	1	157	159		159	686	165	274
浙江省	2	151	319		319	1 076	193	248
安徽省	2	382	245		245	941	241	250
福建省	2	201	407		407	1 254	378	265
江西省	2	551	408	356	52	872	414	871
山东省	1	241	32		32	727	240	341
中南地区								
河南省	3	350	319		139	1 265	320	354
湖北省	5	513	622	210	412	1 260	390	390
湖南省	1	250	343	82	261	1 001	123	238
广东省	1	118	358	137	221	910	284	172
广西壮族自治区	4	79	399	135	264	1 329	276	367
海南省								
西南地区								
四川省	1	420	123		321	913	88	377
贵州省	2	111	214		214	569	121	178
云南省	1	41	287	163	124	669	118	187
西藏自治区								
西北地区								
陕西省	3	233	255		255	696	266	328
甘肃省	2	90	250		250	1 013	271	207
青海省								
宁夏回族自治区	1		187		187	267		50
新疆维吾尔自治区	1	114	83		83	325	160	167

校基本情况

单位：人

教职工数											
校本部教职工									校办厂、场职工		附设机构人员
计	专任教师					教辅人员	行政人员	工勤人员	计	其中：由厂、场收入支付工资的职工	
	计	高级讲师	讲师	助理讲师	教员						
6 657	**3 133**	**396**	**964**	**1 016**	**757**	**656**	**1 291**	**1 595**	**1 093**	**783**	**124**
88	48	4	21	15	8	14	11	15	17		
139	60	4	23	21	12	11	22	46			
141	644	20	14	26	4	12	36	29	27	27	
347	139	19	40	42	38	26	72	110			
257	121	20	33	44	24	33	49	54	113	98	
588	287	23	113	86	65	51	111	139	10		12
695	349	36	87	112	114	73	141	132	6		7
163	72	5	26	22	19	8	42	41	9		
274	101	18	42		41	40	59	74			
246	141	20	38	44	39	28	24	53			2
241	119	17	38	43	21	19	52	51			9
224	124	11	34	52	27	17	36	47	38		3
247	91	8	30	40	13	35	66	55	624	589	
250	117	30	32	43	12	29	50	54	63		28
333	163	33	50	58	22	28	52	90	10		11
386	192	26	45	62	59	30	67	97			4
227	114	20	43	41	10	19	42	52	11		
159	82	7	20	27	28	25	28	24	8		5
290	133	5	32	75	21	15	55	87	77	69	
306	122	19	44	56	3	19	89	79	67		4
162	84	10	32	18	24	12	32	34			16
187	81	20	26	26	9	27	29	50			
303	130	8	45	29	48	32	53	88	13		12
201	100	2	30	21	47	26	39	36			6
50	30		2		28	3	4	13			
117	69	11	24	13	21	24	30	48			5

中 等 医 药 学

	学校数（所）	毕业生数	招生数			在校学生数	预计毕业生数	
			计	招高中毕业生数	招初中毕业生数			合计
总计	**573**	**85 703**	**108 729**	**13 401**	**95 328**	**299 250**	**84 523**	**63 318**
华北地区								
北京市	42	4 562	4 622	185	4 437	14 021	4 060	2 356
天津市	8	1 373	2 027	162	1 865	5 903	1 638	704
河北省	17	2 988	3 210	173	3 037	8 950	2 338	2 203
山西省	15	3 110	4 020	906	3 114	11 135	3 121	2 039
内蒙古自治区	16	2 182	1 797	710	1 087	5 440	1 872	1 964
东北地区								
辽宁省	21	3 888	5 414	305	5 109	15 744	4 714	2 445
吉林省	10	1 741	3 428	650	2 778	7 649	2 214	1 559
黑龙江省	16	3 541	4 208	294	3 914	12 463	3 974	2 591
华东地区								
上海市	33	4 479	3 252	282	2 970	10 856	3 693	2 649
江苏省	23	4 439	7 029		7 029	20 886	5 391	2 151
浙江省	21	2 605	4 309	150	4 159	11 923	3 153	1 936
安徽省	19	2 446	2 340	152	2 188	7 182	2 116	2 090
福建省	14	2 060	3 012	1 265	1 747	8 856	3 145	1 197
江西省	13	3 798	3 036	605	2 431	7 835	2 479	1 963
山东省	28	5 287	5 978	146	5 832	16 712	4 370	3 610
中南地区								
河南省	39	5 942	8 311	1 840	6 471	18 219	4 823	5 147
湖北省	35	5 532	8 173	582	7 591	20 852	5 735	3 664
湖南省	17	3 570	4 785	828	3 957	12 434	3 292	2 785
广东省	31	3 365	6 320	419	5 901	15 546	4 315	2 341
广西壮族自治区	24	3 194	3 937	1 668	2 269	10 913	3 141	2 752
海南省	3	545	732	85	647	1 850	569	324
西南地区								
四川省	38	5 347	6 410	385	6 025	18 420	5 168	5 325
贵州省	14	1 492	1 830	368	1 462	5 372	1 721	1 353
云南省	17	2 309	2 792	90	2 702	7 944	1 753	1 737
西藏自治区	3	122	120		120	486	103	219
西北地区								
陕西省	14	1 418	2 492	116	2 376	7 213	1 953	2 289
甘肃省	13	1 665	1 881	205	1 676	4 759	960	1 354
青海省	7	574	552		552	1 864	552	448
宁夏回族自治区	3	456	594	321	273	1 646	500	383
新疆维吾尔自治区	19	1 673	2 118	509	1 609	6 177	1 660	1 740

校基本情况

单位：人

教职工数											
校本部教职工									校办厂、场职工		附设机构人员
计	专任教师					教辅人员	行政人员	工勤人员	计	其中：由厂入场收、支付工资的职工	
	计	高级讲师	讲师	助理讲师	教员						
58 031	**31 005**	**3 745**	**10 727**	**11 526**	**5 007**	**6 037**	**10 275**	**10 714**	**650**	**450**	**4637**
2 304	1 141	107	325	395	314	330	414	419	47		5
694	390	42	118	184	46	69	123	112			10
2 009	1 072	126	413	337	196	251	315	371			194
1 845	1 020	107	414	318	181	176	351	298	31	31	163
1 892	931	78	339	382	132	267	371	323	24	24	48
2 417	1 218	159	460	425	174	312	511	376	20	20	8
1 510	834	153	277	320	84	133	252	291	48	48	1
2 308	1 069	141	372	388	168	274	422	543	2	2	281
2 579	1 360	93	488	643	136	247	422	550	40	34	30
2 133	1 097	146	371	443	137	266	362	408	5	1	13
1 882	1 126	135	369	422	200	165	312	279	5		49
1 902	1 107	204	410	425	68	183	296	316	53	18	135
1 165	622	80	195	235	112	107	249	187	6	6	26
1 691	916	111	336	371	98	144	295	336	8	8	264
3 487	2 018	304	581	777	356	242	640	587	37		86
4 222	2 206	247	617	773	569	445	803	768	40	24	885
3 271	1 842	185	642	669	346	354	491	584	27	24	366
2 557	1 333	186	644	382	121	261	532	431	25	24	203
2 214	1 294	105	469	452	268	186	382	352			127
2 289	1 242	105	440	546	151	261	354	432	101	101	362
320	166	8	62	67	29	37	48	69			4
4 571	2 462	363	927	943	229	427	771	911	107	76	647
1 204	673	82	234	266	91	85	209	237			149
1 648	909	147	304	298	160	159	257	323	9		80
219	100	3	30	40	27	19	59	41			
1 873	858	120	305	258	175	235	411	369	13	7	403
1 335	741	93	225	286	137	139	203	252	2	2	17
448	245	8	70	106	61	23	72	108			
377	182	18	55	79	30	56	70	69			6
1 665	831	89	235	296	211	184	278	372			75

中　等　财　经　学

	学校数（所）	毕业生数	招生数			在校学生数	预计毕业生数	
			计	招高中毕业生数	招初中毕业生数			合　计
总　计	**539**	**82 243**	**111 552**	**6 6518**	**45 034**	**239 376**	**83 549**	**56 812**
华北地区								
北京市	9	1 390	1 526	601	925	4 213	1 352	1 296
天津市	9	721	1 502	537	965	4 308	1 317	1 307
河北省	27	5 000	6 082	3 331	2 751	12 234	2 566	3 365
山西省	21	3 619	5 922	3 561	2 361	11 192	3 887	2 083
内蒙古自治区	13	1 911	2 477	1 168	1 309	6 033	1 883	1 736
东北地区								
辽宁省	21	3 328	3 970	2 735	1 235	8 473	2 997	2 460
吉林省	16	2 159	2 235	1 256	979	5 340	1 930	1 960
黑龙江省	15	2 035	1 800	1 323	477	4 058	1 714	1 842
华东地区								
上海市	12	3 615	2 689	1 896	793	7 406	3 034	1 777
江苏省	29	5 403	6 939	3 456	3 483	15 878	5 378	3 079
浙江省	19	2 930	3 535	3 092	443	7 990	3 442	1 919
安徽省	16	3 325	5 132	2 168	2 964	11 882	3 885	2 046
福建省	16	2 470	3 653	2 625	1 028	6 603	2 363	861
江西省	9	1 679	1 851	1 811	40	3 857	1 906	1 342
山东省	32	4 016	6 267	3 103	3 164	12 953	3 448	3 999
中南地区								
河南省	37	4 180	7 150	4 082	3 068	14 535	4 981	3 192
湖北省	32	6 367	8 289	5 527	2 762	17 103	6 508	3 636
湖南省	20	4 277	6 795	3 860	2 935	12 344	3 948	2 216
广东省	34	3 663	7 115	3 863	3 252	13 759	4 708	2 149
广西壮族自治区	14	2 816	4 145	3 408	737	7 898	3 503	1 563
海南省	4	281	428	428	—	784	356	132
西南地区								
四川省	34	4 810	6 640	3 373	3 267	15 688	5 659	3 996
贵州省	20	2 185	3 020	1 818	1 202	7 383	2 544	1 876
云南省	26	3 633	4 679	2 361	2 318	10 297	3 557	1 974
西藏自治区	2	166	211	—	211	656	49	194
西北地区								
陕西省	16	1 308	1 958	963	995	3 800	1 245	1 307
甘肃省	12	1 394	2 092	1 498	594	4 021	1 468	923
青海省	3	788	725	603	122	1 614	889	372
宁夏回族自治区	5	682	583	429	154	1 618	724	457
新疆维吾尔自治区	16	2 092	2 142	1 642	500	5 456	2 308	1 753

校基本情况

单位：人

教职工数											
校本部教职工									校办厂、场职工		附设机构人员
计	专任教师					教辅人员	行政人员	工勤人员	计	其中：由厂、场收入支付工资的职工	
	计	高级讲师	讲师	助理讲师	教员						
55 324	**27 355**	**1 787**	**7 454**	**9 379**	**8 735**	**3 836**	**13 513**	**10 620**	**916**	**626**	**572**
1 278	604	28	226	186	164	120	267	287	11	—	7
1 286	533	28	159	215	131	43	400	310	5	—	16
3 300	1 602	96	418	593	495	212	790	696	34	32	31
2 051	982	48	227	352	355	162	510	397	29	16	3
1 727	864	41	202	401	220	143	359	361	4	—	5
2 364	1 184	76	379	464	265	126	687	367	83	77	13
1 911	869	73	354	329	113	123	499	420	38	23	11
1 746	826	67	252	338	169	95	412	413	87	69	9
1 721	777	50	292	253	182	175	410	359	44	28	12
2 949	1 607	95	423	566	523	205	592	545	114	105	16
1 831	976	45	232	442	257	159	393	303	49	40	39
1 996	1 086	91	325	376	294	142	489	279	44	41	6
851	471	22	99	118	232	49	240	91	—	—	10
1 257	556	38	143	189	186	90	353	258	16	10	69
3 863	2 000	180	473	710	637	235	958	670	52	12	84
3 150	1 581	86	348	357	790	286	772	511	15	5	27
3 547	1 803	172	519	531	584	239	797	708	79	15	10
2 196	1 095	88	300	295	412	142	574	385	9	—	11
2 075	1 060	67	319	318	356	152	511	352	55	43	19
1 535	746	20	187	234	305	95	380	314	9	5	19
132	64	1	16	10	37	8	37	23	—	—	—
3 901	1 830	114	561	661	494	280	1 004	787	48	33	47
1 790	819	42	242	318	217	127	488	356	64	47	22
1 951	986	76	244	340	326	143	399	423	—	—	23
194	92	1	19	39	33	—	38	64	—	—	—
1 291	639	39	141	200	259	72	364	216	—	—	16
886	455	29	121	162	143	50	235	146	—	—	37
369	215	17	45	82	71	23	59	72	2	—	1
456	239	5	29	54	151	16	109	92	—	—	1
1 720	794	52	162	246	334	124	387	415	25	25	8

中等政法学

	学校数（所）	毕业生数	招生数			在校学生数	预计毕业生数	
			计	招高中毕业生数	招初中毕业生数			合计
总　　计	**133**	**21 384**	**21 686**	**18 090**	**3 596**	**45 927**	**21 062**	**12 979**
华北地区								
北京市	4	374	511	79	432	1 520	468	443
天津市	3	306	426	212	214	2 107	1 055	376
河北省	8	1 064	1 204	904	300	2 271	957	752
山西省	4	991	991	871	120	1 928	937	477
内蒙古自治区	6	980	763	439	324	1 817	973	602
东北地区								
辽宁省	7	801	647	647		1 224	577	507
吉林省	6	543	468	413	55	1 082	501	426
黑龙江省	4	491	428	335	93	979	509	491
华东地区								
上海市	3	546	414	414	—	925	511	523
江苏省	6	939	681	624	57	1 618	936	696
浙江省	8	1 352	1 107	1 007	100	2 209	895	672
安徽省	3	786	653	653	—	1 431	777	395
福建省	3	359	406	381	25	760	379	229
江西省	4	735	499	499	—	1 102	603	312
山东省	7	1 173	1 279	1 194	85	2 671	1 391	704
中南地区								
河南省	6	1 438	1 462	1 462	—	3 251	1 789	348
湖北省	10	1 043	1 521	794	727	3 432	1 233	760
湖南省	2	312	520	520	—	1 022	502	283
广东省	9	2 131	2 506	2 415	91	4 149	1 430	843
广西壮族自治区	4	860	838	794	44	1 693	855	477
海南省	—							
西南地区								
四川省	3	794	834	834	—	1 716	882	430
贵州省	3	408	548	202	346	1 129	231	343
云南省	5	588	706	538	168	1 354	648	296
西藏自治区	1	48	41	—	41	178	53	59
西北地区								
陕西省	5	927	725	671	54	1 466	739	580
甘肃省	2	311	391	302	89	514	74	171
青海省	2	296	191	95	96	544	250	296
宁夏回族自治区	2	283	282	227	55	540	257	154
新疆维吾尔自治区	3	505	644	564	80	1 295	650	361

校基本情况

单位：人

教职工数											
校本部教职工									校办厂、场职工		附设机构人员
计	专任教师					教辅人员	行政人员	工勤人员	计	其中：由厂、场收入支付工资的职工	
	计	高级讲师	讲师	助理讲师	教员						
12 737	**5 572**	**323**	**1 550**	**1 953**	**1 746**	**995**	**4 116**	**2 054**	**112**	**67**	**130**
443	167	7	42	54	64	38	118	120	—	—	—
362	128	7	53	47	21	29	135	70	14	10	—
715	329	13	80	146	90	78	193	115	37	34	—
468	199	12	39	83	65	31	152	86	—	—	9
590	297	13	68	126	90	47	166	80	—		12
501	223	13	62	94	54	27	189	62			6
421	172	7	69	45	51	33	142	74	5	5	—
481	222	19	44	78	81	40	112	107	—	—	10
508	194	14	73	72	35	19	187	108	15	—	—
696	278	13	66	94	105	81	217	120	—	—	—
648	288	13	110	83	82	56	233	71	—	—	24
395	138	12	44	59	23	20	167	70	—	—	—
226	106	2	24	45	35	18	73	29	—	—	3
312	147	12	34	70	31	12	112	41	—	—	—
686	310	24	88	133	56	53	237	86	5	—	13
348	159	11	39	53	56	16	144	29	—	—	—
760	364	38	115	100	111	55	235	106	—	—	—
275	113	6	22	18	67	27	85	50	—	—	8
831	360	11	100	120	129	63	249	159	9		3
454	231	9	39	61	122	45	124	54	18	18	5
425	204	17	72	93	22	25	136	60	—	—	5
323	133	2	38	33	60	26	123	41	—	—	20
296	131	10	37	42	42	19	89	57	—	—	—
59	24	—	2	9	13	4	21	10	—	—	—
573	243	13	82	49	99	42	217	71	—	—	7
171	64	—	9	23	32	3	65	39	—	—	—
269	124	9	38	60	17	32	71	42	—	—	—
154	67	4	22	12	29	14	46	27	—	—	—
347	157	12	39	51	55	42	78	70	—	—	5

中 等 体 育 学

	学校数（所）	毕业生数	招生数			在校学生数	预计毕业生数	
			计	招高中毕业生数	招初中毕业生数			合 计
总　计	**134**	**3 066**	**9 330**	**229**	**9 101**	**25 017**	4 505	**9 115**
华北地区								
北京市	2	—	116	21	95	230	23	253
天津市	4	29	172	—	172	603	125	197
河北省	6	333	389	—	389	1 134	267	271
山西省	1	463	718	15	703	2 130	411	495
内蒙古自治区	1	113	370	—	370	804	60	149
东北地区								
辽宁省	15	325	979	7	972	2 556	505	983
吉林省	2	85	129	—	129	522	210	231
黑龙江省	3	79	576	—	576	1 330	73	273
华东地区								
上海市	2	15	90	—	90	211	47	498
江苏省	12	65	492		492	1 151	257	399
浙江省	3	17	142		142	279	22	165
安徽省	2	125	260	26	234	563	105	154
福建省	1	57	69	28	41	145	20	133
江西省	3	50	229	—	229	797	302	212
山东省	17	189	741	—	741	2 040	320	1 164
中南地区								
河南省	9	156	586		586	2 138	443	524
湖北省	8	145	599	2	597	1 755	187	554
湖南省	1	59	190	10	180	355	—	46
广东省	12	283	676	115	561	1 458	371	462
广西壮族自治区	1	7	120		120	278	43	177
海南省	—							
西南地区								
四川省	2		31	5	26	84		114
贵州省	2	89	307		307	892	168	469
云南省	2	50	161	—	161	350	85	130
西藏自治区	1	24	30	—	30	54	24	39
西北地区								
陕西省	6	49	375	—	375	899	53	348
甘肃省	9	139	443	—	443	1 586	280	447
青海省	—							
宁夏回族自治区	1	58	40	—	40	145	39	61
新疆维吾尔自治区	6	82	300	—	300	528	65	167

校基本情况

单位：人

教职工数											
校本部教职工									校办厂、场职工		附设机构人员
计	专任教师					教辅人员	行政人员	工勤人员	计	其中：由厂、场收入支付工资的职工	
	计	高级讲师	讲师	助理讲师	教员						
8 690	**4 799**	**330**	**1 673**	**1 384**	**1 412**	**458**	**1 826**	**1 607**	**34**	**13**	**391**
253	19	3	6	2	8	63	66	105	—	—	—
197	112	3	50	42	17	2	50	33	—	—	—
270	773	13	77	50	33	7	35	55	—	—	1
489	300	12	108	100	80	49	90	50	—	—	6
149	66	—	13	—	53	13	38	32	—	—	—
954	534	61	197	185	91	49	223	148			29
231	133	14	66	38	15	—	52	46	—	—	—
271	138	8	60	46	24	8	58	67	—	—	2
383	155	9	59	57	30	29	71	128	—	—	115
387	271	8	64	31	168	14	76	26	12	12	—
160	92	11	39	24	18	1	34	33	—	—	5
154	87	10	51	20	6	6	36	25	—	—	—
133	73	3	35	28	7	8	23	29	—	—	—
206	124	4	52	45	23	8	33	41	—	—	6
1 132	666	75	221	201	169	34	247	185	1	1	31
503	260	14	35	33	178	60	111	72	19	—	2
553	336	19	115	104	98	36	83	98	—	—	1
46	33	3	14	11	5	—	11	2	—	—	—
338	171	8	58	52	53	19	81	67			121
164	99	8	64	22	5	6	21	38			13
114	64	7	26	24	7	11	27	12	—	—	—
436	230	9	94	82	45	4	114	88	—	—	33
130	101	3	22	20	56	2	14	13	—	—	—
39	25	—	5	10	10	—	6	8	—	—	—
325	158	3	16	21	118	19	73	75	2	—	21
446	255	19	85	97	54	9	96	86	—	—	1
60	29	—	5	—	24	1	17	13	—	—	1
167	95	3	36	39	17	—	40	32	—	—	—

中 等 艺 术 学

	学校数（所）	毕业生数	招生数			在校学生数	预计毕业生数	
			计	招高中毕业生数	招初中毕业生数			合计
总计	**145**	**5 643**	**8 337**	**621**	**7 716**	**2 7330**	**6 497**	**13 856**
东北地区								
北京市	6	498	511	3	508	1 721	267	1 137
天津市	4	103	207	46	161	782	242	438
河北省	7	243	236		236	770	119	608
山西省	10	343	804		804	2 187	441	1 126
内蒙古自治区	3	196	375	50	325	894	179	547
东北地区								
辽宁省	7	108	127	34	93	1 004	235	728
吉林省	4	102	281		281	659	109	433
黑龙江省	1	39	115		115	577	222	206
华东地区								
上海市	5	271	263	55	208	1 223	265	691
江苏省	10	169	217	1	216	1 209	272	702
浙江省	5	135	126		126	551	166	371
安徽省	3	161	201		201	537	164	427
福建省	3	191	232	36	196	896	159	513
江西省	2	142	160	23	137	736	321	206
山东省	10	310	647		647	1 845	489	901
中南地区								
河南省	19	955	1 022		1 022	3 052	1 160	1 181
湖北省	11	486	862	156	706	2 337	496	613
湖南省	4		168	54	114	815	162	245
广东省	10	238	529	19	510	1 355	291	708
广西壮族自治区	2	119	244	20	224	651	155	190
海南省	1					47		56
西南地区								
四川省	5	127	316	36	280	875	110	572
贵州省	2	55	76		76	375	78	154
云南省	2	128	134		134	314	30	244
西藏自治区	1	29	18		18	79	9	62
西北地区								
陕西省	4	76	107	18	89	688	144	355
甘肃省	2	105	8		8	108	41	165
青海省	1	39	48		48	187	24	80
宁夏回族自治区	1	80	19	19		141		91
新疆维吾尔自治区		195	284	51	233	715	147	106

校 基 本 情 况

单位：人

教职工数											
校本部教职工									校办厂、场职工		附设机构人员
计	专任教师					教辅人员	行政人员	工勤人员	计	其中：由厂、场收入支付工资的职工	
	计	高级讲师	讲师	助理讲师	教员						
13 620	**8 359**	**842**	**2 991**	**1 756**	**2 770**	**1 207**	**2 373**	**1 681**	**117**	**60**	**119**
1 120	669	105	301	134	129	187	114	150	11	11	6
435	296	48	132	86	30	24	61	54			3
603	401	34	162	131	74	42	88	72	5		
1 115	705	97	279	191	138	87	190	133			11
547	359	26	128	96	109	38	101	49			
723	429	25	129	100	175	70	127	97			5
431	265	34	113	69	49	50	71	45	2		
203	128	19	60	23	26	21	35	19			3
686	350	30	118	58	144	85	112	139			5
668	403	12	69	34	288	52	141	72	26		8
361	230	20	92	57	61	33	61	37	5		5
426	274	31	123	63	57	33	77	42			1
482	329	34	105	72	118	29	82	42	27	21	4
206	133	18	49	34	32	12	28	33			
888	549	74	201	135	139	40	145	154	6		7
1 170	748	24	128	85	511	70	247	105	4	4	7
594	362	40	153	64	105	40	127	65	16	15	3
239	155	26	62	26	41	17	37	30			6
679	376	36	144	82	114	49	159	95	15	9	14
190	130	17	70	14	29	12	31	17			
55	35	1	13	11	10	3	7	10			1
570	280	43	134	52	51	99	113	78			2
148	56	5	27	11	13	24	39	29			6
244	174	10	73	46	45	27	28	15			
62	37				37	3	13	9			
333	207	16	50	29	112	32	58	36			22
165	100	13	42	19	26	15	34	16			
80	51	2	14	19	16	8	13	8			
91	57				57	4	12	18			
106	71	2	20	15	34	1	22	12			

其他中等技术

	学校数（所）	毕业生数	招生数			在校学生数	预计毕业生数	
			计	招高中毕业生数	招初中毕业生数			合计
总计	**93**	**9 396**	**15 142**	**4 465**	**10 677**	**36 355**	**10 431**	**7 512**
华北地区								
北京市	1	19	17		17	178	58	11
天津市	2	198	349	279	70	489	140	136
河北省	8	1 321	1 590	535	1 055	3 736	1 279	535
山西省	2	146	130	81	49	291	130	79
内蒙古自治区	2	295	328	300	28	746	333	172
东北地区								
辽宁省	4	314	564	252	312	994	346	487
吉林省	17	1 903	1 960		1 960	7 062	2 058	1 415
黑龙江省	—							
华东地区								
上海市	2	456	580	404	176	1 810	597	168
江苏省	2	29	128		128	482	133	115
浙江省	7	1 145	1 570		1 570	4 723	1 089	488
安徽省	1	98	257	123	134	708	238	118
福建省	2	43	90	90		215	97	58
江西省	2	150	339	60	279	1 028	368	277
山东省	2	38	1 643	350	1 293	2 076	249	216
中南地区								
河南省	3	149	269	154	115	406	137	156
湖北省	3	257	247	44	203	649	211	161
湖南省	5	433	731	331	400	1 397	246	746
广东省	4	307	605	160	445	1 498	299	351
广西壮族自治区	3	309	410	133	277	799	339	279
海南省	—							
西南地区								
四川省	5	148	659	344	315	1 206	361	457
贵州省	3	511	685	365	320	1 653	741	275
云南省	4	408	609		609	1 372	352	139
西藏自治区	1	117	71	30	41	362	121	82
西北地区								
陕西省	1	46	28		28	88	39	55
甘肃省	5	509	1 198	385	813	2 209	470	480
青海省	1	47	40		40	88		29
宁夏回族自治区	1		45	45		90		27
新疆维吾尔自治区	—	—						

学校基本情况

单位：人

教职工数											
校本部教职工									校办厂、场职工		附设机构人员
计	专任教师					教辅人员	行政人员	工勤人员	计	其中：由厂、场收入支付工资的职工	
	计	高级讲师	讲师	助理讲师	教员						
6 533	**3 559**	**229**	**1 088**	**1 011**	**1 231**	**377**	**1 610**	**987**	**902**	**852**	**77**
11	4	1		3		1	4	2			
136	45	2	19	13	11	6	41	44			
526	336	20	115	111	90	17	127	46	9	9	
79	32	2	9	9	12	6	21	20			
168	81	6	29	40	6	11	62	14			4
258	102	3	36	27	36	18	83	55	226	226	3
1 165	711	24	152	139	396	78	289	87	250	240	
159	125	3	45	46	31	4	17	13			9
113	59	8	36	10	5	1	37	16	—	—	2
438	291	12	102	94	83	11	94	42	47	45	3
116	53	7	26	17	3	13	30	20			2
58	33	1	12	4	16	3	15	7			
271	135	8	38	53	36	37	56	43			6
216	135	19	50	37	29	5	64	12			
155	67	3	13	17	34	8	45	35			1
161	71	2	26	27	16	13	44	33			
375	168	16	50	55	47	24	104	79	332	332	39
343	178	8	38	58	74	34	58	73	8		
279	128	3	25	15	85	2	95	54			
426	203	16	57	55	75	32	107	84	30		1
268	134	8	27	67	32	15	67	52			7
139	97	17	44	23	13	5	15	22			
82	37				37	5	18	22			
55	31	3	18	7	3	3	16	5			
480	270	37	110	80	43	23	87	100			
29	20		11	4	5		7	2			
27	13				13	2	7	5			

中 等 师 范 学

	学校数（所）	毕业生数	招生数			在校学生数	预计毕业生数	
			计	招高中毕业生数	招初中毕业生数			合计
总计	**1 065**	**203 518**	**235 930**	**32 468**	**203 462**	**683 488**	**226 591**	**105 568**
华北地区								
北京市	21	2 741	4 611		4 611	13 176	3 213	2 504
天津市	11	2 279	2 895		2 895	8 133	2 480	1 749
河北省	177	11 594	13 512	3 410	10 102	38 618	14 976	7 344
山西省	23	5 418	8 880	1 695	7 185	23 907	7 607	2 962
内蒙古自治区	21	3 892	4 289	354	3 935	13 023	4 365	2 914
东北地区								
辽宁省	32	9 724	10 388	2 688	7 700	31 018	10 835	4 656
吉林省	22	6 669	5 681	1 900	3 781	18 414	6 296	2 886
黑龙江省	32	6 739	6 285	67	6 218	26 333	10 883	3 677
华地东区								
上海市	11	7 577	4 242	42	4 200	16 011	5 482	2 022
江苏省	37	8 869	8 897		8 897	27 977	9 062	4 815
浙江省	29	6 401	6 102		6 102	17 046	6 080	2 700
安徽省	59	9 186	8 604	2 138	6 466	25 969	8 542	4 795
福建省	25	5 635	6 899	680	6 219	18 162	5 802	2 907
江西省	31	8 239	9 283	50	9 233	27 803	9 127	3 593
山东省	66	14 090	15 226	579	14 647	42 313	12 359	7 052
中南地区								
河南省	41	12 716	20 930	5 000	15 930	51 960	15 465	6 553
湖北省	56	10 018	11 265	305	10 960	31 271	10 489	5 615
湖南省	33	6 002	11 746	3 730	8 016	32 931	10 400	4 131
广东省	45	8 229	11 764	2 507	9 257	29 505	9 868	4 143
广西壮族自治区	26	6 649	7 545	883	6 662	20 511	6 426	3 302
海南省	8	1 472	1 561	435	1 126	4 299	1 691	882
西南地区								
四川省	111	17 969	20 552	2 243	18 309	59 436	19 930	9 392
贵州省	30	5 816	5 855		5 855	18 254	6 120	2 646
云南省	29	7 275	8 587		8 587	26 235	8 234	3 115
西藏自治区	5	219	452	22	430	1 226	192	451
西北地区								
陕西省	20	6 785	7 832	2 659	5 173	20 934	7 578	2 522
甘肃省	23	4 639	4 905	307	4 598	17 688	5 322	2 262
青海省	16	1 713	2 080	369	1 711	5 728	1 863	1 108
宁夏回族自治区	5	1 025	1 164		1 164	4 009	1 850	522
新疆维吾尔自治区	20	3 938	3 898	405	3 493	11 598	4 054	2 348

校基本情况

单位：人

教职工数											
校本部教职工									校办厂、场职工		附设机构人员
计	专任教师					教辅人员	行政人员	工勤人员	计	其中由厂、场收入支付工资的职工	
	计	高级讲师	讲师	助理讲师	教员						
100 803	**57 645**	**6 052**	**16 753**	**17 814**	**17 026**	**6 990**	**19 686**	**16 482**	**3 513**	**2 046**	**1252**
2 443	1 343	231	457	330	325	140	572	388	50	14	11
1 682	925	126	350	299	150	157	375	225	42	3	25
7 138	4 104	258	1 268	1 166	1 412	489	1 424	1 121	154	74	52
2 831	1 516	204	491	445	376	183	603	529	99	77	32
2 807	1 517	142	456	555	364	217	539	534	95	19	12
4 388	2 495	229	735	721	810	203	1 022	668	239	225	29
2 541	1 349	131	439	395	384	113	639	440	293	219	52
3 416	1 778	167	459	620	532	213	774	651	188	156	73
1 949	1 175	121	453	375	226	143	347	284	68	6	5
4 238	2 374	239	724	903	508	323	799	742	552	433	25
2 515	1 478	111	466	524	377	176	496	365	123	84	62
4 621	2 652	297	892	964	499	380	889	700	102	39	72
2 794	1 679	76	435	540	628	171	614	330	40	5	73
3 383	2 044	212	449	728	655	268	555	516	171	59	39
6 719	3 891	483	905	1 331	1 172	473	1450	905	286	120	47
6 336	3 864	442	907	1 058	1 457	370	1 224	878	147	105	70
5 255	3 285	458	1 000	833	994	519	620	831	242	124	118
3 959	2 231	347	740	551	593	314	821	593	134	103	38
4 015	2 295	199	676	626	794	308	687	725	72	24	56
3 093	1 800	98	471	719	512	161	582	550	59	51	150
867	452	32	142	155	123	53	134	228	2	2	13
9 045	4 890	686	1 641	1 396	1 167	687	1 753	1 715	289	74	58
2 628	1 533	162	423	506	442	136	573	386	1		17
3 087	1 741	152	492	547	550	222	490	634	5	4	23
451	245	4	50	103	88	14	90	102			
2 459	1 475	78	309	319	769	159	508	317	15	7	48
2 222	1 315	161	337	379	438	125	431	351	17	7	23
1 094	660	58	179	209	214	59	190	185	9	5	5
512	280	44	72	96	68	45	97	90	4	3	9
2 315	1 259	104	335	421	399	169	388	499	15	4	18

中 等 师 范 学 校 中 幼 儿

	学校数（所）	毕业生数	招生数			在校学生数	预计毕业生数	
			计	招高中毕业生数	招初中毕业生数			合计
总计	**62**	**10 783**	**11 947**	**206**	**11 741**	**36 013**	**11 954**	**6 742**
华北地区								
北京市	2	159	161		161	526	164	146
天津市	2	271	407		407	1 366	353	334
河北省	4	437	668		668	1 769	472	223
山西省	4	689	869		869	2 350	751	390
内蒙古自治区								
东北地区								
辽宁省	5	731	906		906	2 449	828	688
吉林省	4	581	715		715	1 918	695	495
黑龙江省	3	311	406		406	1 512	535	259
华东地区								
上海市	2	2 464	1 416	42	1 374	5 806	2 248	608
江苏省	4	365	344		344	1 403	531	377
浙江省	2	204	328		328	814	239	226
安徽省	2	307	323		323	1 021	248	208
福建省	2	515	528		528	1 292	407	246
江西省	1		100		100	300	100	58
山东省	6	940	947	100	847	3 119	1 076	643
中南地区								
河南省	1	245	357		357	1 093	356	138
湖北省	4	606	767		767	1 931	634	327
湖南省	2	204	518	44	474	1 259	337	228
广东省	3	458	602	20	582	1 640	545	325
广西壮族自治区	1	232	338		338	840	306	150
海南省								
西南地区								
四川省	4	473	605		605	1 825	518	381
贵州省	1	163	161		161	322	77	62
云南省	1	124	144		144	435	173	77
西藏自治区								
西北地区								
陕西省	1	304	252		252	641	196	105
甘肃省	1		85		85	382	165	48
青海省								
宁夏回族自治区								
新疆维吾尔自治区								

师范学校基本情况

单位：人

教职工数											
校本部教职工									校办厂、场职工		附设机构人员
计	专任教师					教辅人员	行政人员	工勤人员	计	其中：由厂场收入支付工资的职工	
	计	高级讲师	讲师	助理讲师	教员						
6 331	**3 610**	**389**	**1 156**	**1 032**	**1 033**	**367**	**1 465**	**889**	**240**	**150**	**171**
146	70	15	35		20	18	34	24			
331	177	33	69	57	18	24	67	63	3		
220	142	8	56	31	47	12	40	26	3	3	
359	120	38	73	53	46	23	52	74	15	15	16
682	399	33	118	108	140	26	178	79	3	2	3
428	212	16	56	50	90	20	139	57	49	49	18
259	148	13	48	48	39	14	75	22			
608	351	23	174	107	47	37	141	79			
339	217	28	67	80	42	8	65	49	38	24	
170	101	18	30	34	19	15	21	33	27	27	29
175	117	10	36	55	16	4	30	24	22		11
216	125	7	26	34	58	13	47	31	3	3	27
58	43	6	17	10	10	2	9	4			
604	344	38	67	116	123	37	142	81	21	1	18
138	91		13		78	1	25	21			
299	165	26	53	51	35	27	63	44	9		19
213	107	9	15		83	4	73	29	15	15	
310	182	18	60	63	41	21	71	36	15	11	
122	65	5	26	25	9	10	24	23			28
366	188	20	66	77	25	30	88	60	15		
62	39	8	13	11	7	7	13	3			
77	37	6	14	14	3	6	24	10			
102	50	3	21		26	7	36	9	2		1
47	30	8	3	8	11	1	8	8			1

中等专业学校女学生

	毕业生数	招生数			在校学生数	预计毕业生数	
		计	招高中毕业生数	招初中毕业生数			合计
总计	**261 429**	**345 263**	**68 463**	**276 800**	**932 528**	**265 984**	**176 078**
华北地区							
北京市	8 491	11 071	829	10 242	33 802	8 720	6 904
天津市	4 547	6 968	767	6 201	20 419	5 495	4 157
河北省	14 582	18 472	4 412	14 060	48 299	14 117	8 180
山西省	10 402	16 322	4 182	12 140	41 248	11 194	6 252
内蒙古自治区	6 481	7 638	1 872	5 766	20 871	6 070	5 878
东北地区							
辽宁省	15 061	18 661	3 935	14 726	52 349	14 114	9 733
吉林省	9 529	11 170	2 562	8 608	32 681	8 707	6 216
黑龙江省	11 345	12 264	2 109	10 155	37 448	12 643	7 042
华东地区							
上海市	14 570	11 286	2 267	9 019	37 505	12 217	6 661
江苏省	14 515	19 771	2 027	17 744	55 890	15 153	8 521
浙江省	7 747	10 177	1 816	8 361	27 559	8 828	5 184
安徽省	7 761	9 890	1 787	8 103	26 542	7 479	5 163
福建省	6 437	9 052	2 239	6 813	22 459	6 697	3 592
江西省	7 421	7 358	1 469	5 889	21 542	7 303	4 957
山东省	13 948	20 193	2 124	18 069	52 078	12 441	9 565
中南地区							
河南省	15 222	24 714	5 364	19 350	58 441	15 818	9 050
湖北省	14 829	20 851	3 668	17 183	53 068	15 372	9 567
湖南省	9 834	15 528	4 340	11 188	38 480	10 610	7 076
广东省	9 904	17 894	3 433	14 461	43 295	12 168	6 832
广西壮族自治区	7 975	11 432	3 222	8 210	28 824	7 932	5 766
海南省	977	1 357	354	1 003	3 629	1 323	640
西南地区							
四川省	16 857	20 430	3 755	16 675	56 742	17 529	13 066
贵州省	4 944	5 938	1 347	4 591	16 526	5 038	4 543
云南省	7 797	10 540	1 557	8 983	28 366	7 948	5 048
西藏自治区	428	487	49	438	1 620	256	453
西北地区							
陕西省	5 838	8 385	1 853	6 532	23 626	6 477	5 501
甘肃省	4 607	6 454	1 675	4 779	17 650	4 832	3 649
青海省	1 843	1 759	519	1 240	5 177	1 814	1 078
宁夏回族自治区	1 451	1 777	598	1 179	4 896	1 626	1 151
新疆维吾尔自治区	6 086	7 424	2 332	5 092	21 496	6 063	4 653

和女教职工数

单位：人

教职工数											
校本部教职工									校办厂、场职工		附设机构人员
计	专任教师					教辅人员	行政人员	工勤人员	计	其中：由厂、场收入支付工资的职工	
	计	高级讲师	讲师	助理讲师	教员						
160 659	**80 197**	**4 529**	**23 264**	**28 913**	**23 483**	**20 862**	**29 374**	**30 226**	**8 408**	**4 758**	**7011**
6 533	3 404	271	1 005	1 090	1 038	824	1 182	1 123	287	144	84
4 024	2 102	129	633	898	442	462	799	661	102	50	31
7 731	4 455	177	1 350	1 541	1 387	915	1 123	1 238	248	124	201
5 919	3 003	197	874	1 028	904	780	1 138	998	146	97	187
5 585	2 682	146	796	1 096	644	905	1 047	951	200	73	93
8 954	4 713	199	1 325	1 826	1 363	1 071	1 883	1 287	612	438	167
5 679	3 119	155	1 036	1 108	820	626	1 069	865	442	358	95
6 210	2 937	159	865	1 172	741	779	1 137	1 357	480	384	352
6 230	2 933	115	928	1 325	565	728	1 161	1 408	250	56	181
7 741	4 021	240	1 259	1 410	1 112	1 000	1 257	1 463	659	461	121
4 742	2 469	133	766	970	600	637	837	799	236	182	206
4 732	2 353	165	811	890	487	628	904	847	247	164	184
3 319	1 733	68	402	630	625	431	604	551	141	98	132
4 132	1 928	115	529	694	590	584	689	931	491	312	334
8 812	4 758	392	1 302	1 759	1 305	1 091	1 582	1 381	371	170	382
8 023	4 322	200	955	1 145	2 022	1 015	1 456	1 230	331	217	696
8 546	4 001	219	1 212	1 367	1 203	1 240	1 546	1 759	550	170	471
6 167	2 747	209	938	789	811	873	1 245	1 302	525	269	384
6 435	2 979	105	869	997	1 008	766	1 269	1 421	179	46	218
5 045	2 248	106	590	959	593	584	961	1 252	269	115	452
609	184	3	50	65	66	88	111	226	2	2	29
11 316	5 373	380	1 782	2 009	1 202	1 615	2 087	2 241	902	559	848
4 288	1 989	118	568	752	551	481	881	937	34	8	221
4 905	2 425	153	591	911	770	565	792	1 123	39	2	104
452	210	1	28	83	98	50	98	94	1	1	
4 483	2 056	133	597	594	732	736	832	859	455	221	563
3 437	1 665	118	465	551	531	505	567	700	122	9	90
1 053	626	13	135	277	201	116	156	155	2		23
1 125	572	17	107	219	229	157	169	227	13	8	13
4 432	2 190	93	496	758	843	610	792	840	72	20	149

普通中学校数、

	学校数（所）				班		
						初	
	计	初级中学	高级中学	完全中学	计	小计	一年级
总计	**91 492**	**74 968**	**3 202**	**13 322**	**951 429**	**803 767**	**274 580**
华北地区							
北京市	702	422	7	273	11 474	8 971	2 764
天津市	737	557	23	157	8 984	7 388	2 560
河北省	5 823	5 104	172	547	47 523	41 081	13 330
山西省	4 215	3 764	166	285	32 943	28 493	9 729
内蒙古自治区	2 062	1 623	72	367	23 411	19 220	6 485
东北地区							
辽宁省	2 509	2 081	232	196	39 266	33 996	11 421
吉林省	2 003	1 620	151	232	27 049	22 635	8 013
黑龙江省	2 856	2 177	189	490	41 380	35 278	12 775
华东地区							
上海市	754	456	14	284	11 071	8 692	2 914
江苏省	6 165	5 116	16	1 033	56 743	48 323	16 976
浙江省	3 389	2 810	82	497	33 911	28 706	8 942
安徽省	4 384	3 744	34	606	39 958	34 767	12 036
福建省	1 285	851	1	433	23 167	19 118	6 747
江西省	2 805	2 228	19	558	32 126	27 073	9 657
山东省	7 474	6 713	337	424	70 430	61 596	21 336
中南地区							
河南省	9 406	8 403	686	317	70 732	61 024	21 946
湖北省	5 302	4 582	315	405	43 968	37 060	12 097
湖南省	5 262	4 362	277	623	48 587	39 778	13 371
广东省	4 069	3 246	53	770	47 951	41 250	14 502
广西壮族自治区	2 666	2 205	91	370	26 144	22 208	7 614
海南省	480	297		183	5 874	4 668	1 574
西南地区							
四川省	5 916	4 684	33	1 199	80 173	69 250	24 181
贵州省	1 619	1 221	16	382	18 738	15 957	5 215
云南省	1 946	1 431	11	504	22 901	19 184	6 536
西藏自治区	60	41		19	560	432	175
西北地区							
陕西省	3 156	2 503	146	507	32 407	26 050	7 941
甘肃省	1 474	980	9	485	20 312	16 274	5 431
青海省	479	196	10	273	4 787	3 510	1 149
宁夏回族自治区	440	306		134	5 333	4 154	1 453
新疆维吾尔自治区	2 054	1 245	40	769	23 526	17 631	5 710

班　　数（总　计）

数　（个）								
中			高	中				
				二年制		三年制		
二年级	三年级	四年级	小　计	一年级	二年级	一年级	二年级	三年级
271 534	**257 072**	**581**	**147 662**	**489**	**603**	**48 890**	**48 109**	**49 571**
2 997	3 208	2	2 503	1	1	831	957	713
2 456	2 365	7	1 596			534	504	558
14 005	13 601	145	6 442	1	2	2 108	2 138	2 193
9 516	9 203	45	4 450	1		1 493	1 464	1 492
6 419	6 272	44	4 191	19	25	1 433	1 365	1 349
11 285	11 251	39	5 270		2	1 769	1 691	1 808
7 726	6 876	20	4 414	4	3	1 406	1 460	1 541
11 936	10 477	90	6 102	3	6	1 927	1 993	2 173
2 909	2 869		2 379			766	780	833
16 260	15 076	11	8 420	1	1	2 738	2 753	2 927
10 043	9 721		5 205	14	17	1 728	1 734	1 712
11 516	11 205	10	5 191	48	71	1 725	1 672	1 675
6 592	5 779		4 049			1 259	1 372	1 418
9 071	8 328	17	5 053	12	8	1 720	1 658	1 655
20 393	19 802	65	8 834	2	2	2 979	2 895	2 956
20 805	18 249	24	9 708	6	6	3 185	3 188	3 323
12 795	12 162	6	6 908	64	82	2 128	2 209	2 425
13 693	12 711	3	8 809	11	12	2 971	2 841	2 974
13 894	12 847	7	6 701	47	71	2 339	2 217	2 027
7 435	7 153	6	3 936			1 351	1 279	1 306
1 560	1 534		1 206	39	32	444	351	340
23 079	21 972	18	10 923	38	71	3 650	3 586	3 578
5 335	5 406	1	2 781	11	8	933	872	957
6 467	6 169	12	3 717		4	1 280	1 199	1 234
137	119	1	128	2	1	43	42	40
9 163	8 939	7	6 357	44	51	2 114	2 023	2 125
5 491	5 351	1	4 038	74	80	1 284	1 228	1 372
1 183	1 178		1 277	10	12	428	405	422
1 379	1 322		1 179			404	381	394
5 994	5 927		5 895	37	35	1 920	1 852	2 051

普通中学校数、

	学校数（所）						
						初	
	计	初级中学	高级中学	完全中学	计	小计	一年级
总计	**11 398**	**6 171**	**625**	**4 602**	**175 694**	**127 971**	**41 955**
华北地区							
北京市	273	82	4	187	5 459	3 785	1 160
天津市	268	170		98	4 003	3 128	1 048
河北省	632	352	26	254	8 351	6 430	2 094
山西省	350	197	13	140	5 418	4 098	1 370
内蒙古自治区	303	142	23	138	5 641	3 889	1 207
东北地区							
辽宁省	690	472	95	123	11 803	9 161	2 907
吉林省	413	273	57	83	6 942	5 093	1 677
黑龙江省	663	391	93	179	10 838	8 185	2 702
华东地区							
上海市	359	190	5	161	5 399	4 002	1 325
江苏省	624	352	8	264	9 929	7 613	2 637
浙江省	207	83	14	110	3 748	2 492	778
安徽省	422	226	4	192	5 892	4 385	1 444
福建省	133	52	1	80	2 870	1 988	651
江西省	300	160	4	136	4 942	3 637	1 258
山东省	670	468	41	161	10 168	7 610	2 563
中南地区							
河南省	736	462	76	198	9 723	7 081	2 330
湖北省	807	492	64	251	10 279	7 394	2 411
湖南省	561	291	13	257	7 600	5 285	1 738
广东省	468	213	21	234	8 885	6 465	2 201
广西壮族自治区	187	106	4	77	3 052	2 313	751
海南省	34	16		18	546	352	102
西南地区							
四川省	682	314	9	359	10 270	7 505	2 593
贵州省	190	102	6	82	2 425	1 780	558
云南省	215	79	4	132	2 920	1 981	646
西藏自治区	13	4		9	217	140	50
西北地区							
陕西省	440	197	19	224	6 434	4 282	1 306
甘肃省	231	72	3	156	3 920	2 608	824
青海省	78	58	8	12	1 158	757	232
宁夏回族自治区	65	24		41	1 084	739	244
新疆维吾尔自治区	387	131	10	246	5 778	3 793	1 148

班　数（城　市）

班	数	（个）						
中			高	中				
				二年制		三年制		
二年级	三年级	四年级	小计	一年级	二年级	一年级	二年级	三年级
42 919	**43 008**	**89**	**47 723**	**101**	**129**	**15 536**	**15 532**	**16 425**
1 225	1 398	2	1 674	1	1	550	664	458
1 010	1 067	3	875			298	267	310
2 150	2 178	8	1 921	1	2	604	632	682
1 360	1 366	2	1 320	1		434	437	448
1 305	1 367	10	1 752	11	15	580	573	573
3 000	3 248	6	2 642			897	851	894
1 649	1 764	3	1 849	2	2	595	604	646
2 709	2 758	16	2 653	3	4	831	851	964
1 352	1 325		1 397			454	459	484
2 532	2 440	4	2 316	1	1	753	699	862
863	851		1 256	3	5	421	404	423
1 466	1 467	8	1 507	10	11	482	480	524
654	683		882			268	299	315
1 231	1 143	5	1 305	1	1	430	430	443
2 533	2 502	12	2 558	2	2	865	834	855
2 411	2 340		2 642	4	2	839	907	888
2 577	2 403	3	2 885	14	18	860	914	1 079
1 843	1 704		2 315	8	6	767	757	777
2 202	2 060	2	2 420	2	15	852	826	725
766	795	1	739			243	241	255
116	134		194			71	59	64
2 532	2 378	2	2 765	7	11	876	868	1 003
621	601		645			219	205	221
650	684	1	939			322	299	318
47	42	1	77	2	1	25	26	23
1 451	1 525		2 152	6	7	702	678	759
865	919		1 312	11	14	424	398	465
258	267		401	1	1	137	130	132
249	246		345			110	109	126
1 292	1 353		1 985	10	8	627	631	709

普通中学校数、

	学校数（所）				班		
						初	
	计	初级中学	高级中学	完全中学	计	小　计	一年级
总　　计	**13 772**	**7 868**	**1 159**	**4 745**	**195 488**	**132 484**	**44 189**
华北地区							
北京市	65	29	2	34	1 269	847	259
天津市	63	28	5	30	1 117	758	264
河北省	955	638	87	230	11 366	7 743	2 453
山西省	354	212	56	86	5 304	3 291	1 095
内蒙古自治区	511	273	42	196	7 931	5 710	1 850
东北地区							
辽宁省	365	223	104	38	6 303	4 239	1 362
吉林省	638	413	92	133	9 924	7 516	2 650
黑龙江省	764	466	77	221	12 446	9 643	3 355
华东地区							
上海市	84	31	9	44	1 412	835	285
江苏省	1 184	826	3	355	13 076	9 677	3 455
浙江省	891	527	53	311	11 549	8 179	2 467
安徽省	307	131	6	170	5 150	3 228	1 055
福建省	289	87		202	7 728	5 431	1 877
江西省	322	113	6	203	6 355	3 931	1 351
山东省	517	370	42	105	7 018	4 690	1 606
中南地区							
河南省	944	673	224	47	10 200	6 624	2 302
湖北省	599	439	89	71	6 035	4 114	1 323
湖南省	745	430	71	244	9 153	5 646	1 827
广东省	389	189	13	187	6 849	4 683	1 576
广西壮族自治区	382	186	40	156	5 339	3 345	1 140
海南省	50	15		35	1 069	693	226
西南地区							
四川省	1 333	683	18	632	19 465	13 429	4 589
贵州省	303	123	8	172	4 641	3 050	1 003
云南省	388	184	3	201	5 587	3 720	1 226
西藏自治区	46	36		10	339	288	123
西北地区							
陕西省	556	296	79	181	7 588	4 631	1 394
甘肃省	216	52	4	160	3 888	2 236	722
青海省	145	91	2	52	1 728	1 083	341
宁夏回族自治区	69	26		43	1 222	713	242
新疆维吾尔自治区	298	78	24	196	4 437	2 511	771

班数（县镇）

数（个）								
中			高			中		
				二年制		三年制		
二年级	三年级	四年级	小计	一年级	二年级	一年级	二年级	三年级
44 873	**43 323**	**99**	**63 004**	**138**	**166**	**21 065**	**20 596**	**21 039**
275	313		422			138	151	133
253	241		359			120	116	123
2 624	2 632	34	3 623			1 204	1 209	1 210
1 095	1 100	1	2 013			682	663	668
1 896	1 959	5	2 221	4	7	779	723	708
1 412	1 463	2	2 064		2	685	663	714
2 592	2 263	11	2 408	2	1	764	799	842
3 246	3 024	18	2 803		2	895	936	970
274	276		577			194	191	192
3 277	2 941	4	3 399			1 110	1 137	1 152
2 857	2 855		3 370	9	9	1 118	1 136	1 098
1 080	1 093		1 922	11	16	659	621	615
1 867	1 687		2 297			738	772	787
1 307	1 273		2 424	3	2	822	802	795
1 574	1 510		2 328			804	765	759
2 231	2 087	4	3 576	1	1	1 192	1 151	1 231
1 421	1 370		1 921	22	33	613	609	644
1 938	1 881		3 507	2	5	1 177	1 115	1 208
1 583	1 524		2 166	10	8	753	708	687
1 125	1 077	3	1 994			699	651	644
232	235		376	2	1	141	119	113
4 508	4 320	12	6 036	23	30	2 025	1 998	1 960
998	1 049		1 591	4		534	503	550
1 264	1 227	3	1 867			643	611	613
89	76		51			18	16	17
1 616	1 619	2	2 957	10	15	989	956	987
771	743		1 652	17	16	534	512	573
370	372		645	8	9	211	202	215
239	232		509			177	164	168
859	881		1 926	10	9	647	597	663

普通中学学数、

	学校数（所）				班		
						初	
	计	初级中学	高级中学	完全中学	计	小计	一年级
总计	**66 322**	**60 929**	**1 418**	**3 975**	**580 247**	**543 312**	**188 436**
华北地区							
北京市	364	311	1	52	4 746	4 339	1 345
天津市	406	359	18	29	3 864	3 502	1 248
河北省	4 236	4 114	59	63	27 806	26 908	8 783
山西省	3 511	3 355	97	59	22 221	21 104	7 264
内蒙古自治区	1 248	1 208	7	33	9 839	9 621	3 428
东北地区							
辽宁省	1 454	1 386	33	35	21 160	20 596	7 152
吉林省	952	934	2	16	10 183	10 026	3 686
黑龙江省	1 429	1 320	19	90	18 096	17 450	6 718
华东地区							
上海市	314	235		79	4 260	3 855	1 304
江苏省	4 357	3 938	5	414	33 738	31 033	10 884
浙江省	2 291	2 200	15	76	18 614	18 035	5 697
安徽省	3 655	3 387	24	244	28 916	27 154	9 537
福建省	863	712		151	12 569	11 699	4 219
江西省	2 183	1 955	9	219	20 829	19 505	7 048
山东省	6 287	5 875	254	158	53 244	49 296	17 167
中南地区							
河南省	7 726	7 268	386	72	50 809	47 319	17 314
湖北省	3 896	3 651	162	83	27 654	25 552	8 363
湖南省	3 956	3 641	193	122	31 834	28 847	9 806
广东省	3 212	2 844	19	349	32 217	30 102	10 725
广西壮族自治区	2 097	1 913	47	137	17 753	16 550	5 723
海南省	396	266		130	4 259	3 623	1 246
西南地区							
四川省	3 901	3 687	6	208	50 438	48 316	16 999
贵州省	1 126	996	2	128	11 672	1 1127	3 654
云南省	1 343	1 168	4	171	14 394	13 483	4 664
西藏自治区	1	1			4	4	2
西北地区							
陕西省	2 160	2 010	48	102	18 385	17 137	5 241
甘肃省	1 027	856	2	169	12 504	11 430	3 885
青海省	256	47		209	1 901	1 670	576
宁夏回族自治区	306	256		50	3 027	2 702	967
新疆维吾尔自治区	1 369	1 036	6	327	13 311	11 327	3 791

班 数（农村）

数（个）								
中			高	中				
				二年制		三年制		
二年级	三年级	四年级	小计	一年级	二年级	一年级	二年级	三年级
183 742	**170 741**	**393**	**36 935**	**250**	**308**	**12 289**	**11 981**	**12 107**
1 497	1 497		407			143	142	122
1 193	1 057	4	362			116	121	125
9 231	8 791	103	898			300	297	301
7 061	6 737	42	1 117			377	364	376
3 218	2 946	29	218	4	3	74	69	68
6 873	6 540	31	564			187	177	200
3 485	2 849	6	157			47	57	53
5 981	4 695	56	646			201	206	239
1 283	1 268		405			118	130	157
10 451	9 695	3	2 705			875	917	913
6 323	6 015		579	2	3	189	194	191
8 970	4 645	2	1 762	27	44	584	571	536
4 071	3 409		870			253	301	316
6 533	5 912	12	1 324	8	5	468	426	417
16 286	15 790	53	3 948			1 310	1 296	1 342
16 163	13 822	20	3 490	1	1	1 154	1 130	1 204
8 797	8 389	3	2 102	28	31	655	686	702
9 912	9 126	3	2 987	1	1	1 027	969	989
10 109	9 263	5	2 115	35	48	734	683	615
5 544	5 281	2	1 203			409	387	407
1 212	1 165		636	37	31	232	173	163
16 039	15 274	4	2 122	8	30	749	720	615
3 716	3 756	1	545	7	8	180	164	186
4 553	4 258	8	911		4	315	289	303
1	1							
6 096	5 795	5	1 248	28	29	423	389	379
8 355	3 689	1	1 074	46	50	326	318	334
555	539		231	1	2	80	73	75
891	844		325			117	108	100
3 843	3 693		1 984	17	18	646	624	679

普通中学毕业生数、招生数、预计毕业生数（总计）

单位：人

	毕业生数		招生数		预计毕业生数	
	初中	高中	初中	高中	初中	高中
总计	**11 572 264**	**2 505 641**	**13 404 731**	**2 442 686**	**12 258 487**	**2 521 670**
华北地区						
北京市	131 155	36 127	104 353	35 429	128 787	29 974
天津市	82 241	25 251	100 090	22 398	88 093	22 154
河北省	605 802	111 097	599 674	103 238	626 919	110 719
山西省	407 530	76 697	448 983	75 407	444 796	77 303
内蒙古自治区	279 710	62 177	300 209	71 056	296 781	66 567
东北地区						
辽宁省	490 546	97 289	567 951	89 428	556 621	89 765
吉林省	330 029	75 280	382 921	67 817	317 009	75 741
黑龙江省	446 629	106 320	599 549	93 125	484 488	105 852
华东地区						
上海市	110 802	38 145	120 188	31 881	114 795	33 271
江苏省	665 927	152 048	827 199	132 838	663 951	154 984
浙江省	438 336	82 043	454 956	88 405	457 739	90 402
安徽省	557 850	83 609	655 057	93 780	610 458	90 896
福建省	235 037	65 101	311 966	54 518	254 757	64 407
江西省	396 114	83 401	531 687	91 687	432 567	86 493
山东省	1 028 985	175 143	1 096 755	154 932	1 044 928	171 654
中南地区						
河南省	814 044	180 325	1 047 171	170 852	852 779	177 474
湖北省	579 315	126 910	595 878	111 263	601 669	135 952
湖南省	570 263	172 055	681 142	154 954	602 305	162 017
广东省	616 436	111 825	723 707	125 114	640 314	108 437
广西壮族自治区	294 209	62 237	379 633	65 187	320 992	59 478
海南省	79 399	19 095	79 360	24 682	78 781	17 120
西南地区						
四川省	893 949	158 405	1 265 923	175 982	1 003 828	174 012
贵州省	250 355	45 080	254 388	45 681	258 171	44 836
云南省	268 005	59 154	337 454	62 696	301 755	59 564
西藏自治区	4 488	1 327	5 159	1 933	4 992	1 417
西北地区						
陕西省	405 436	106 342	338 705	102 352	434 830	104 214
甘肃省	245 799	69 316	255 045	66 705	261 877	72 303
青海省	53 973	17 977	52 354	21 530	58 356	21 087
宁夏回族自治区	64 394	20 147	69 898	20 118	67 731	21 290
新疆维吾尔自治区	225 506	85 718	217 376	87 698	247 418	92 287

普通中学毕业生数、招生数、预计毕业生数（城市）

单位：人

	毕业生数		招生数		预计毕业生数	
	初中	高中	初中	高中	初中	高中
总计	**1 906 204**	**794 211**	**1 944 400**	**718 256**	**2 023 168**	**773 097**
华北地区						
北京市	62 734	25 577	42 544	22 662	57 220	18 274
天津市	39 932	14 212	39 803	12 105	40 460	11 550
河北省	92 266	31 767	90 519	26 328	96 726	31 827
山西省	64 765	23 065	66 345	21 328	69 774	22 958
内蒙古自治区	61 619	25 607	55 620	28 196	63 946	27 261
东北地区						
辽宁省	154 295	48 572	139 455	44 089	167 788	41 738
吉林省	82 782	31 894	80 248	27 785	83 972	31 874
黑龙江省	123 768	46 561	134 740	38 166	133 853	45 859
华东地区						
上海市	48 573	22 887	52 475	18 715	50 923	18 663
江苏省	101 270	44 150	122 938	33 346	107 322	39 020
浙江省	42 030	19 697	36 809	20 116	40 976	20 664
安徽省	66 679	24 002	71 070	23 282	72 353	24 052
福建省	29 936	14 766	28 901	11 597	30 668	14 490
江西省	50 827	20 126	59 763	21 569	55 539	21 899
山东省	137 877	48 983	134 342	44 726	135 810	48 281
中南地区						
河南省	100 462	42 232	107 798	38 162	111 714	42 138
湖北省	99 039	49 562	113 668	40 584	111 863	53 404
湖南省	69 905	39 959	82 424	35 176	79 639	37 499
广东省	100 797	37 872	105 576	42 344	102 810	37 612
广西壮族自治区	31 105	11 381	32 674	11 106	35 577	11 748
海南省	7 997	3 177	5 087	3 975	7 443	3 464
西南地区						
四川省	84 773	39 941	116 703	35 992	102 614	42 605
贵州省	26 819	11 402	26 447	10 603	27 395	10 687
云南省	32 467	15 139	30 131	14 528	33 044	14 783
西藏自治区	2 021	721	1 538	1 252	2 039	893
西北地区						
陕西省	67 251	36 224	58 058	31 216	71 583	33 717
甘肃省	46 650	21 734	39 061	19 216	45 241	21 625
青海省	13 600	6 174	11 967	7 004	14 307	6 998
宁夏回族自治区	10 048	5 686	11 081	5 116	11 060	5 814
新疆维吾尔自治区	53 917	31 141	46 615	27 972	59 509	31 700

普通中学毕业生数、招生数预计毕业生数（县镇）

单位：人

	毕业生数		招 生 数		预计毕业生数	
	初 中	高 中	初 中	高 中	初 中	高 中
总 计	**2 113 029**	**1 070 894**	**2 224 879**	**1 078 663**	**2 208 342**	**1 119 479**
华北地区						
北京市	13 738	5 806	10 560	6 403	13 901	6 175
天津市	9 043	5 344	11 390	5 113	9 779	5 006
河北省	130 390	62 543	118 657	61 151	135 371	63 663
山西省	59 488	35 568	55 258	35 152	63 298	36 859
内蒙古自治区	9 3819	33 089	87 118	39 072	100 607	35 916
东北地区						
辽宁省	66 415	37 593	70 345	35 824	75 426	37 598
吉林省	120 126	40 961	132 021	37 449	107 277	41 173
黑龙江省	148 645	49 549	176 853	45 345	155 937	49 750
华东地区						
上海市	11 368	8 316	11 959	8 376	11 462	8 322
江苏省	138 033	59 150	171 139	55 431	134 894	64 809
浙江省	136 325	53 198	129 928	58 228	141 955	59 293
安徽省	59 234	31 034	56 968	36 346	62 055	35 283
福建省	77 158	36 904	91 865	32 691	80 567	37 407
江西省	65 932	41 757	73 422	45 638	71 991	44 605
山东省	90 835	47 003	90 024	42 537	92 430	46 058
中南地区						
河南省	110 844	74 759	120 310	68 478	116 464	74 831
湖北省	69 780	37 204	67 094	33 596	70 761	39 714
湖南省	88 172	69 713	92 891	63 543	93 657	69 167
广东省	85 978	38 747	84 222	42 817	87 813	40 242
广西壮族自治区	47 505	30 906	56 150	34 457	53 188	31 071
海南省	15 938	7 466	13 388	8 155	15 641	6 830
西南地区						
四川省	185 602	87 980	235 962	99 274	207 964	98 160
贵州省	48 397	25 193	48 077	26 300	51 269	26 366
云南省	54 871	29 325	62 122	32 272	62 713	30 610
西藏自治区	2 427	606	3 579	681	2 913	524
西北地区						
陕西省	77 123	49 556	61 327	48 904	80 788	50 958
甘肃省	38 318	28 352	33 924	27 327	38 935	30 600
青海省	17 560	8 838	15 000	10 525	18 066	10 452
宁夏回族自治区	12 536	8 345	12 031	8 814	12 267	9 661
新疆维吾尔自治区	37 429	26 089	31 295	28 764	39 023	28 376

普通中学毕业生数、招生数、预计毕业生数(农村)

单位：人

	毕业生数		招生数		预计毕业生数	
	初中	高中	初中	高中	初中	高中
总计	**7 553 031**	**640 536**	**9 235 452**	**645 767**	**8 026 977**	**629 094**
华北地区						
北京市	54 683	4 744	51 249	6 364	57 666	5 525
天津市	33 266	5 695	48 897	5 180	37 924	5 598
河北省	383 146	16 787	390 498	15 759	394 822	15 229
山西省	283 277	18 064	327 380	18 927	311 724	17 486
内蒙古自治区	124 272	3 481	157 471	3 788	132 228	3 390
东北地区						
辽宁省	269 836	11 124	358 151	9 515	313 407	10 429
吉林省	127 121	2 425	170 652	2 583	125 760	2 694
黑龙江省	174 216	10 210	287 956	9 614	194 698	10 243
华东地区						
上海市	50 861	6 942	55 754	4 790	52 410	6 286
江苏省	426 624	48 748	533 122	44 061	421 735	51 155
浙江省	259 981	9 148	288 219	10 061	274 808	10 445
安徽省	431 937	28 573	527 019	34 152	476 050	31 561
福建省	127 943	13 431	191 200	10 230	143 522	12 510
江西省	279 355	21 518	398 502	24 480	305 037	19 989
山东省	800 273	79 157	872 389	67 669	816 688	77 315
中南地区						
河南省	602 738	63 334	819 063	64 212	624 601	60 505
湖北省	410 496	40 144	415 116	37 083	419 045	42 834
湖南省	412 186	62 383	505 827	56 235	429 009	55 351
广东省	429 661	35 206	533 909	39 953	449 691	30 583
广西壮族自治区	215 599	19 950	290 809	19 624	232 227	16 659
海南省	55 464	8 452	60 885	12 552	55 697	6 826
西南地区						
四川省	62 3574	30 484	913 258	40 716	693 250	33 247
贵州省	17 5139	8 485	179 864	8 778	179 507	7 783
云南省	18 0667	14 690	245 201	15 896	205 998	14 171
西藏自治区	40		42		40	
西北地区						
陕西省	261 062	20 562	219 320	22 232	282 459	19 539
甘肃省	160 831	19 230	182 060	20 162	177 701	20 078
青海省	22 813	2 965	25 387	4 001	25 983	3 637
宁夏回族自治区	41 810	6 116	46 786	6 188	44 404	5 815
新疆维吾尔自治区	134 160	28 488	139 466	30 962	148 886	32 211

普 通 中 学 在 校

	合　计	初			中
		计	一年级	二年级	三年级
总　计	**47 615 217**	**40 155 430**	**14 054 924**	**13 697 701**	**12 377 398**
华北地区					
北京市	469 297	361 191	110 652	121 572	128 872
天津市	353 979	288 520	104 410	95 814	88 039
河北省	2 254 374	1 929 746	634 404	667 597	621 280
山西省	1 611 665	1 383 698	469 882	468 243	443 812
内蒙古自治区	1 126 954	922 775	312 632	310 586	297 490
东北地区					
辽宁省	1 961 934	1 699 453	573 790	565 791	558 368
吉林省	1 297 655	1 079 781	391 650	369 913	317 186
黑龙江省	1 991 204	1 694 215	624 837	569 779	495 485
华东地区					
上海市	461 278	362 795	125 388	122 612	114 795
江苏省	2 729 656	2 291 402	856 313	770 166	664 444
浙江省	1 697 428	1 428 607	464 654	506 214	457 739
安徽省	2 225 473	1 947 622	685 819	650 939	610 423
福建省	1 074 672	894 692	330 194	309 700	254 798
江西省	1 776 168	1 504 387	560 664	510 609	432 538
山东省	3 735 285	3 245 128	1 115 787	1 078 970	1 047 404
中南地区					
河南省	3 626 401	3 101 303	1 136 714	1 071 387	892 165
湖北省	2 263 683	1 893 217	621 189	665 509	606 234
湖南省	2 508 434	2 033 948	713 504	715 491	604 812
广东省	2 442 317	2 091 518	746 814	704 157	640 230
广西壮族自治区	1 314 278	1 127 123	405 459	382 616	338 824
海南省	303 348	243 870	83 204	81 885	78 781
西南地区					
四川省	3 990 658	3 462 672	1 288 188	1 170 049	1 003 800
贵州省	986 300	853 175	283 079	289 671	280 362
云南省	1 193 803	1 012 520	357 303	348 056	306 663
西藏自治区	22 789	17 663	7 466	5 302	4 862
西北地区					
陕西省	1 613 168	1 305 241	394 999	475 168	434 709
甘肃省	1 074 838	862 771	291 190	291 895	279 635
青海省	237 777	174 220	57 074	58 762	58 384
宁夏回族自治区	276 727	213 804	74 957	71 001	67 846
新疆维吾尔自治区	993 674	728 373	232 708	248 247	247 418

学　生　数（总　计）

单位：人

四年级	高中					
	计	二年制		三年制		
		一年级	二年级	一年级	二年级	三年级
25 407	**7 459 787**	**21 736**	**26 772**	**2 465 128**	**2 439 594**	**2 506 557**
95	108 106	49	41	36 211	41 872	29 933
257	65 459			22 692	20 613	22 154
6 465	324 628	25	38	104 941	108 943	110 681
1 761	227 967	30		75 901	74 733	77 303
2 067	204 179	787	967	70 812	66 013	65 600
1 504	262 481	80	75	89 863	82 773	89 690
1 032	217 874	156	140	68 367	73 610	75 601
4 114	296 989	89	217	93 871	96 435	106 377
	98 483			32 633	32 579	33 271
479	438 254	47	21	136 422	146 801	154 963
	268 821	686	841	88 614	89 119	89 561
441	277 851	2 698	3 791	93 017	91 240	87 105
	179 980			55 355	60 231	64 394
576	271 781	489	291	95 599	89 200	86 202
2 967	490 157	100	161	155 625	162 778	171 493
1 037	525 098	150	178	173 178	171 229	180 363
285	370 466	2 881	4 150	109 690	121 762	131 983
141	474 486	380	349	158 141	153 948	161 668
317	350 799	1 971	3 420	124 478	115 913	105 017
224	187 155			66 422	60 366	60 367
	59 478	1 575	1 031	23 611	17 172	16 089
635	527 986	1 641	2 962	176 961	175 372	171 050
63	133 125	337	269	45 579	41 021	45 919
498	181 283		171	63 728	57 243	60 141
33	5 126	100	42	1 850	1 667	1 467
365	307 927	2 204	2 368	102 312	99 206	101 837
51	212 067	3 484	3 523	66 975	64 695	73 390
	63 557	345	382	22 002	20 123	20 705
	62 923			21 000	20 633	21 290
	265 301	1 423	1 344	89 278	82 304	90 943

普 通 中 学 在 校

	合计	初			中
		计	一年级	二年级	三年级
总　计	**8 352 258**	**6 123 476**	**2 009 116**	**2 080 245**	**2 030 247**
华北地区					
北京市	222 251	152 543	45 980	49 292	57 176
天津市	157 069	122 743	42 145	39 935	40 549
河北省	377 004	288 679	94 052	98 098	96 243
山西省	275 820	209 297	68 205	70 987	70 005
内蒙古自治区	267 522	185 301	57 079	63 303	64 521
东北地区					
辽宁省	584 906	459 273	139 717	151 247	168 018
吉林省	338 276	247 678	81 549	81 733	84 251
黑龙江省	533 768	410 500	137 097	138 160	134 540
华东地区					
上海市	216 508	160 234	54 930	54 381	50 923
江苏省	460 974	356 535	129 065	119 742	107 545
浙江省	181 533	121 103	37 486	42 641	40 976
安徽省	290 792	220 645	73 207	74 812	72 305
福建省	131 757	91 910	30 495	30 747	30 668
江西省	247 855	182 161	63 223	63 147	55 579
山东省	548 626	410 269	136 432	137 315	135 978
中南地区					
河南省	466 458	342 997	111 239	118 694	113 064
湖北省	496 553	357 456	118 004	127 201	112 093
湖南省	366 636	256 677	85 880	91 158	79 639
广东省	443 698	321 532	108 703	110 019	102 708
广西壮族自治区	139 765	105 694	34 470	34 981	36 201
海南省	29 632	18 941	5 247	6 251	7 443
西南地区					
四川省	44 9034	334 256	117 966	113 566	102 633
贵州省	116 654	86 057	27 398	30 742	27 917
云南省	139 680	96 634	31 125	32 047	33 412
西藏自治区	9 757	6 477	2 420	2 023	2 001
西北地区					
陕西省	299 711	203 977	61 581	70 813	71 583
甘肃省	193 774	132 380	41 260	43 720	47 400
青海省	61 584	40 696	12 477	13 912	14 307
宁夏回族自治区	50 652	34 762	11 777	11 925	11 060
新疆维吾尔自治区	254 009	166 069	48 907	57 653	59 509

学　生　数（城　市）

单位：人

	高中					
四年级	计	二年制		三年制		
		一年级	二年级	一年级	二年级	三年级
3 868	**2 228 782**	**3 714**	**4 916**	**723 977**	**726 229**	**769 946**
95	69 708	49	41	23 288	28 097	18 233
114	34 326			12 285	10 491	11 550
286	88 325	25	38	26 898	29 582	31 782
100	66 523	30		21 591	21 944	22 958
398	8 2221	441	543	27 834	26 685	26 718
291	125 633	80	38	44 164	39 651	41 700
145	90 598	51	86	27 919	30 754	31 788
703	123 268	89	149	38 283	38 934	45 813
	56 274			19 060	18 551	18 663
183	104 439	47	21	33 932	31 440	38 999
	60 430	118	245	20 261	19 387	20 419
321	70 147	535	609	22 888	22 672	23 443
	39 847			11 826	13 531	14 490
212	65 694	34	47	22 135	21 626	21 852
544	138 357	100	116	44 847	45 129	48 165
	123 461	122	151	38 505	42 385	42 298
158	139 097	547	828	40 631	44 437	52 654
	109 959	297	187	35 612	36 551	37 312
102	122 166	89	764	42 717	41 748	3 6848
42	34 071			11 286	10 967	11 818
	10 691			3 989	32 38	3 464
91	11 4778	172	313	36 043	35 958	42 292
	30 597			10 162	9 568	10 867
50	43 046			14 897	13 229	14 920
33	3 280	100	42	1 159	1 070	909
	95 734	236	278	31 363	30 418	33 439
	61 394	119	93	19 858	18 957	22 367
	20 888	20	20	7 161	6 709	6 978
	15 890			5 151	4 925	5 814
	87 940	413	307	28 232	27 595	31 393

普 通 中 学 在 校

	合 计	初			中
		计	一年级	二年级	三年级
总 计	**10 241 585**	**6 931 554**	**2 319 816**	**238 3061**	**2 224 019**
华北地区					
北 京 市	57 421	37 449	11 032	12 521	13 896
天 津 市	47 234	32 225	11 609	10 907	9 709
河 北 省	588 070	398 458	124 909	137 612	134 285
山 西 省	290 739	183 415	57 665	62 357	63 338
内蒙古自治区	398 262	286 859	90 076	96 296	100 255
东北地区					
辽 宁 省	329 257	221 076	71 415	73 955	75 602
吉 林 省	490 142	371 009	134 500	128 646	107 234
黑 龙 江 省	665 906	521 729	183 805	176 820	160 221
华东地区					
上 海 市	61 139	35 705	12 362	11 881	11 462
江 苏 省	655 146	469 762	175 713	158 798	135 111
浙 江 省	604 035	426 618	132 832	151 831	141 955
安 徽 省	291 237	183 394	59 569	61 770	62 055
福 建 省	378 678	272 557	97 383	94 566	80 608
江 西 省	366 343	228 240	78 168	78 121	71 951
山 东 省	409 683	276 406	91 111	92 865	92 430
中南地区					
河 南 省	596 645	383 745	129 025	133 573	120 983
湖 北 省	326 830	217 667	70 352	76 552	70 763
湖 南 省	493 019	296 307	97 233	105 105	93 969
广 东 省	388 165	263 975	85 937	90 225	87 813
广西壮族自治区	274 055	174 786	59 251	60 016	55 392
海 南 省	67 010	44 510	13 722	15 147	15 641
西南地区					
四 川 省	981 370	681 937	240 254	233 268	207 978
贵 州 省	235 964	157 398	50 965	52 482	53 951
云 南 省	292 011	197 713	65 256	68 649	63 670
西藏自治区	12 897	11 051	4 996	3 234	2 821
西北地区					
陕 西 省	386 085	235 827	69 581	85 357	80 792
甘 肃 省	211 198	121 278	38 562	42 081	40 635
青 海 省	84 742	53 160	16 604	18 462	18 094
宁夏回族自治区	65 881	37 615	12 595	12 638	12 382
新疆维吾尔自治区	192 421	109 683	33 334	37 326	39 023

学生数（县镇）

单位：人

四年级	高中					
	计	二年制		三年制		
		一年级	二年级	一年级	二年级	三年级
4 658	**331 0031**	**5 851**	**7 341**	**1 093 446**	**1 085 430**	**1 117 963**
	19 972			6 535	7 262	6 175
	15 009			5 151	4 852	5 006
1 652	189 612			62 079	63 856	63 677
55	107 324			35 334	35 131	36 859
232	111 403	208	361	39 320	35 959	35 555
104	10 8181		37	36 115	34 468	37 561
629	11 9133	105	54	37 747	40 108	41 119
883	14 4177		68	45 949	47 927	50 233
	25 434			8 581	8 531	8 322
140	185 384			57 005	63 570	64 809
	177 417	467	455	58 356	59 301	58 838
	107 843	338	615	36 754	35 468	34 668
	106 121			33 396	35 318	37 407
	138 103	130	77	47 799	45 569	44 528
	133 277			42 603	44 616	46 058
164	212 900	10	8	69 178	68 043	75 661
	109 163	1 016	1 747	32 982	35 167	38 251
	196 712	33	117	65 139	62 373	69 050
	124 190	397	493	42 873	40 678	39 749
127	99 269			35 181	32 407	31 681
	22 500	86	30	8 395	7 189	6 800
437	299 433	1 044	1 219	99 825	100 404	96 941
	78 566			22 906	24 525	27 135
138	94 298			32 739	305 94	30 965
	1 846			691	597	558
97	150 258	475	651	49 185	49 649	50 298
	89 920	845	720	28 477	27 619	32 259
	31 582	317	302	10 752	10 061	10 150
	28 266			9 298	6 307	9 661
	82 738	380	387	29 101	24 881	27 989

普　通　中　学　在　校

	合　计	初			中
		计	一年级	二年级	三年级
总　　计	**29 021 374**	**27 100 400**	**9 725 992**	**9 234 395**	**8 123 132**
华北地区					
北　京　市	189 625	171 199	53 640	59 759	57 800
天　津　市	149 676	133 552	50 656	44 972	37 781
河　北　省	1 289 300	1 242 609	415 443	431 887	390 752
山　西　省	1 045 106	990 986	344 012	334 899	310 469
内蒙古自治区	461 170	450 615	165 477	150 987	132 714
东北地区					
辽　宁　省	1 047 771	1 019 104	362 658	340 589	314 748
吉　林　省	469 237	461 094	175 601	159 534	125 701
黑龙江省	791 530	761 986	303 935	254 799	200 724
华东地区					
上　海　市	183 631	166 856	58 096	56 350	52 410
江　苏　省	1 613 536	1 465 105	551 535	491 626	421 788
浙　江　省	911 860	880 886	294 336	311 742	274 808
安　徽　省	1 643 444	1 543 583	553 043	514 357	476 063
福　建　省	564 237	530 225	202 316	184 387	143 522
江　西　省	1 161 970	1 093 986	419 273	369 341	305 008
山　东　省	2 776 976	2 558 453	888 244	848 790	818 996
中南地区					
河　南　省	2 563 298	2 374 561	896 450	819 120	658 118
湖　北　省	1 440 300	1 318 094	432 833	461 756	423 378
湖　南　省	1 648 779	1 480 964	530 391	519 228	431 204
广　东　省	1 610 454	1 506 011	552 174	503 913	449 709
广西壮族自治区	900 458	846 643	311 738	287 619	247 231
海　南　省	206 706	180 419	64 235	60 487	55 697
西南地区					
四　川　省	2 560 254	2 446 479	929 968	823 215	693 189
贵　州　省	633 682	609 720	204 716	206 447	198 494
云　南　省	762 112	718 173	260 922	247 360	209 581
西藏自治区	135	135	50	45	40
西北地区					
陕　西　省	927 372	865 437	263 837	318 998	282 334
甘　肃　省	669 866	609 113	211 368	206 094	191 600
青　海　省	91 451	80 364	72 993	26 388	25 983
宁夏回族自治区	160 194	141 427	50 585	46 438	44 404
新疆维吾尔自治区	547 244	452 621	150 467	153 268	148 886

学生数（农村）

单位：人

中	高中					
		二年制		三年制		
四年级	计	一年级	二年级	一年级	二年级	三年级
16 881	1 920 974	12 171	14 515	647 705	627 935	618 648
	18 426			6 388	6 513	5 525
143	16 124			5 256	5 270	5 598
4 527	46 691			15 964	15 505	15 222
1 606	54 120			18 976	17 658	17 486
1 437	10 555	138	63	3 658	3 369	3 327
1 109	28 667			9 584	8 654	10 429
258	8 143			2 701	2 748	2 694
2 528	29 544			9 639	9 574	10 331
	16 775			4 992	5 497	6 286
156	148 431			45 485	51 791	51 155
	30 974	101	141	9 997	10 431	10 304
120	99 861	1 825	2 567	33 375	33 100	28 994
	34 012			10 133	11 382	12 497
364	67 984	325	167	25 665	22 005	19 822
2 423	218 523		45	68 175	73 033	77 270
873	188 737	18	19	65 495	60 801	62 404
127	122 206	1 318	1 575	36 077	42 158	41 078
141	167 815	50	45	57 390	55 024	55 306
215	104 443	1 485	2 163	38 888	33 487	28 420
55	53 815			19 955	16 992	16 868
	26 287	1 489	1 001	11 227	6 745	5 825
107	113 775	425	1 430	41 093	39 010	31 817
63	23 962	337	269	8 511	6 928	7 917
310	43 939		171	16 092	13 420	14 256
268	61 935	1 493	1 439	21 764	19 139	18 100
51	60 753	2 520	2 710	18 640	18 119	18 764
	11 087	8	60	4 089	3 353	3 577
	18 767			6 551	6 401	5 815
	94 623	639	650	31 945	29 828	31 561

普 通 中 学 学 生

	合计	初			中
		计	一年级	二年级	三年级
总计	**19 511 800**	**16 659 453**	**5 839 967**	**5 678 764**	**5 129 699**
华北地区					
北京市	229 048	175 574	52 220	58 810	64 499
天津市	171 482	139 875	49 117	46 611	44 018
河北省	1 012 584	865 850	284 075	298 125	281 145
山西省	746 520	649 224	218 357	219 020	211 013
内蒙古自治区	526 999	429 976	143 118	144 158	141 695
东北地区					
辽宁省	930 272	808 915	271 739	270 012	266 516
吉林省	609 215	509 942	185 491	173 955	149 990
黑龙江省	955 557	814 385	295 476	273 546	243 319
华东地区					
上海市	221 070	175 884	59 395	59 713	56 776
江苏省	1 086 953	940 046	360 007	314 184	265 637
浙江省	729 634	624 330	205 037	219 373	199 920
安徽省	707 824	631 569	227 833	210 395	193 148
福建省	365 579	312 907	115 622	106 606	90 679
江西省	625 093	536 255	204 157	180 177	151 713
山东省	1 481 797	1 308 760	466 254	444 111	397 142
中南地区					
河南省	1 497 121	1 298 544	472 245	445 892	380 024
湖北省	843 758	729 033	244 664	256 113	228 120
湖南省	990 899	837 157	297 221	293 438	246 454
广东省	920 270	801 868	288 204	269 489	244 059
广西壮族自治区	487 043	423 384	150 509	144 545	128 257
海南省	118 095	96 407	32 865	32 550	30 992
西南地区					
四川省	1 625 878	1 427 880	532 633	481 486	413 496
贵州省	338 418	291 721	95 807	101 049	94 850
云南省	483 545	412 137	142 265	142 027	127 639
西藏自治区	8 127	6 751	2 860	2 020	1 871
西北地区					
陕西省	693 463	568 224	169 849	206 918	191 263
甘肃省	391 815	318 935	105 874	106 494	106 564
青海省	106 200	76 598	23 999	25 614	26 985
宁夏回族自治区	116 092	90 762	31 472	29 929	29 361
新疆维吾尔自治区	491 449	356 560	111 602	122 404	122 554

总　数　中　女　学　生　数

单位：人

四年级	计	高中 二年制 一年级	高中 二年制 二年级	高中 三年制 一年级	高中 三年制 二年级	高中 三年制 三年级
11 023	**2 851 347**	**8 105**	**9 702**	**940 881**	**927 522**	**966 137**
45	53 474			17 407	20 940	15 127
129	31 607			10 678	10 309	10 620
2 505	146 734	13	13	47 277	48 846	50 585
834	97 296	14		32 656	31 861	32 765
1 005	97 023	337	501	33 637	31 331	31 217
648	121 357	46	43	42 061	37 579	41 628
506	99 273	79	77	31 331	33 361	34 425
2 044	141 172	51	105	43 611	45 386	52 019
	45 186			14 862	15 080	15 244
218	146 907	13	5	45 484	48 451	52 954
	105 304	206	310	34 601	34 764	35 423
193	76 255	720	841	25 573	24 918	24 203
	52 672			15 680	17 451	19 541
208	88 838	136	117	33 430	28 639	26 516
1 253	173 037	41	75	55 370	56 730	60 821
383	198 577	72	93	65 988	64 451	67 973
136	114 725	959	1 268	34 065	37 633	40 800
44	153 742	196	169	50 512	50 107	52 758
116	118 402	767	1 474	41 871	38 532	35 758
73	62 659			22 363	20 465	20 831
	21 688	679	521	8 458	6 382	5 648
265	197 998	683	1 104	64 546	64 796	66 869
15	46 697	119	108	16 124	14 351	15 995
206	71 408		36	25 092	22 217	24 063
	1 376	45	19	69	622	621
194	125 239	815	867	41 397	40 188	41 972
3	72 880	1 255	1 151	22 901	22 364	25 209
	29 602	124	127	10 156	9 262	9 933
	25 330			8 498	8 125	8 707
	134 889	735	678	45 183	42 381	45 912

普通中学教

	教职				
	合计	专任教师			行政人员
		计	初中	高中	
总计	**3 896 672**	**2 959 628**	**2 402 742**	**556 886**	**507 430**
华北地区					
北京市	66 958	41 224	30 958	10 266	16 623
天津市	49 544	36 747	29 446	7 301	8 411
河北省	199 797	158 843	133 809	25 034	23 441
山西省	139 512	107 427	89 925	17 502	16 581
内蒙古自治区	105 161	76 579	60 716	15 863	12 945
东北地区					
辽宁省	181 151	129 309	107 955	21 354	27 561
吉林省	118 499	84 897	67 356	17 541	19 380
黑龙江省	175 776	130 455	105 928	24 527	23 582
华东地区					
上海市	66 664	41 806	31 342	10 464	15 578
江苏省	227 820	162 593	130 581	32 012	27 791
浙江省	115 317	88 318	70 946	17 372	14 483
安徽省	155 490	118 241	98 900	19 341	20 487
福建省	86 638	65 920	51 504	14 416	13 128
江西省	120 535	97 571	78 928	18 643	10 724
山东省	307 364	241 845	205 945	35 900	34 882
中南地区					
河南省	298 262	240 108	202 188	37 920	37 643
湖北省	202 884	155 630	125 442	30 188	19 998
湖南省	193 283	152 881	120 010	32 871	19 671
广东省	175 715	132 773	109 171	23 602	24 433
广西壮族自治区	105 629	79 646	64 812	14 834	14 170
海南省	26 127	17 868	13 673	4 195	3 251
西南地区					
四川省	291 659	225 086	184 920	40 166	38 227
贵州省	66 523	51 618	42 072	9 546	8 666
云南省	82 760	62 342	50 402	11 940	10 399
西藏自治区	2 970	2 224	1 686	538	275
西北地区					
陕西省	131 234	101 752	78 612	23 140	20 937
甘肃省	72 886	57 628	44 769	12 859	8 031
青海省	19 768	15 811	11 176	4 635	2 228
宁夏回族自治区	19 177	15 057	11 151	3 906	2 231
新疆维吾尔自治区	91 569	67 429	48 419	19 010	11 673

职　工　数（总　计）

单位：人

工数					
工勤人员	校办工厂、农场职工		代课教师	临时工	兼任教师
	计	其中：由厂、场收入支付工资的职工			
341 741	**87 873**	**54 077**	**128 156**	**114 490**	**10 742**
5 494	3 617	1 465	1 772	3 788	249
3 261	1 125	260	336	630	119
14 529	2 984	1 530	4 964	9 209	170
13 260	2 244	1 707	7 129	5 955	376
14 319	1 318	716	1 525	935	113
11 487	12 794	11 198	2 967	5 373	296
8 273	5 949	5 257	5 223	1 550	125
17 171	4 568	3 571	7 196	2 963	276
5 927	3 353	117	188	880	225
23 598	13 838	9 868	8 471	8 313	456
7 097	5 419	3 885	10 700	6 373	169
14 242	2 520	1 211	9 099	7 450	791
5 911	1 679	1 264	4 945	1 371	1 049
11 399	841	318	4 579	4 161	489
27 027	3 610	1 238	2 749	7 546	259
17 328	3 183	1 656	7 868	6 256	315
22 366	4 890	2 565	2 686	4 767	567
17 026	3 705	1 757	3 935	3 315	321
17 268	1 241	457	6 003	5 176	608
10 789	1 024	505	3 085	2 610	220
4 885	123	72	611	618	30
24 763	3 583	711	14 711	6 381	758
5 785	454	237	3 210	3 171	1 076
9 716	303	150	4 618	6 529	338
458	13	1	199	288	36
7 476	1 069	524	2 481	3 678	265
6 488	739	561	1 441	1 471	257
1 503	226	178	478	691	124
1 759	130	103	764	1 176	123
11 136	1 331	995	4 223	1 866	542

普 通 中 学 教

	教职工				
	合计	专任教师			行政人员
		计	初中	高中	
总计	**937 754**	**649 121**	**457 371**	**191 750**	**162 267**
华北地区					
北京市	42 218	24 218	16 748	7 470	11 363
天津市	28 875	20 155	15 919	4 236	5 831
河北省	42 747	31 241	23 518	7 723	6 905
山西省	28 486	20 310	14 801	5 509	4 499
内蒙古自治区	82 650	20 613	13 802	6 811	4 753
东北地区					
辽宁省	71 476	46 754	35 343	11 411	11 564
吉林省	40 911	26 745	18 932	7 813	7 044
黑龙江省	55 545	39 738	28 433	11 305	8 649
华东地区					
上海市	39 939	23 712	17 222	6 490	10 589
江苏省	54 448	34 410	24 992	6 418	8 789
浙江省	20 738	12 538	8 070	4 468	3 452
安徽省	29 803	22 286	15 955	6 331	4 635
福建省	14 532	10 021	6 696	3 325	2 563
江西省	21 894	17 348	12 282	5 066	2 772
山东省	52 403	37 794	27 612	10 182	8 550
中南地区					
河南省	49 107	34 505	24 354	10 151	9 378
湖北省	56 342	40 554	27 899	12 655	8 447
湖南省	37 857	27 150	18 014	9 136	5 215
广东省	40 263	28 549	19 800	8 749	7 103
广西壮族自治区	13 980	10 046	7 374	2 672	2 248
海南省	2 618	1 830	1 210	620	413
西南地区					
四川省	51 922	36 904	25 631	11 273	8 704
贵州省	11 339	8 532	6 065	2 467	1 802
云南省	14 092	9 851	6 485	3 366	2 503
西藏自治区	1 070	796	524	272	115
西北地区					
陕西省	30 861	22 200	13 827	8 373	5 761
甘肃省	18 614	13 319	8 729	4 590	3 068
青海省	5 789	4 303	2 654	1 649	931
宁夏回族自治区	4 699	3 593	2 389	1 204	585
新疆维吾尔自治区	26 536	19 106	12 091	7 015	4 036

职工数（城市）

单位：人

数					
工勤人员	校办工厂、农场职工		代课教师	临时工	兼任教师
	计	其中：由厂、场收入支付工资的职工			
75 642	**50 724**	35 208	**9 413**	**17 473**	**4 928**
3 530	3 107	1 361	195	2 128	217
1 947	942	230	75	226	94
3 448	1 153	700	618	858	70
2 600	1 077	855	515	650	188
2 697	587	297	322	176	53
3 968	9 190	8 441	350	2 148	124
2 389	4 733	4 315	344	510	30
4 229	2 929	2 463	492	582	96
3 503	2 135	117	46	194	144
4 139	7 110	5 727	445	1 026	350
1 399	3 349	2 740	183	841	62
2 112	770	331	370	561	487
826	1 122	980	61	121	292
1 557	217	57	159	304	136
4 604	1 455	490	191	841	100
3 360	1 864	1 416	874	656	122
5 296	2 045	1 054	478	1 400	426
3 339	2 153	1 533	302	432	207
3 908	703	267	893	795	340
1 287	399	262	172	127	76
323	52	33	31	32	3
4 761	1 553	257	653	719	224
863	142	32	299	200	343
1 603	135	55	224	295	80
146	13	1	62	63	9
2 195	705	389	390	839	131
1 738	489	411	250	254	157
386	169	148	65	67	76
459	62	56	27	79	52
3 030	364	190	327	349	239

普通中学教

	教职				
	合计	专任教师			行政人员
		计	初中	高中	
总计	**886 692**	**644 574**	**415 705**	**228 869**	**126 412**
华北地区					
北京市	6 790	4 370	2 850	1 520	1 664
天津市	5 649	4 173	2 732	1 441	864
河北省	54 756	40 973	27 083	13 890	7 360
山西省	27 304	19 475	11 729	7 746	3 579
内蒙古自治区	38 125	26 599	18 412	8 187	4 841
东北地区					
辽宁省	32 508	21 773	14 122	7 651	5 791
吉林省	45 090	32 326	23 096	9 230	7 605
黑龙江省	56 669	40 671	29 852	10 819	8 504
华东地区					
上海市	8 627	5 332	3 115	2 217	1 886
江苏省	55 694	39 098	26 552	12 546	6 771
浙江省	44 180	32 782	21 784	10 998	6 411
安徽省	23 964	16 811	10 014	6 797	3 484
福建省	30 782	23 243	15 294	7 949	4 968
江西省	26 768	20 992	12 296	8 696	2 372
山东省	36 655	26 536	17 180	9 356	5 282
中南地区					
河南省	50 327	38 481	24 266	14 215	7 142
湖北省	30 711	23 661	15 186	8 475	2 693
湖南省	41 035	31 130	18 321	12 809	4 749
广东省	29 040	21 079	13 419	7 660	4 349
广西壮族自治区	24 834	17 735	10 273	7 462	3 640
海南省	5 298	3 506	2 131	1 345	723
西南地区					
四川省	87.407	62 287	40 671	21 616	13 757
贵州省	20 288	14 654	9 366	5 288	2 995
云南省	22 894	16 164	10 498	5 666	3 386
西藏自治区	1 883	1 417	1 151	266	158
西北地区					
陕西省	33 236	25 153	14 601	10 552	5 567
甘肃省	15 869	11 742	6 708	5 034	1 892
青海省	7 330	5 675	3 488	2 187	804
宁夏回族自治区	5 126	3 751	2 139	1 612	779
新疆维吾尔自治区	17 853	12 985	7 346	5 639	2 396

职 工 数（县 镇）

单位：人

工数					
工勤人员	校办工厂、农场职工		代课教师	临时工	兼任教师
	计	其中：由厂、场收入支付工资的职工			
94 839	**20 867**	**10 747**	**22 252**	**32 773**	**2 560**
633	123	28	69	492	4
492	120	24	34	200	5
5 164	1 259	679	1 095	4 676	75
3 392	858	695	841	1 900	106
6 139	546	313	617	451	47
2 752	2 192	1 798	848	1 445	45
4 086	1 073	846	2 006	762	66
6 277	1 217	769	1 536	984	69
902	507		22	175	19
6 701	3 124	1 932	1 718	2 343	47
3 338	1 649	1 005	2 489	2 890	67
2 715	954	537	617	1 428	121
2 173	398	221	898	554	300
3 100	304	127	489	952	122
3 934	903	311	196	1 589	36
3 933	771	138	1 582	983	37
3 458	899	325	278	992	31
4 256	900	126	506	1 054	67
3 273	339	122	458	1 182	145
3 055	404	128	254	571	68
1 039	30	10	59	205	2
10 015	1 348	89	3 262	1 921	308
2 419	220	138	378	709	319
3 240	104	61	522	1 611	133
308			136	222	25
2 275	241	89	466	973	77
2 106	129	72	198	387	41
805	46	24	203	355	40
529	67	46	56	334	23
2 330	142	94	419	433	115

普通中学教

	教职				
	合计	专任教师			行政人员
		计	初中	高中	
总计	**2 072 226**	**1 665 933**	**1 529 666**	136 267	**218 751**
华北地区					
北京市	17 950	12 636	11 360	1 276	3 596
天津市	15 020	12 419	10 795	1 624	1 716
河北省	102 294	86 629	83 208	3 421	9 176
山西省	83 722	67 642	63 395	4 247	8 503
内蒙古自治区	38 386	29 367	28 502	865	3 351
东北地区					
辽宁省	77 167	60 782	58 490	2 292	10 206
吉林省	32 498	25 826	25 328	498	4 731
黑龙江省	63 562	50 046	47 643	2 403	6 429
华东地区					
上海市	18 098	12 762	11 005	1 757	3 103
江苏省	117 678	89 085	79 037	10 048	12 231
浙江省	50 399	42 998	41 092	1 906	4 620
安徽省	101 723	79 144	72 931	6 213	12 368
福建省	41 324	32 656	29 514	3 142	5 597
江西省	71 873	59 231	54 350	4 881	5 580
山东省	218 306	177 515	161 153	16 362	21 050
中南地区					
河南省	198 828	167 122	153 568	13 554	21 123
湖北省	115 831	91 415	82 357	9 058	8 858
湖南省	114 391	94 601	83 675	10 926	9 707
广东省	106 412	83 145	75 952	7 193	12 981
广西壮族自治区	66 815	51 865	47 165	4 700	8 282
海南省	18 211	12 532	10 302	2 230	2 115
西南地区					
四川省	152 330	125 895	118 618	7 277	15 766
贵州省	34 896	28 432	26 641	1 791	3 869
云南省	45 774	36 327	33 419	2 908	4 510
西藏自治区	17	11	11		2
西北地区					
陕西省	67 137	54 399	50 184	4 215	9 609
甘肃省	38 403	32 567	29 332	3 235	3 071
青海省	6 649	5 833	5 034	799	493
宁夏回族自治区	9 352	7 713	6 623	1 090	867
新疆维吾尔自治区	47 180	35 338	28 982	6 356	5 241

职 工 数（农 村）

单位：人

工数					
工勤人员	校办工厂、农场职工		代课教师	临时工	兼任教师
	计	其中：由厂、场收入支付工资的职工			
171 260	**16 282**	**8 122**	**96 491**	**64 244**	**3 254**
1 331	387	76	1 508	1 168	28
822	63	6	227	204	20
5 917	572	151	3 251	3 675	25
7 268	309	157	5 773	3 405	82
5 483	185	106	586	308	13
4 767	1 412	959	1 769	1 780	127
1 798	143	96	2 873	278	29
6 665	422	339	5 168	1 397	111
1 522	711		120	511	62
12 758	3 604	2 209	6 308	4 944	59
2 360	421	140	8 028	2 642	40
9 415	796	343	8 112	5 461	183
2 912	159	63	3 986	696	457
6 742	320	134	3 931	2 905	231
18 489	1 252	437	2 362	5 116	123
10 035	548	102	5 412	4 617	156
13 612	1 946	1 186	1 930	2 375	110
9 431	652	98	3 127	1 829	47
10 087	199	68	4 652	3 199	123
6 447	221	115	2 659	1 912	76
3 523	41	29	521	381	25
9 987	682	365	10 796	3 741	226
2 503	92	67	2 533	2 262	414
4 873	64	34	3 872	4 623	125
4			1	3	2
3 006	123	46	1 625	1 866	57
2 644	121	78	993	830	59
312	11	6	210	269	8
771	1	1	681	763	48
5 776	825	711	3 477	1 084	188

普通中学教职工总

	教	职			
	合计	专任教师			行政人员
		计	初中	高中	
总计	**477 492**	**366 638**	**364 535**	**2 103**	**11 293**
华北地区					
北京市					
天津市	226	130	130		9
河北省	23 519	19 889	19 835	54	195
山西省	18 299	14 659	14 640	19	193
内蒙古自治区	17 034	10 303	10 013	290	483
东北地区					
辽宁省	30 805	16 684	16 637	47	1 092
吉林省	15 032	9 260	9 150	110	278
黑龙江省	18 923	16 721	16 570	151	273
华东地区					
上海市					
江苏省	53 519	32 346	32 047	299	1 725
浙江省	11 021	7 066	7 010	56	304
安徽省	19 137	14 881	14 840	41	864
福建省	6 958	3 167	3 128	39	372
江西省	6 470	4 456	4 405	51	63
山东省	73 314	64 337	64 298	39	892
中南地区					
河南省	79 688	73 348	73 197	151	1 832
湖北省	16 130	9 217	9 110	107	212
湖南省	17 806	12 853	12 820	33	215
广东省	20 008	15 644	15 453	191	411
广西壮族自治区	9 226	7 705	7 620	85	267
海南省	460	140	136	4	26
西南地区					
四川省	14 971	13 852	13 813	39	265
贵州省	2 024	1 792	1 792		86
云南省	996	881	880	1	8
西藏自治区					
西北地区					
陕西省	14 636	12 263	12 141	122	1 091
甘肃省	5 762	4 093	3 997	96	72
青海省	383	173	118	55	26
宁夏回族自治区	229	115	113	2	4
新疆维吾尔自治区	916	663	642	21	35

数中民办教职工数

单位：人

工数			代课教师	临时工	兼任教师
工勤人员	校办工厂、农场职工				
	计	其中：由厂、场收入支付工资的职工			
59 490	**40 071**	**36 317**	**21 912**	**22 935**	**683**
87			32	14	
3 089	346	227	1 829	1 615	2
3 153	294	260	221	458	15
5 590	658	562	69	78	
2 223	10 806	10 533	434	786	57
386	5 108	4 994	18	57	8
445	1 484	1 445	765	333	5
8 932	10 516	9456	4 442	3 781	40
1 425	2 226	2006	2 185	1 698	14
2 892	500	349	1 635	1 587	66
2 264	1 155	1082	913	634	12
1 759	192	78	841	891	94
7 462	623	358	1 630	2 394	56
3 116	1 392	909			22
5 272	1 429	1 186	371	1 331	21
2 882	1 856	1 697	446	795	16
3 620	333	237	1 886	3 118	105
1 044	210	118	345	730	9
286	8	3	69	130	2
619	235	203	2 189	415	39
141	5		30	6	
106	1		25	24	
1 172	110	76	815	1 462	7
1 195	402	383	595	572	39
10	174	151	1	3	54
110			44		
210	8	4	82	23	

普通中学教职工总

	教职				
	合计	专任教师			行政人员
		计	初中	高中	
总计	**1 122 669**	**873 307**	**733 676**	**139 631**	**109 639**
华北地区					
北京市	37 768	25 088	19 946	5 142	8 542
天津市	23 137	18 440	15 465	2 975	3 229
河北省	66 412	58 528	50 521	8 007	3 990
山西省	41 417	34 937	30 770	4 167	2 736
内蒙古自治区	36 805	28 786	23 680	5 106	3 294
东北地区					
辽宁省	75 857	57 974	49 398	8 576	7 749
吉林省	48 515	38 057	31 253	6 804	4 710
黑龙江省	73 798	58 868	49 188	9 680	6 728
华东地区					
上海市	30 260	19 302	15 524	3 778	6 866
江苏省	54 975	37 419	31 708	5 711	5 005
浙江省	33 613	25 231	21 403	3 828	3 255
安徽省	31 034	23 260	20 068	3 192	3 071
福建省	21 123	15 787	12 826	2 961	2 591
江西省	26 942	21 979	18 453	3 526	1 454
山东省	65 533	55 111	47 773	7 338	5 368
中南地区					
河南省	65 608	56 651	49 432	7 219	5 089
湖北省	48 483	35 757	30 077	5 680	3 896
湖南省	48 607	39 344	32 755	6 589	3 013
广东省	44 116	31 193	26 536	4 657	4 513
广西壮族自治区	24 015	17 465	14 778	2 687	2 456
海南省	6 569	3 122	2 620	502	517
西南地区					
四川省	78 723	61 884	52 270	9 614	8 520
贵州省	17 411	13 176	10 742	2 434	1 960
云南省	25 320	18 180	15 313	2 867	2 510
西藏自治区	971	725	582	143	95
西北地区					
陕西省	30 642	25 523	20 208	5 315	3 136
甘肃省	15 004	12 190	9 707	2 483	1 105
青海省	6 772	5 592	4 151	1 441	616
宁夏回族自治区	5 479	4 473	3 504	969	456
新疆维吾尔自治区	37 760	29 265	23 025	6 240	3 164

数中女教职工数

单位：人

工 工勤人员	数 校办工厂、农场职工 计	 其中：由厂、场收入支付工资的职工	代课教师	临时工	兼任教师
102 581	**37 142**	**26 637**	**39 664**	**33 630**	**1 615**
2 455	1 683	727	1 058	1 577	91
1 056	412	111	88	104	21
2 904	990	594	1 756	1 227	40
2 883	861	641	3 204	1 163	49
4 301	424	297	668	251	20
3 239	6 895	6 359	948	1 670	45
2 485	3 263	2 944	2 126	701	31
6 270	1 932	1 632	3 048	1 110	48
2 875	1 217	39	71	273	109
6 586	5 965	5 173	2 137	1 764	60
2 631	2 496	2 082	4 145	2 726	27
3 756	947	494	2 040	2 324	84
2 085	660	550	1 309	415	69
3 258	251	65	729	775	43
3 979	1 075	360	578	672	23
2 651	1 217	800	1 766	1 228	32
7 169	1 661	972	625	1 235	63
4 756	1 489	930	1 091	1 074	44
7 939	471	202	1 724	2 667	74
3 761	333	181	761	966	30
2 869	61	35	147	420	1
7 306	1 013	191	3 865	1 853	120
2 117	158	103	805	1 400	186
4 506	124	78	1 620	3 606	55
143	8		64	91	1
1 642	341	211	690	594	57
1 411	298	270	263	273	46
458	106	95	139	184	11
465	85	71	327	536	21
4 625	706	430	1 872	751	114

农业、职业中学校数、班数、

	独立设置的学校数（所）			
	计	初中	高中	初高中合设
总计	**8 954**	**1 416**	**7 043**	**495**
华北地区				
北京市	185	2	183	
天津市	109	4	103	2
河北省	374	97	249	28
山西省	354	121	197	36
内蒙古自治区	344	142	183	19
东北地区				
辽宁省	681	74	585	22
吉林省	373	39	313	21
黑龙江省	457	5	441	11
华东地区				
上海市	103		103	
江苏省	356	2	350	4
浙江省	330	18	308	4
安徽省	502	205	254	43
福建省	283	14	247	22
江西省	292	40	227	25
山东省	644	49	579	16
中南地区				
河南省	378	66	298	14
湖北省	444	109	296	39
湖南省	423	83	312	28
广东省	496	22	431	43
广西壮族自治区	215	57	133	25
海南省	44	1	41	2
西南地区				
四川省	578	110	456	12
贵州省	213	97	93	23
云南省	208	39	150	19
西藏自治区				
西北地区				
陕西省	207	4	197	6
甘肃省	193	10	163	20
青海省	28		25	3
宁夏回族自治区	13	3	25	3
新疆维吾尔自治区	109	3	101	5

毕业生数和招生数（总计）

班数（个）		毕业生数（人）		招生数（人）	
初中	高中	初中	高中	初中	高中
9 430	**55 179**	**118 222**	**691 908**	**185 692**	**1 010 183**
12	1 427	552	17 633	430	19 683
15	605	189	8 581	210	10 231
818	2 411	9 896	28 927	14 760	38 524
581	1 355	8 161	18 378	11 165	30 623
1 065	1 574	13 906	19 218	19 503	26 358
265	3 394	1 943	40 252	4 222	55 403
543	3 103	4 340	45 581	10 154	57 279
84	3 579	1 897	44 851	1 926	58 733
	1 146		18 866		17 015
27	3 870	535	48 321	229	61 567
77	2 107	1 160	31 798	1 471	38 147
1 331	1 641	17 763	21 469	26 870	33 938
142	1 810	645	23 905	3 121	33 413
427	1 848	7 392	26 478	9 007	37 554
165	4 419	2 380	52 891	4 426	91 873
373	2 236	4 639	31 540	6 894	42 570
759	2 243	10 430	29 450	12 083	38 076
541	2 006	5 989	20 391	13 430	42 658
225	4 015	3 098	47 425	4 012	89 246
333	981	3 528	10 647	6 286	16 438
34	292	446	2 876	530	5 221
492	3 483	4 164	37 820	11 172	56 990
516	479	6 671	4 775	8 327	9 327
333	952	4 729	12 001	9 632	20 742
53	1 505	458	15 827	959	27 711
95	1 025	1 125	13 385	1 713	19 418
30	164	1 273	3 232	1 296	3 984
35	219	469	3 076	596	4 880
59	1 290	444	12 314	1 268	22 581

农业、职业中学校数、班数、

	独立设置的学校数（所）			
	计	初　中	高　中	初高中合设
总　计	**2 312**	**31**	**2 228**	**53**
华北地区				
北　京　市	131		131	
天　津　市	70	1	67	2
河　北　省	84	2	77	5
山　西　省	60	3	56	1
内蒙古自治区	54	2	46	6
东北地区				
辽　宁　省	323	2	321	
吉　林　省	122	5	110	7
黑龙江省	164	1	161	2
华东地区				
上　海　市	62		62	
江　苏　省	116		115	1
浙　江　省	74		74	
安　徽　省	75		71	4
福　建　省	61	1	58	2
江　西　省	41		41	
山　东　省	170	3	164	3
中南地区				
河　南　省	82	4	78	
湖　北　省	113	5	104	4
湖　南　省	98		97	1
广　东　省	92		88	4
广西壮族自治区	31	1	30	
海　南　省	6		6	
西南地区				
四　川　省	107		105	2
贵　州　省	11		9	2
云　南　省	30		26	4
西藏自治区				
西北地区				
陕　西　省	57		56	1
甘　肃　省	31		30	1
青　海　省	6		6	
宁夏回族自治区	8		7	1
新疆维吾尔自治区	33	1	32	

毕业生数和招生数（城市）

班　数（个）		毕业生数（人）		招生数（人）	
初　中	高　中	初　中	高　中	初　中	高　中
341	**22 079**	**4 196**	**273 577**	**4 766**	**362 673**
4	1 171	452	14 857	132	15 192
9	439	47	5 939	135	7 893
17	1 141	105	12 260	307	16 244
19	579	320	5 466	417	11 652
17	683	246	8 346	65	11 193
7	2 116	46	26 269	71	32 545
60	1 188	496	18 321	649	19 652
5	1 476	39	17 502	94	25 022
	748		13 114		8 753
1	1 384		18 253	19	20 016
	613		7 612		10 575
7	675	208	8 014	60	13 044
6	517	38	5 684	34	10 101
	542		6 343		9 563
10	1 578	114	18 296	272	31 032
30	939	558	13 779	255	14 650
52	924	788	12 928	738	13 799
5	734	74	6 450	42	13 955
32	1 111	435	14 002	676	22 210
7	377	65	3 903	108	3 592
	43		342		983
6	1 087		11 375	26	15 024
13	105	43	1 241	50	1 745
17	249	32	3 881	180	4 744
6	622	66	7 246	142	10 059
7	395		5 007	264	6 098
	62		1 231		1 161
2	67	24	800	30	1 691
2	514		5 116		8 685

农业、职业中学校数、班数、

	独立设置的学校数（所）			
	计	初中	高中	初高中合设
总计	**2 191**	**85**	**2 001**	**105**
华北地区				
北京市	16		16	
天津市	12		12	
河北省	117	9	98	10
山南省	77	7	60	10
内蒙古自治区	104	10	89	5
东北地区				
辽宁省	109	1	107	1
吉林省	160	10	141	9
黑龙江省	193	3	188	2
华东地区				
上海市	12		12	
江苏省	104		104	
浙江省	120	1	118	1
安徽省	63	3	54	6
福建省	79		74	5
江西省	68	1	64	3
山东省	69	3	64	2
中南地区				
河南省	37	2	34	1
湖北省	70	5	60	5
湖南省	139	8	128	3
广东省	74	1	68	5
广西壮族自治区	69	2	62	5
海南省	3		3	
西南地区				
四川省	195	12	179	4
贵州省	77	2	63	12
云南省	76	2	66	8
西藏自治区				
西北地区				
陕西省	59	1	57	1
甘肃省	39	1	35	3
青海省	15		13	2
宁夏回族自治区	16		14	2
新疆维吾尔自治区	19	1	18	

毕业生数和招生数（县镇）

班数（个）		毕业生数（人）		招生数（人）	
初中	高中	初中	高中	初中	高中
931	**14 527**	**12 142**	**175 688**	**19 746**	**284 844**
	108		1 324		1 893
	57		1 150		834
135	706	2 078	9 414	2 550	12 867
65	318	1 117	4 614	1 467	7 184
98	629	1 059	7 197	2 454	10 356
4	717	40	8 216	80	12 687
196	1 226	1 573	18 036	3 513	22 618
29	1 348	572	16 919	671	21 941
	107		1 107		2 075
	1 055		12 430		17 913
5	990	77	14 651	134	18 192
52	322	982	3 708	993	7 096
26	664	92	9 862	693	12 036
22	458	334	6 288	751	9 786
13	599	146	5 445	343	13 907
13	221	445	3 474	331	6 103
29	463	390	4 822	375	9 240
50	700	665	5 544	996	18 034
12	723	128	8 568	163	17 998
32	353	404	3 967	733	6 728
	29		203		597
48	1 275	483	12 895	1 096	22 754
25	301	577	2 849	558	6 232
41	375	530	4 236	1 156	9 297
10	327	193	3 113	207	6 099
7	142	81	1 651	113	3 664
3	67		1 472	140	1 338
7	101	26	1 497	100	2 096
9	146	150	1 036	129	3 279

农业、职业中学校数、班数、

	独立设置的学校数（所）			
	计	初中	高中	初高中合设
总计	**4 451**	**1 300**	**2 814**	**337**
华北地区				
北京市	38	2	36	
天津市	27	3	24	
河北省	173	86	74	13
山西省	217	111	81	25
内蒙古自治区	186	130	48	8
东北地区				
辽宁省	249	71	157	21
吉林省	91	24	62	5
黑龙江省	100	1	92	7
华东地区				
上海市	29		29	
江苏省	136	2	131	3
浙江省	136	17	116	3
安徽省	364	202	129	33
福建省	143	13	115	15
江西省	183	39	122	22
山东省	405	43	351	11
中南地区				
河南省	259	60	186	13
湖北省	261	99	132	30
湖南省	186	75	87	24
广东省	330	21	275	34
广西壮族自治区	115	54	41	20
海南省	35	1	32	2
西南地区				
四川省	276	98	172	6
贵州省	125	95	21	9
云南省	102	37	58	7
西藏自治区				
西北地区				
陕西省	91	3	84	4
甘肃省	123	9	98	16
青海省	7		6	1
宁夏回族自治区	7	3	4	
新疆维吾尔自治区	57	1	51	5

毕业生数和招生数（农村）

班数（个）		毕业生数（人）		招生数（人）	
初中	高中	初中	高中	初中	高中
8 158	**18 573**	**101 884**	**242 643**	**161 180**	**362 666**
8	148	100	1 452	298	2 598
6	109	142	1 492	75	1 504
666	564	7 713	7 253	11 903	9 413
497	458	6 724	8 298	9 281	11 787
950	262	12 601	3 675	16 984	4 809
254	561	1 857	5 767	4 071	10 171
287	689	2 271	9 224	5 992	15 009
50	755	1 286	10 430	1 161	11 770
	291		4 645		6 187
26	1 431	535	17 638	210	23 638
72	504	1 083	9 535	1 337	9 380
1 272	644	16 573	9 747	25 817	13 798
110	629	515	8 359	2 394	11 276
405	848	7 058	13 847	8 256	18 205
142	2 242	2 120	29 150	3 811	46 934
330	1 076	3 636	14 287	6 308	21 817
678	856	9 252	11 700	10 970	15 037
486	572	5 250	8 397	12 392	10 669
181	2 181	2 535	24 855	3 173	49 038
294	251	3 059	2 777	5 445	4 318
34	220	446	2 331	530	3 641
438	1 121	3 681	13 550	10 050	19 212
478	73	6 051	685	7 719	1 350
275	328	4 167	3884	8 296	6 701
37	556	199	5 468	610	11 553
81	488	1 044	6 727	1 336	9 656
27	35	1 273	529	1 156	1 485
26	51	419	779	466	1 093
48	630	294	6 162	1 139	10 617

农业、职业中学在校学生数、

	在	校			
	合计	初中			
		计	一年级	二年级	三年级
总计	**2 793 710**	**452 785**	**172 531**	**134 610**	**145 644**
华北地区					
北京市	52 801	430			430
天津市	22 207	403	210	134	59
河北省	134 950	37 200	10 845	10 868	15 487
山西省	87 340	26 061	9 303	7 275	9 483
内蒙古自治区	113 437	53 517	20 053	16 456	17 008
东北地区					
辽宁省	146 140	8 018	4 254	2 688	1 076
吉林省	164 283	25 317	10 346	7 631	7 340
黑龙江省	147 779	3 634	1 275	818	1 541
华东地区					
上海市	36 884				
江苏省	162 330	1 397	233	573	591
浙江省	90 157	3 642	1 478	1 038	1 126
安徽省	152 284	72 904	27 309	23 878	21 717
福建省	72 401	5 977	3 178	1 888	911
江西省	104 395	23 415	9 168	7 586	6 661
山东省	210 595	8 670	4 442	2 261	1 967
中南地区					
河南省	119 414	19 006	7 180	6 016	5 810
湖北省	136 871	36 558	12 327	11 888	12 343
湖南省	107 951	20 888	11 051	4 034	5 803
广东省	207 127	10 752	4 072	3 460	3 220
广西壮族自治区	55 011	15 330	6 611	4 685	4 034
海南省	13 656	1 489	540	530	419
西南地区					
四川省	161 015	23 773	11 233	6 766	5 774
贵州省	45 160	25 276	8 691	7 308	9 277
云南省	60 376	16 748	3 853	3 672	9 223
西藏自治区					
西北地区					
陕西省	60 185	2 254	937	654	663
甘肃省	50 260	4 347	1 750	1 170	1 427
青海省	8 713	1 622	328	155	1 139
宁夏回族自治区	12 808	1 589	596	532	461
新疆维吾尔自治区	57 180	2 568	1 268	646	654

预计毕业生数（总计）

单位：人

学生数							一九八九年预计毕业生数	
高中								
计	二年制		三年制			四年制	初中	高中
	一年级	二年级	一年级	二年级	三年级			
2 340 925	**237 957**	**172 358**	**760 734**	**613 069**	**529 532**	**27 275**	**151 400**	**720 425**
52 371	3 125	1 689	14 375	16 526	8 599	8 075	430	12 220
21 804	771	410	7 699	4 238	4 355	4 331	59	5 582
97 750	4 414	2 707	33 213	29 805	27 550	61	15 487	30 267
61 279	10 872	5 138	18 878	15 240	10 131	1 020	9 483	15 619
59 920	4 813	3 526	21 634	15 782	13 938	227	17 008	17 594
138 122	6 299	5 063	48 625	38 923	37 741	1 471	1 076	42 954
138 966	30 330	22 844	26 057	29 791	27 252	2 692	7 340	50 573
144 145	16 325	12 326	41 826	37 014	35 786	868	1 506	48 559
36 884	8 644	2 966	8 223	7 089	7 257	2 705		16 635
160 933	11 523	11 238	49 806	41 793	46 024	549	591	57 262
86 515	17 637	14 237	20 538	17 876	16 207	20	1 126	32 036
79 380	7 856	5 824	25 519	21 131	19 050		21 717	24 989
66 424	18 186	11 936	14 802	11 202	9 481	817	833	21 499
80 980	11 020	8 097	26 690	19 140	16 033		6 661	23 766
201 925	17 078	8 856	74 898	55 637	44 974	482	1 967	56 656
100 408	2 963	3 422	38 820	29 031	26 172		5 810	29 594
100 313	7 252	7 527	31 036	27 759	26 510	229	12 343	34 135
87 063	2 678	1 995	39 778	22 948	19 664		12 366	22 452
196 375	18 139	17 912	71 220	53 569	35 295	240	3 220	53 263
39 681	1 716	771	14 128	11 164	9 923	1 979	3 610	10 884
12 167	716	667	4 682	3 796	2 306		419	2 973
137 242	2 443	3 356	54 776	43 029	33 638		5 774	36 994
19 884	2 649	612	6 884	5 038	4 701		9 277	5 313
43 628	5 501	4 529	14 122	10 588	8 508	380	9 157	13 076
57 931	11 934	7 884	14 371	12 287	10 701	754	519	18 653
45 913	4 509	3 097	15 370	12 232	10 705		1 367	13 591
7 091	3 005	691	964	1 061	1 296	74	1 139	3 854
11 219	790	366	4 138	3 166	2 759		461	3 209
54 612	4 769	2 672	17 662	16 214	12 976	319	654	16 223

农业、职业中学在校学生数、

	在	校			
	合计	初中			
		计	一年级	二年级	三年级
总计	**915 551**	**13 660**	**4 566**	**4 747**	**4 347**
华北地区					
北京市	42 418	132			132
天津市	16 611	235	135	63	37
河北省	45 644	928	314	300	314
山西省	25 832	819	385	250	184
内蒙古自治区	26 790	465	65	222	178
东北地区					
辽宁省	85 361	226	71	40	115
吉林省	58 800	2 040	649	702	689
黑龙江省	58 674	160	94	30	36
华南地区					
上海市	23 818				
江苏省	56 415	19	19		
浙江省	24 780				
安徽省	32 014	369	60	184	125
福建省	20 535	246	34	175	37
江西省	22 772				
山东省	71 754	598	272	208	118
中南地区					
河南省	38 448	1 532	282	584	666
湖北省	39 531	2 376	675	868	833
湖南省	30 040	201	42	38	121
广东省	56 306	1 588	685	517	886
广西壮族自治区	15 333	311	108	138	65
海南省	1 867				
西南地区					
四川省	37 963	159	26	56	77
贵州省	4 536	125	50	75	
云南省	11 337	556	164	198	194
西藏自治区					
西北地区					
陕西省	23 717	182	142		40
甘肃省	16 019	264	264		
青海省	2 677				
宁夏回族自治区	4 219	54	30	24	
新疆维吾尔自治区	21 340	75		75	

预计毕业生数（城市）

单位：人

学生数							一九八九年预计毕业生数	
	高中							
计	二年制		三年制			四年制	初中	高中
	一年级	二年级	一年级	二年级	三年级			
901 891	**54 045**	**41 511**	**302 836**	**251 783**	**232 198**	**19 518**	**4 322**	**279 891**
42 286	2 315	828	10 818	13 379	6 975	7 971	132	9 735
16 376	250	97	5 918	2 971	2 809	4 331	37	3 759
44 716	1 127	761	14 989	14 581	13 197	61	314	13 968
25 013	1 412	1 059	10 174	7 671	4 616	81	184	5 675
26 325	2 265	1 961	8 971	6 756	6 145	227	178	8 236
85 135	929	1 228	31 216	25 476	25 010	1 276	115	26 388
56 760	4 388	3 353	15 244	17 465	16 218	92	689	19 602
58 514	7 368	4 553	17 655	14 705	14 152	81	36	18 703
23 818	2 829	1 969	5 776	5 042	5 497	2 705		9 443
56 396	1 419	1 417	18 640	15 754	19 081	85		20 498
24 780	3 356	2 750	7 227	5 605	5 842			8 786
31 645	2 604	2 100	10 222	8 122	8 597		125	10 777
20 289	3 071	1 480	7 043	4 894	3 801		37	5 281
22 772	2 220	869	7 383	6 566	5 734			6 578
71 156	4 454	3 079	26 697	19 658	17 016	252	118	20 409
36 916	1 364	1 895	13 263	10 744	9 650		666	11 545
37 155	2 034	2 513	11 624	9 504	11 480		833	13 993
29 839	805	819	13 225	8 386	6 604		121	7 527
54 718	1 441	1 724	20 892	17 495	13 166		386	14 890
15 022	308	48	4 371	4 002	4 314	1 979	65	4 721
1 867			866	586	415			415
37 804	752	796	14 281	11 854	10 121		77	10 917
4 411	181	66	1 564	1 251	1 349			1 415
10 781	1 237	1 386	3 463	2 345	2 330	20	169	3 725
23 535	2 485	2 054	7 257	5 278	6 283	178	40	8 337
15 755	743	886	5 358	4 296	4 472			5 358
2 677	639	333	522	512	671			1 004
4 165	303	169	1 388	1 177	1 128			1 381
21 265	1 746	1 318	6 789	5 708	5 525	179		6 825

农业、职业中学在校学生数、

	在校				
	合计	初中			
		计	一年级	二年级	三年级
总计	**688 611**	**47 240**	**17 944**	**13 627**	**15 669**
华北地区					
北京市	4 453				
天津市	2 070				
河北省	37 079	6 990	2 001	1 857	3 132
山西省	18 218	3 142	1 124	810	1 208
内蒙古自治区	28 794	5 153	2 530	1 443	1 180
东北地区					
辽宁省	32 560	160	80	40	40
吉林省	62 000	9 774	3 655	2 796	3 323
黑龙江省	56 623	1 420	511	396	540
华东地区					
上海市	3 745				
江苏省	46 825				
浙江省	42 198	191	134		57
安徽省	19 272	3 233	1 062	1 041	1 130
福建省	25 894	1 341	715	536	90
江西省	21 154	1 101	485	387	229
山东省	31 898	623	343	112	168
中南地区					
河南省	13 439	1 017	334	303	380
湖北省	23 810	1 618	375	646	597
湖南省	37 872	2 353	1 029	694	630
广东省	39 935	456	164	151	141
广西壮族自治区	16 690	1 598	758	408	432
海南省	1 540				
西南地区					
四川省	54 419	2 262	1 096	655	511
贵州省	13 850	1 234	498	377	359
云南省	20 175	2 101	501	595	1 005
西藏自治区					
西北地区					
陕西省	12 995	441	207	111	123
甘肃省	7 228	184	113	62	9
青海省	2 921	205			205
宁夏回族自治区	4 601	225	100	96	29
新疆维吾尔自治区	6 353	418	129	138	151

预计毕业生数（县镇）

单位：人

学生数							一九八九年预计毕业生数	
高中								
计	二年制		三年制			四年制	初中	高中
	一年级	二年级	一年级	二年级	三年级			
64 1371	**74 814**	**52 021**	**207 257**	**165 291**	**138 439**	**3 549**	**15 623**	**192 976**
4 453	238	198	1 515	1 362	1 054	86		1 252
2 070		73	798	513	686			579
30 089	1 857	1 085	10 128	8 757	8 262		3 132	9 347
15 076	2 796	1 188	3 985	4 027	2 689	391	1 208	3 977
32 641	1 638	520	8 743	6 715	6 025		1 180	6 545
32 400	630	228	12 010	9 918	9 469	145	40	9 697
52 226	12 729	8 570	9 224	10 550	9 450	1 703	3 323	18 216
55 203	6 187	5 343	15 777	14 483	13 262	151	540	18 603
3 745	1 541	165	750	703	586			1 958
46 825	3 639	4 687	14 062	11 718	12 306	413		16 993
42 007	8 027	6 706	10 172	9 179	7 903	20	57	15 139
16 039	1 968	1 496	4 889	3 956	3 730		1 130	5 226
24 553	7 042	4 863	4 726	3 975	3 712	235	90	8 575
20 053	3 128	2 779	6 895	3 922	3 329		229	1 929
31 275	1 255	569	12 652	10 024	6 775		168	7 446
12 422	813	219	5 294	3 429	2 667		380	2 886
22 192	2 518	2 104	6 653	5 784	5 052	81	597	7 156
35 519	1 302	732	16 900	9 332	7 253		720	7 985
39 479	3 157	3 204	14 754	11 538	6 626	200	141	9 886
15 092	883	475	5 955	4 305	3 474		296	3 788
1 540	40	33	712	432	323			356
52 157	1 312	497	21 519	16 258	12 571		511	13 068
12 616	2 225	475	4 060	2 935	2 921		359	3 396
18 074	3 059	1 889	5 758	4 129	3 239		1 005	5 122
12 554	3 646	2 308	2 138	2 718	1 694	50	123	4 002
7 044	962	697	2 717	1 754	914		9	1 575
2 716	1 000	302	318	429	593	74	205	1 451
4 376	472	171	1 624	1 179	930		29	1 101
5 935	750	445	2 529	1 267	944		151	1 542

农业、职业中学在校学生数、

	在		校		
	合计	初		中	
		计	一年级	二年级	三年级
总计	**1 189 548**	**391 885**	**150 021**	**116 236**	**125 628**
华北地区					
北京市	5 930	298			298
天津市	3 526	168	75	71	22
河北省	52 227	29 282	8 530	8 711	12 041
山西省	43 290	22 100	7 794	6 215	8 091
内蒙古自治区	57 853	47 899	17 458	14 791	15 650
东北地区					
辽宁省	28 219	7 632	4 103	2 608	921
吉林省	43 483	13 503	6 042	4 133	3 328
黑龙江省	32 482	2 054	670	419	965
华东地区					
上海市	9 321				
江苏省	59 090	1 378	214	573	591
浙江省	23 179	3 451	1 344	1 038	1 069
安徽省	100 998	69 302	26 187	22 653	20 462
福建省	25 972	4 390	2 429	1 177	784
江西省	60 469	22 314	8 683	7 199	6 432
山东省	106943	7 449	3 827	1 941	1 681
中南地区					
河南省	67 527	16 457	6 564	5 129	4 764
湖北省	73 530	32 564	11 277	10 374	10 913
湖南省	40 039	18 334	9 980	3 302	5 052
广东省	110 886	8 708	3 223	2 792	2 693
广西壮族自治区	22 988	13 421	5 745	4 139	3 537
海南省	10 249	1 489	540	530	419
西南地区					
四川省	68 633	21 352	10 111	6 055	5 186
贵州省	26 774	23 917	8 143	6 856	8 918
云南省	28 864	14 091	3 188	2 879	8 024
西藏自治区					
西北地区					
陕西省	23 473	1 631	588	543	500
甘肃省	27 013	3 899	1 373	1 108	1 418
青海省	3 115	1 417	328	155	934
宁夏回族自治区	3 988	1 310	466	412	432
新疆维吾尔自治区	29 487	2 075	1 139	433	503

预计毕业生数（农村）

单位：人

学生数							一九八九年预计毕业生数	
高中								
计	二年制		三年制			四年制	初中	高中
	一年级	二年级	一年级	二年级	三年级			
797 663	**109 098**	**78 826**	**250 641**	**195 995**	**158 895**	**4208**	**131 455**	**247 558**
5 632	572	663	2 042	1 785	570		298	1 233
3 358	521	240	983	754	860		22	1 064
22 945	1 430	861	8 096	6 467	6 091		12 041	6 952
21 190	6 664	2 891	4 719	3 542	2 826	548	8 091	5 967
9 954	910	1 045	3 920	2 311	1 768		15 650	2 813
20 587	4 740	3 607	5 399	3 529	3 262	50	921	6 869
29 980	13 213	10 921	1 589	1 776	1 584	897	3 328	12 755
30 428	2 770	2 430	8 394	7826	8 372	636	930	11 253
9 321	4 274	832	1 697	1 344	1 174			5 234
57 712	6 465	5 134	17 104	14 321	14 637	51	591	19 771
19 728	6 254	4 781	3 139	3 092	2 462		1 069	8 111
31 696	3 284	2 228	10 408	9 053	6 723		20 462	8 986
21 582	8 073	5 593	3 033	2 333	1 968	582	706	7 643
38 155	5 672	4 449	12 412	8 652	6 970		6 432	11 259
99 494	11 369	5 208	35 549	25 955	21 183	230	1 681	28 801
51 070	786	1 308	20 263	14 858	13 855		4 764	15 163
40 966	2 700	2 910	12 759	12 471	9 978	148	10 913	12 986
21 705	571	444	9 653	5 230	5 807		11 525	6 940
102 178	13 541	12 984	35 574	24 536	15 503	40	2 693	28 487
9 567	525	248	3 802	2 857	2 135		3 249	2 375
8 760	676	634	3 104	2 778	1 568		419	2 202
47 281	379	2 063	18 976	14 917	10 946		5 186	13 009
2 857	243	71	1 260	852	431		8 918	502
14 773	1 205	1 254	4 901	4 114	2 939	360	7 983	4 229
21 842	5 803	3 522	4 976	4 291	2 724	526	356	6 314
23 114	2 804	1 514	7 295	6 182	5 319		1 358	6 658
1 698	1 366	56	124	120	32		934	1 399
2 678	15	26	1 126	810	701		432	727
27 412	2 273	909	8 344	9 239	6 507	140	503	7 856

农业、职业中学学

	在校				
	合 计	初中			
		计	一年级	二年级	三年级
总　　计	**1 223 132**	**171 893**	**66 567**	**50 493**	**54 833**
华北地区					
北京市	28 154	215			215
天津市	12 437	222	114	68	40
河北省	63 332	14 949	4 772	4 168	6 009
山西省	43 125	12 138	4 377	3 309	4 452
内蒙古自治区	54 936	23 364	8 610	7 333	7 421
东北地区					
辽宁省	78 261	3 291	1 742	1 147	402
吉林省	78 412	11 611	4 742	3 538	3 331
黑龙江省	78 762	1 736	651	382	703
华东地区					
上海市	16 962				
江苏省	65 414	585	115	245	225
浙江省	39 666	1 425	600	397	428
安徽省	52 626	20 892	8147	6 759	5 986
福建省	31 705	2 214	1234	628	352
江西省	35 818	7 590	3137	2 425	2 028
山东省	87 940	3 122	1622	773	727
中南地区					
河南省	50 189	7 490	2 632	2 523	2 335
湖北省	53 185	13 849	4 773	4 506	4 570
湖南省	45 227	8 189	4 164	1 424	2 601
广东省	79 311	4 135	1 648	1 328	1 159
广西壮族自治区	22 040	5 032	2 163	1 527	1 342
海南省	5 543	754	277	266	211
西南地区					
四川省	71 378	9 754	4 736	2 823	2 195
贵州省	16 440	8 103	2 853	2 370	2 880
云南省	26 076	6 256	1 404	1 363	3 489
西藏自治区					
西北地区					
陕西省	28 120	1 002	362	294	346
甘肃省	18 772	1 703	841	399	463
青海省	4 459	573	123	62	388
宁夏回族自治区	5 894	546	226	161	159
新疆维吾尔自治区	28 948	1 153	502	275	376

生总数中女学生数

单位：人

学生数							一九八九年预计毕业生数	
高中								
计	二年制		三年制			四年制	初中	高中
	一年级	二年级	一年级	二年级	三年级			
1 051 240	**99 450**	**73 394**	**334313**	**280 338**	**248 154**	**15 591**	**57 063**	**327 720**
27 939	1 433	855	7 666	8 480	4 576	4 929	215	6 683
12 215	223	117	4 262	2 302	2 316	2 995	40	2 866
48 383	1 963	1 301	1 6490	15 066	13 515	48	6 009	14 066
30 987	4 539	2 312	9 838	8 264	5 560	474	4 452	7 978
31 572	2 526	1 909	10 689	8 492	7 840	116	7 421	9 788
74 970	2 635	2 314	26 240	21 579	21 329	873	402	23 693
66 801	13 295	9 653	13 016	15 109	14 658	1 070	3 331	24 530
77 026	7 414	6 141	22 320	20 171	20 509	471	682	26 874
16 962	4 103	1 231	3 544	3 182	3 222	1 680		8 036
64 829	4 613	4 571	19 080	17 508	18 880	177	225	23 451
38 241	7 528	6 148	9 066	7 761	7 728	10	428	14 837
31 734	2 787	2 247	10 099	8 437	8 164		5 986	10 108
29 491	6 796	4 769	6 927	5 672	5 037	290	329	10 215
28 228	3 856	2 954	9 019	6 551	5 848		2 028	8 686
84 818	7 103	4 177	30 665	23 332	19 403	138	727	24 220
42 699	1 334	1 568	16 262	12 740	10 795		2 335	12 363
39 336	2 796	2 661	12 359	10 874	10 590	56	4 570	13 268
37 038	1 351	950	15 584	10 141	9 012		4 999	10 320
75 176	6 814	6 475	26 907	20 726	14 140	117	1 159	20 651
17 008	534	291	5 914	4 780	4 164	1 325	1 271	4 803
4 789	255	274	1 772	1 554	934		211	1 208
61 624	1 284	1 450	23 889	19 600	15 401		2 195	15 851
8 337	1 007	306	2 768	2 154	2 102		2 880	2 408
19 820	2 428	2 138	6 236	4 948	3 561	209	3 472	5 229
27 119	5 094	3 646	6 674	5 830	5 426	449	245	9 091
17 069	1 594	1 074	5 654	4 611	4 136		528	5 000
3 886	1 459	388	607	579	816	37	388	2 067
5 348	397	233	1 823	1 524	1 371		159	1 478
27 795	2 289	1 241	8 946	8 371	6 821	127	376	7 952

农业、职业中学

	教职工				
	合计	专任教师			行政人员
		计	初中	高中	
总计	**307 690**	**202 820**	**25 639**	**177 181**	**54 044**
华北地区					
北京市	8 188	5 161	1	5 160	2 134
天津市	3 445	2 526	72	2 454	629
河北省	16 287	11 117	2 250	8 867	2 549
山西省	9 642	6 357	1 717	4 640	1 536
内蒙古自治区	13 038	8 915	3 305	5 610	1 748
东北地区					
辽宁省	20 998	13 195	474	12 721	4 094
吉林省	15 486	10 205	1 406	8 799	2 969
黑龙江省	19 934	12 536	231	12 305	3 581
华东地区					
上海市	6 142	3 642		3 642	1 572
江苏省	16 624	11 234	112	11 122	2 434
浙江省	8 385	5 857	128	5 729	1 468
安徽省	12 424	8 675	3 707	4 968	2 161
福建省	7 972	5 275	232	5 043	1 768
江西省	11 789	6 792	1 083	5 709	1 115
山东省	27 565	17 404	925	16 479	5 640
中南地区					
河南省	12 368	8 796	1 174	7 622	2 012
湖北省	17 013	11 596	2 565	9 031	2 227
湖南省	10 697	7 442	1 069	6 373	1 634
广东省	15 802	11 951	611	11 340	2 281
广西壮族自治区	6 021	3 984	951	3 033	1 059
海南省	1 278	780	83	697	196
西南地区					
四川省	21 092	12 572	1 076	11 496	4 550
贵州省	4 020	2 806	1 238	1 568	664
云南省	4 492	2 924	636	2 288	730
西藏自治区					
西北地区					
陕西省	7 433	4 513	129	4 384	1 896
甘肃省	4 615	3 066	247	2 819	737
青海省	649	477	30	447	90
宁夏回族自治区	960	703	88	615	134
新疆维吾尔自治区	3 331	2 319	99	2 220	436

教 职 工 数（总 计）

单位：人

数					
工勤人员	校办工厂·农场职工		代课教师	临时工	兼任教师
	计	其中：由厂、场收入支付工资的职工			
34 689	**16 137**	**10 184**	**10 353**	**13 577**	**19 401**
549	344	151	236	567	162
228	62	14	52	73	174
1 875	746	453	441	1 530	282
1 191	558	486	601	667	718
1 899	476	296	182	122	251
1 807	1 902	1 574	452	834	1 954
1 350	962	819	630	256	1 250
3 126	691	470	384	412	402
503	425		41	130	360
1 815	1 141	820	515	761	1 436
641	419	260	556	726	1 771
1 260	328	149	739	833	784
684	245	186	308	143	715
1 299	2 583	2 092	318	612	614
3 594	927	274	262	1 405	677
1 177	383	257	585	424	534
2 237	953	559	304	324	328
1 136	485	226	458	515	1 119
1 322	248	72	392	363	490
811	167	82	177	219	224
282	20	20	20	55	11
2 937	1 033	333	1169	677	1 628
423	127	81	352	344	305
722	116	63	265	692	935
683	341	145	440	505	958
585	227	89	106	234	312
66	16	14	46	49	54
85	38	36	33	52	15
402	174	163	289	53	938

农业、职业中学

	教	职			工
	合计	专任教师			行政人员
		计	初中	高中	
总计	**115 230**	**73 852**	**1 193**	**72 659**	**23 500**
华北地区					
北京市	7 084	4 528		4 528	1 821
天津市	2 401	1 803		1 803	415
河北省	5 279	3 778	55	3 723	856
山西省	3 136	1 987	91	1 896	627
内蒙古自治区	3 708	2 519	90	2 429	612
东北地区					
辽宁省	13 774	8 405	29	8 376	2 583
吉林省	7 135	4 352	254	4 098	1 483
黑龙江省	8 186	5 260	45	5 215	1 587
华南地区					
上海市	4 781	2 873		2 873	1 290
江苏省	6 809	4 446	22	4 424	1 226
浙江省	2 650	1 713		1 713	501
安徽省	2 861	1 854	35	1 819	636
福建省	2 427	1 489	12	1 477	586
江西省	2 113	1 516		1 516	301
山东省	8 810	5 154	66	5 088	2 255
中南地区					
河南省	4 276	3 042	89	2 953	837
湖北省	6 423	4 191	203	3 988	1 117
湖南省	3 478	2 187	16	2 171	677
广东省	4 604	3 367	103	3 264	768
广西壮族自治区	1 479	993	12	981	307
海南省	155	114		114	24
西南地区					
四川省	6 579	3 553	7	3 546	1 549
贵州省	438	328	26	302	72
云南省	781	534	33	501	145
西藏自治区					
西北地区					
陕西省	2 801	1 729		1 729	740
甘肃省	1 497	951		951	276
青海省	219	183		183	24
宁夏回族自治区	350	238	2	236	35
新疆维吾尔自治区	996	765	3	762	150

教职工数（城市）

单位：人

工 数					
工勤人员	校办工厂、农场职工 计	校办工厂、农场职工 其中：由厂、场收入支付工资的职工	代课教师	临时工	兼任教师
9 768	**8 110**	**5 046**	**2 526**	**2 902**	**9 536**
461	274	144	144	264	114
125	58	14	15	11	144
483	162	85	90	171	103
333	189	165	110	102	191
214	363	212	73	28	158
1 134	1 652	1 395	194	387	1 425
531	769	689	76	93	565
871	468	329	96	127	194
388	230		13	65	249
503	634	467	166	180	618
218	218	138	67	226	843
254	117	62	145	98	454
147	205	184	22	25	139
158	138	122	64	42	213
873	528	129	89	203	347
284	113	83	88	109	230
724	391	226	109	87	208
317	297	197	77	112	391
306	163	44	116	105	231
151	28	8	15	38	74
14	3	3	5		1
717	760	238	146	142	782
32	6		118	34	47
73	29		108	47	339
197	135	17	179	161	730
139	131	49	34	39	231
12			31	2	14
41	36	36	17	3	
68	13	10	119	1	501

农业、职业中学

	教职工				
	合计	专任教师			行政人员
		计	初中	高中	
总计	**76 693**	**49 417**	**2 743**	**46 674**	**14 005**
华北地区					
北京市	392	247		247	92
天津市	392	256	29	227	84
河北省	5 696	3 598	465	3 133	966
山西省	2 058	1 382	203	1 179	343
内蒙古自治区	3 757	2 468	282	2 186	610
东北地区					
辽宁省	4 393	2 805	4	2 801	991
吉林省	6 018	3 958	484	3 474	1 179
黑龙江省	7 783	4 929	75	4 854	1 507
华东地区					
上海市	549	237		237	128
江苏省	4 073	2 745		2 745	553
浙江省	3 619	2 526	10	2 516	653
安徽省	1 832	1 157	198	959	375
福建省	2 886	2 003	39	1 964	607
江西省	2 573	1 455	58	1 397	183
山东省	3 532	2 232	21	2 211	674
中南地区					
河南省	1 294	924	84	840	229
湖北省	2 869	1 888	127	1 761	360
湖南省	3 308	2 336	147	2 189	477
广东省	2 828	2 067	29	2 038	465
广西壮族自治区	2 192	1 362	115	1 247	401
海南省	142	74		74	20
西南地区					
四川省	7 127	4 311	115	4 196	1 573
贵州省	1 934	1 139	75	1 064	404
云南省	1 681	1 002	83	919	291
西藏自治区					
西北地区					
陕西省	1 829	1 044	30	1 014	488
甘肃省	718	434	7	427	149
青海省	322	202	7	195	56
宁夏回族自治区	447	335	26	309	80
新疆维吾尔自治区	449	301	30	271	67

教职工数（县镇）

单位：人

数			代课教师	临时工	兼任教师
工勤人员	校办工厂、农场职工				
	计	其中：由厂、场收入支付工资的职工			
10 123	**3 148**	**2 017**	**2 573**	**4 357**	**5 757**
35	18		16	56	23
50	2		8	36	2
734	398	278	163	674	116
298	35	25	130	179	353
636	43	24	47	44	82
461	136	111	160	281	319
712	169	110	302	123	498
1 224	123	73	184	274	125
36	148		20	16	42
559	216	168	95	210	427
274	166	115	194	281	704
220	80	35	55	181	201
258	18	2	87	57	263
380	555	516	54	138	197
537	89	42	26	204	164
130	11	1	39	35	148
386	235	146	83	114	81
388	107	14	96	289	421
271	25	12	37	58	104
363	66	29	59	90	124
48				9	
1 057	186	89	427	310	572
294	97	65	99	191	206
321	67	48	45	261	323
191	106	72	95	111	136
126	9	2	19	22	53
48	16	14	12	39	26
32			4	40	6
54	27	26	26	34	41

农业、职业中学

	教	职			工
	合计	专任教师			行政人员
		计	初中	高中	
总计	**115 767**	**79 551**	**21 703**	**57 848**	**16 539**
华北地区					
北京市	712	386	1	385	221
天津市	652	467	43	424	130
河北省	5 312	3 741	1 730	2 011	727
山西省	4 448	2 988	1 423	1 565	566
内蒙古自治区	5 573	3 928	2 933	995	526
华北地区					
辽宁省	2 831	1 985	441	1 544	520
吉林省	2 333	1 895	668	1 227	307
黑龙江省	3 965	2 347	111	2 236	487
东南地区					
上海市	812	532		532	154
江苏省	5 742	4 043	90	3 953	655
浙江省	2 116	1 618	118	1 500	314
安徽省	7 731	5 664	3 474	2 190	1 150
福建省	2 659	1 783	181	1 602	575
江西省	7 103	3 821	1 025	2 796	631
山东省	15 223	10 018	838	9 180	2 711
中南地区					
河南省	6 798	4 830	1 001	3 829	946
湖北省	7 721	5 517	2 235	3 282	750
湖南省	3 911	2 919	906	2 013	480
广东省	8 370	6 517	479	6 038	1 048
广西壮族自治区	2 350	16 29	824	805	351
海南省	981	592	83	509	152
西南地区					
四川省	7 386	4 708	954	3 754	1 428
贵州省	1 648	1 339	1 137	202	188
云南省	2 030	1 388	520	868	294
西藏自治区					
西北地区					
陕西省	2 803	1 740	99	1 641	668
甘肃省	2 400	1 681	240	1 441	312
青海省	108	92	23	69	10
宁夏回族自治区	163	130	60	70	19
新疆维吾尔自治区	1 886	1 253	66	1 187	219

教职工数（农村）

单位：人

数 工勤人员	校办工厂、农场职工 计	其中：由厂、场收入支付工资的职工	代课教师	临时工	兼任教师
14 798	**4 879**	**3 121**	**5 254**	**6 318**	**4 108**
53	52	7	76	247	25
53	2		29	26	28
658	186	90	188	685	63
560	334	296	361	386	174
1 049	70	60	62	50	11
212	114	68	98	166	210
107	24	20	252	40	187
1 031	100	68	104	11	83
79	47		8	49	69
753	291	185	254	371	391
149	35	7	295	219	224
786	131	52	539	554	129
279	22		199	61	313
761	1 890	1 454	209	432	204
2 184	310	103	147	998	166
763	259	173	458	280	156
1 127	327	187	112	123	39
431	81	15	285	114	307
745	60	16	239	200	155
297	73	45	103	91	26
220	17	17	15	46	10
1 163	87	6	596	225	274
97	24	16	135	119	52
328	20	15	112	384	273
295	100	56	166	233	92
320	87	38	53	173	28
6			3	8	14
12	2		12	9	9
280	134	127	144	18	396

农业、职业中学教职

	教	职			工
	合计	专任教师			行政人员
		计	初中	高中	
总计	**89 863**	**59 448**	**5 408**	**54 040**	**14 035**
华北地区					
北京市	4 883	3 252	1	3 251	1 204
天津市	1 633	1 258	37	1 221	270
河北省	5 046	3 963	665	3 298	487
山西省	2 752	2 046	426	1 620	299
内蒙古自治区	3 780	2 730	719	2 011	390
东北地区					
辽宁省	9 507	6 440	138	6 302	1 492
吉林省	5 969	4 259	452	3 807	866
黑龙江省	8 354	5 562	72	5 490	1 183
华东地区					
上海市	2 773	1 573		1 573	739
江苏省	3 879	2 397	11	2 386	559
浙江省	2 122	1 354	19	1 335	349
安徽省	2 251	1 473	508	965	376
福建省	1 942	1 205	34	1 171	376
江西省	2 252	972	147	825	146
山东省	6 645	4 376	175	4 201	1 307
中南地区					
河南省	2 590	1 955	240	1 715	341
湖北省	4 008	2 492	514	1 978	480
湖南省	2 700	1 803	185	1 618	356
广东省	3 319	2 225	109	2 116	463
广西壮族自治区	1 265	693	140	553	240
海南省	228	87	23	64	20
西南地区					
四川省	5 743	3 254	273	2 981	1 258
贵州省	785	532	194	338	94
云南省	1 240	701	170	531	156
西藏自治区					
西北地区					
陕西省	1 822	1 213	29	1 184	361
甘肃省	580	551	42	509	85
青海省	206	153	13	140	23
宁夏回族自治区	307	220	27	193	24
新疆维吾尔自治区	1 012	709	45	664	91

工总数中女教职工数

单位：人

数			代课	临时工	兼任
工勤人员	校办工厂、农场职工		教师		教师
	计	其中：由厂、场收入支付工资的职工			
10 709	**5 680**	**3 990**	**2 386**	**3 179**	**2 897**
272	155	69	82	176	67
85	20	8	8	1	19
401	195	101	121	159	31
260	147	125	187	99	64
555	105	44	63	43	38
688	887	793	99	195	432
382	462	400	194	66	339
1 338	271	209	127	155	123
257	204		16	43	41
496	427	366	78	109	106
244	175	131	140	241	254
321	81	39	135	229	74
253	108	101	66	26	79
314	820	692	43	132	65
736	226	86	23	128	75
188	106	87	77	43	25
685	351	205	49	93	16
373	168	113	95	148	134
569	62	30	62	168	57
310	31	17	34	74	15
115	6	6	5	29	
896	335	163	313	194	323
145	14	11	77	136	42
343	40	1	83	322	123
156	92	63	98	79	198
118	96	38	8	58	27
26	4	4	8	15	8
33	30	28	13	10	3
150	62	60	82	11	119

小学校数、班数、招生

	学校数（所）	教学点数（个）	班数		
			计	一年级	二年级
总计	**793 261**	**159 766**	**3 987 503**	**749 170**	**658 090**
华北地区					
北京市	3 793	26	27 699	5 685	4 872
天津市	3 277	1	23 228	4 276	3 667
河北省	48 619	3 693	207 308	36 893	30 831
山西省	42 551	1 481	122 654	15 898	13 875
内蒙古自治区	15 010	9 347	92 958	16 020	14 508
东北地区					
辽宁省	15 732	3 448	130 568	22 563	21 627
吉林省	10 884	3 992	95 991	16 448	16 331
黑龙江省	17 278	7 407	140 364	24 798	22 430
华东地区					
上海市	2 839	60	26 838	5 966	4 612
江苏省	32 433	1 020	181 715	31 262	28 527
浙江省	33 570	263	112 174	15 287	13 117
安徽省	35 781	65 52	186 327	41 573	34 069
福建省	24 834	6 173	123 120	23 233	20 374
江西省	33 583	8 056	145 214	27 032	24 020
山东省	63 006	4 513	276 751	55 572	50 203
中南地区					
河南省	44 379	12 657	273 486	59 275	52 937
湖北省	33 132	6 513	191 001	36 711	32 729
湖南省	49 742	3 169	219 750	38 878	35 596
广东省	24 611	12 524	208 673	42 319	38 423
广西壮族自治区	15 547	40 473	178 533	33 853	28 955
海南省	4 781	1 773	30 323	8 081	6 511
西南地区					
四川省	79 119	3 441	336 754	56 327	49 534
贵州省	23 310	12 207	138 908	30 923	26 465
云南省	55 154	1 566	164 550	29 748	25 773
西藏自治区	2 453		6 899	3 133	1 932
西北地区					
陕西省	37 502	2 218	140 335	22 997	19 433
甘肃省	24 809	200	96 976	21 064	16 841
青海省	3 709	624	17 693	3 704	2 868
宁夏回族自治区	4 226	646	22 261	5 032	4 141
新疆维吾尔自治区	7 597	5 723	68 452	14 619	12 889

数、毕业生数（总计）

数（个）					毕业生数	招生数
三年级	四年级	五年级	六年级	复式班	（人）	（人）
656 346	**636 638**	615 509	**274 539**	**397 211**	**19 303 408**	**21 232 824**
4 886	4 198	3 435	3 302	1 321	105 948	184 516
3 642	3 700	3 222	3 128	1 593	106 120	143 603
30 609	30 427	28 583	16 579	33 386	781 377	1 209 753
14 328	15 901	18 508	1 503	42 641	588 644	550 894
14 507	14 649	15 379	2 055	15 840	412 858	438 894
22 589	21 493	20 150	19 847	2 299	637 753	674 101
16 251	15 408	14 985	14 570	1 998	456 056	432 585
22 320	21 840	21 554	18 240	9 182	729 204	663 536
4 489	4 200	3 909	3 601	61	122 526	220 796
30 382	30 216	29 686	15 845	15 797	1 047 583	1 030 985
15 792	16 174	18 246	5 106	28 452	585 399	631 925
32 800	31460	30 734	2 111	13 580	1 041 613	1 073 583
21 863	20 119	18 190	4 895	14 446	515 953	493 204
25 637	25 676	25 091	52	17 706	889 376	789 119
49 884	47 499	43 896	5 152	24 545	1 544 668	1 565 748
51 530	50 544	48 157	2 544	8 499	1 674 480	1 815 298
33 073	32 235	30 675	14 572	11 006	836 566	1 056 010
35 599	35 243	29 967	26 291	18 176	995 562	1 178 910
36 162	33 536	31 953	18 423	7 857	916 060	1 243 156
28 222	26 466	25 258	5 040	30 739	722 689	935 020
5 579	4 769	4 220	530	633	110 901	169 806
51 216	52 211	58 227	58 748	10 491	2 204 284	1 622 522
24 052	21 339	18 580	9 152	8 397	463 878	831 031
24 897	24 054	21 270	9 061	29 747	612 214	788 411
958	397	337	142	5	8 300	38 700
19 725	19 965	19 609	7 924	30 682	436 413	570 679
15 948	14 574	14 002	2 494	12 053	330 544	401 553
2 848	2 573	2 592	495	2 613	60 013	83 037
2 802	3 484	3 229	941	1 632	77 833	111 418
12 761	12 288	11 865	2 196	1 834	288 594	334 031

小学学校数、班数、招生

	学校数 （所）	教学点数 （个）	班 计	 一年级	 二年级
总　计	**26 841**	**2 360**	**303 389**	**57 539**	**51 100**
华北地区					
北　京　市	690	5	11 028	2 525	2 034
天　津　市	486		7 654	1 653	1 329
河　北　省	1 849	85	18 048	3 494	3 146
山　西　省	663	234	8 126	1 517	1 399
内蒙古自治区	563	25	7 474	1 390	1 325
东北地区					
辽　宁　省	1 478	113	21 527	4 048	3 549
吉　林　省	865	15	12 188	2 093	2 093
黑　龙　江　省	1 118	15	16 329	2 851	2 644
华东地区					
上　海　市	740		11 462	2 798	1 962
江　苏　省	2 065	46	20 243	3 818	3 360
浙　江　省	479	17	5 383	1 034	860
安　徽　省	1 022	133	10 925	2 051	1 832
福　建　省	407	45	5 110	905	758
江　西　省	397	8	5 232	938	843
山　东　省	2 316	239	17 812	3 709	3 201
中南地区					
河　南　省	1 600	105	16 049	3 021	2 703
湖　北　省	2 109	167	20 534	3 778	3 428
湖　南　省	1 561	34	13 937	2 471	2 253
广　东　省	1 538	418	18 276	3 225	3 232
广西壮族自治区	516	176	6 305	1 164	1 135
海　南　省	119	30	1 010	209	194
西南地区					
四　川　省	1 247	229	14 244	2 865	2 343
贵　州　省	290	30	4 431	746	685
云　南　省	319		3 620	573	512
西藏自治区	21		276	52	51
西北地区					
陕　西　省	1 101	92	10 647	1 906	1 702
甘　肃　省	504	8	5 798	972	898
青　海　省	149		1 622	264	268
宁夏回族自治区	104	14	1 606	267	260
新疆维吾尔自治区	525	77	6 493	1 202	1 101

数、毕业生数（城市）

数（个）					毕业生数（人）	招生数（人）
三年级	四年级	五年级	六年级	复式班		
52 385	**51 844**	**50 399**	**38 151**	**1 971**	**1 894 188**	**2 348 156**
2 053	1 772	1 406	1 238		42 539	93 103
1 209	1 296	1 089	1 078		39 786	69 271
3 111	3 000	2 728	2 292	277	91 117	145 353
1 388	1 407	1 482	863	70	62 417	66 687
1 293	1 360	1 397	698	11	53 595	58 971
3 870	3 877	3 208	2 958	17	130 043	182 338
2 187	2 142	1 904	1 767	2	75 601	91 012
2 770	2 929	2 703	2 415	17	129 034	128 566
1 828	1 691	1 682	1 501		53 014	111 337
3 368	3 307	3 324	2 884	182	128 212	154 862
931	948	967	613	30	33 179	47 237
1 900	1 854	1 836	1 412	40	70 029	85 565
815	880	928	817	7	27 059	33 499
1 019	1 181	1 247	1	3	53 586	40 042
3 268	3 103	3 025	930	576	134 410	149 914
2 816	2 887	2 948	1 658	16	105 693	113 237
3 662	3 538	3 584	2 397	147	114 121	153 081
2 318	2 320	2 325	2 182	68	85 581	102 981
3 213	2 983	2 901	2 639	83	108 497	126 707
1 187	1 154	1 115	541	9	33 893	44 929
194	177	167	66	3	4 888	8 215
2 195	2 047	2 240	2 537	17	111 655	118 276
716	772	803	708	1	23 816	27 514
590	661	705	575	4	24 298	22 266
57	48	43	25		1 300	2 700
1 775	1 770	1 851	1 412	231	56 256	69 371
967	1 025	1 005	792	139	36 895	38 772
293	313	327	154	3	10 961	11 109
275	279	268	257		9 872	10 986
1 117	1 123	1 191	741	18	42 841	40 255

小学学校数、班数、招生

	学校数（所）	教学点数（个）	班 计	一年级	二年级
总计	**41 098**	**5 294**	**315 649**	**57 639**	**53 258**
华北地区					
北京市	95		1 714	381	342
天津市	137	1	1 796	314	289
河北省	2 484	125	15 459	2 953	2 659
山西省	567	8	5 195	1 042	966
内蒙古自治区	954	95	10 303	1 937	1 872
东北地区					
辽宁省	611	46	8 575	1 441	1 386
吉林省	1 322	353	16 261	2 644	2 707
黑龙江省	1 224	198	17 347	2 906	2 823
华东地区					
上海市	115		1 819	426	305
江苏省	5 899	80	32 674	5 187	4 667
浙江省	2 023	37	14 853	2 607	2 368
安徽省	1 117	195	8 262	1 705	1 508
福建省	932	252	11 913	2 239	2 089
江西省	690	233	7 308	1 252	1 226
山东省	2 935	210	15 626	3 130	2 886
中南地区					
河南省	2 474	458	17 786	3 754	3 461
湖北省	2 354	362	15 911	3 090	2 856
湖南省	3 779	416	21 518	3 970	3 703
广省东	1 031	251	12 183	2 375	2 259
广西壮族自治区	820	1 236	10 574	1 987	1 875
海南省	118	7	1 481	352	293
西南地区					
四川省	3 344	169	24 701	4 413	3 796
贵州省	692	211	6 811	1 198	1 124
云南省	2 196	57	10 489	1 615	1 498
西藏自治区	177		1 079	240	219
西北地区					
陕西省	1 658	93	10 501	1 862	1 684
甘肃省	441	32	4 403	849	761
青海省	353	8	2 673	507	473
宁夏回族自治区	115	28	1 567	295	277
新疆维吾尔自治区	441	133	4 867	968	886

数、毕业生数（县镇）

数（个）					毕业生数	招生数
三年级	四年级	五年级	六年级	复式班	（人）	（人）
54 806	**54 327**	**54 054**	**29 714**	**11 851**	**2 055 188**	**2 143 280**
329	270	200	192		7 137	14 608
312	314	280	271	16	10 249	11 501
2 604	2 496	2 413	1 481	853	71 899	106 836
975	979	1 011	69	153	44 879	40 208
1 864	1 892	1 960	650	128	67 016	70 520
1 509	1 489	1 363	1 359	28	59 103	63 392
2 824	2 721	2 629	2 619	117	101 752	92 779
2 945	2 938	2 966	2 678	91	141 547	115 108
287	277	269	255		9 492	18 135
5 116	5 171	5 255	3 545	3 733	198 821	197 135
2 615	2 729	2 936	957	641	104 504	107 767
1 540	1 520	1 539	159	291	62 726	63 166
2 281	2 290	2 127	821	66	72 347	69 380
1 403	1 588	1 647		192	74 263	50 825
2 863	2 774	2 638	349	986	102 261	107 026
3 483	3 439	3 367	94	188	140 981	152 792
2 853	2 751	2 641	1 227	493	86 256	109 893
3 633	3 553	3 132	2 786	741	104 127	134 972
2 241	2 053	1 960	1 243	52	76 648	101 207
1 877	1 788	1 757	461	829	58 136	70 816
277	260	267	32		13 153	14 717
3 758	3 682	4 295	4 619	138	212 489	176 215
1 150	1 128	1 160	971	80	43 833	47 502
1 611	1 714	1 785	1 143	1 123	56 046	54 064
203	178	163	73	3	4 000	8 300
1 798	1 858	1 857	701	741	54 340	58 048
785	803	776	381	48	27 669	28 895
480	475	472	170	96	12 691	16 579
274	276	283	160	2	9 908	10 709
916	921	906	248	22	26 915	30 185

小学校数、班数、招生

	学校数（所）	教学点数（个）	班 计	一年级	二年级
总　计	**725 322**	**152 112**	**3 368 465**	**633 992**	**553 732**
华北地区					
北京市	3 008	21	14 957	2 779	2 496
天津市	2 654		13 778	2 309	2 049
河北省	44 286	3 483	173 801	30 446	25 026
山西省	41 321	1 239	109 333	13 339	11 510
内蒙古自治区	13 493	9 227	75 181	12 693	11 311
东北地区					
辽宁省	13 643	3 289	100 466	17 074	16 692
吉林省	8 697	3 624	67 542	11 711	11 531
黑龙江省	14 936	7 194	106 688	19 041	16 963
华东地区					
上海市	1 984	60	13 557	2 742	2 345
江苏省	24 469	894	128 798	22 257	20 500
浙江省	31 068	209	91 938	11 646	9 889
安徽省	33 642	6 224	167 140	37 817	30 729
福建省	23 495	5 876	106 097	20 089	17 527
江西省	32 496	7 815	132 674	24 842	21 951
山东省	57 755	4 064	243 313	48 733	44 116
中南地区					
河南省	40 305	12 094	239 651	52 500	46 773
湖北省	28 669	5 984	154 556	29 843	26 445
湖南省	44 402	2 719	184 295	32 437	29 640
广东省	22 042	11 855	178 214	36 719	32 932
广西壮族自治区	14 211	39 061	16 1654	30 702	25 945
海南省	4 544	1 736	27 832	7 520	6 024
西南地区					
四川省	74 528	3 043	297 809	49 049	43 395
贵州省	22 328	11 966	127 666	28 979	24 656
云南省	52 639	1 509	150 441	27 560	23 763
西藏自治区	2 255		5 544	2 841	1 662
西北地区					
陕西省	34 743	2 033	119 187	19 229	16 047
甘肃省	23 864	160	86 775	19 243	15 182
青海省	3 207	616	13 398	2 933	2 127
宁夏回族自治区	4 007	604	19 088	4 470	3 604
新疆维吾尔自治区	6 631	5 513	57 092	12 449	10 902

数、毕业生数（农村）

数（个）					毕业生数	招生数
三年级	四年级	五年级	六年级	复式班	（人）	（人）
549 155	**530 467**	**511 056**	**206 674**	**383 389**	**15 354 032**	**16 741 388**
2 504	2 156	1 829	1 872	1 321	56 272	76 805
2 121	2 090	1 853	1 779	1 577	56 085	62 831
24 894	24 931	23 442	12 806	32 256	618 361	957 564
11 965	13 515	16 015	571	42 418	481 348	443 999
11 350	11 397	12 022	707	15 701	292 247	309 403
17 210	16 127	15 579	15 530	2 254	448 607	428 371
11 240	10 545	10 452	10 184	1 879	278 703	248 794
16 605	15 973	15 885	13 147	9 074	458 622	419 862
2 374	2 232	1 958	1 845	61	60 020	91 324
21 898	21 738	21 107	9 416	11 882	720 550	678 988
12 246	12 497	14 343	3 536	27 781	447 716	476 921
29 360	28 086	27 359	540	13 249	908 858	924 852
18 767	16 949	15 135	3 257	14 373	416 547	390 325
23 215	22 907	22 197	51	17 511	761 527	648 252
43 753	41 622	38 233	3 873	22 983	1 307 997	1 308 808
45 231	44 218	41 842	792	8 295	1 427 806	1 549 269
26 558	25 946	24 450	10 948	10 366	636 189	793 036
29 648	29 370	24 510	21 323	17 367	805 854	940 957
30 708	28 500	27 092	14 541	7 722	730 915	1 015 242
25 158	23 524	22 386	4 038	29 901	630 660	819 275
5 108	4 332	3 786	432	630	92 860	146 874
45 263	46 482	51 692	51 592	10 336	1 880 140	1 328 031
22 186	19 439	16 617	7 473	8 316	396 229	756 015
22 696	21 679	18 780	7 343	28 620	531 870	712 081
693	171	131	44	2	3 000	27 700
16 152	16 337	15 901	5 811	29 710	325 817	443 260
14 196	12 746	12 221	1 321	11 866	265 980	333 886
2 075	1 785	1 793	171	2 514	36 361	55 349
3 253	2 929	2 678	524	1 630	58 053	89 723
10 728	10 244	9 768	1 207	1 794	218 838	263 591

六年制小学校数、班

	学校数	教学点数	班数（个）		
	（所）	（个）	计	一年级	二年级
总　计	**458 040**	**85 383**	**2 422 317**	**445 917**	**395 937**
华北地区					
北京市	3 791	26	27 650	5 673	4 862
天津市	3 204		23 131	4 237	3 638
河北省	41 279	1 661	180 292	33 157	27 735
山西省	4 568	179	19 039	2 701	2 471
内蒙古自治区	2 195	739	15 703	2 487	2 320
东北地区					
辽宁省	15 623	3 350	130 056	22 420	21 519
吉林省	10 859	3 992	95 515	16 300	16 222
黑龙江省	14 860	5 922	118 113	19 724	17 808
华东地区					
上海市	2 839	56	26 777	5 945	4 599
江苏省	23 268	518	122 354	20 484	18 607
浙江省	16 660	104	57 308	7 745	6 477
安徽省	2 079	172	15 317	2 633	2 371
福建省	11 372	3 381	58 623	11 533	9 904
江西省	3 685	354	14 812	3 243	2 801
山东省	7 781	1 489	40 513	7 164	6 206
中南地区					
河南省	2 445	688	19 434	3 783	3 437
湖北省	25 490	5 619	141 926	26 933	23 334
湖南省	45 856	2 478	206 074	35 581	32 839
广东省	23 958	11 911	192 627	41 461	37 635
广西壮族自治区	9 614	22 773	103 686	19 881	18 356
海南省	4 488	1 518	23 734	7 545	5 905
西南地区					
四川省	75 839	3 257	328 073	54 467	48 181
贵州省	19 748	8 165	126 918	27 759	24 030
云南省	37 266	701	107 907	19 495	17 107
西藏自治区	516		1 975	612	457
西北地区					
陕西省	37 502	2 207	140 022	22 994	19 432
甘肃省	3 584	51	22 242	4 262	3 760
青海省	762	22	5 487	1 052	969
宁夏回族自治区	1 122	98	7 603	1 329	1 214
新疆维吾尔自治区	5 787	3 952	49 406	13 317	11 741

数、招生数、毕业生数

数（个）					毕业生数	招生数
三年级	四年级	五年级	六年级	复式班	（人）	（人）
395 475	**364 312**	**334 978**	**274 539**	**211 185**	**8 330 019**	**12 612 025**
4 877	4 188	3 427	3 302	1 321	105 630	184 068
3 632	3 691	3 212	3 128	1 593	94 405	128 539
27 458	27 009	22 511	16 579	25 843	453 122	943 856
2 543	2 642	3 021	1 503	4 158	85 362	101 208
2 342	2 268	2 233	2 055	2 024	54 699	85 142
22 486	21 407	20 078	19 847	2 299	632 747	666 769
16 161	15 336	14 928	14 570	1 998	443 000	425 192
18 067	17 867	17 844	18 240	8 563	598 159	540 311
4 476	4 188	3 907	3 601	61	122 526	219 856
20 253	16 849	16 146	15 845	14 170	563 559	737 096
8 043	7 795	7 999	5 106	14 143	72 940	326 432
2 484	2 403	2 314	2 111	1 001	80 211	97 264
10 038	8 990	7 536	4 895	5 727	91 107	252 183
2 945	2 508	1 329	52	1 934	326	79 712
6 155	6 105	5 419	5 152	4 312	204 398	202 854
3 162	3 165	3 162	2 544	181	78 167	122 232
23 474	22 655	20 409	14 572	10 549	303 608	684 165
33 095	32 716	28 666	26 291	16 886	937 661	1 092 421
35 287	28 767	23 795	18 423	7 259	473 732	1 200 445
17 578	15 041	11 435	5 040	16 355	57 734	527 617
4 712	3 023	1 432	530	587	9 480	161 441
50 056	50 604	55 702	58 748	10 315	2 022 632	1 576 856
22 136	19 689	16 941	9 152	7 211	277 868	660 869
16 472	14 502	11 936	9 061	19 334	269 071	527 242
349	229	186	142		4 500	13 500
19 724	19 964	19 308	7 924	30 676	135 460	570 547
3 750	3 655	3 323	2 494	998	75 407	110 761
1 025	866	823	495	257	11 969	31 627
1 221	1 219	1 162	941	517	28 230	35 563
11 474	4 971	4 794	2 196	913	42 309	306 257

小学在校学生数和

	在		校
	合计	一年级	二年级
总　　计	**125 357 811**	**26 107 221**	**23 056 671**
华北地区			
北京市	850 577	188 617	159 075
天津市	757 081	152 494	129 634
河北省	6 369 819	1 419 168	1 210 474
山西省	2 980 923	641 799	579 355
内蒙古自治区	2 374 159	507 879	459 340
东北地区			
辽宁省	4 082 650	710 064	686 695
吉林省	2 910 193	470 590	495 086
黑龙江省	4 175 384	745 516	712 955
华东地区			
上海市	993 721	229 874	165 426
江苏省	6 418 927	1 187 314	1 121 167
浙江省	3 660 378	688 627	625 377
安徽省	6 797 337	1 667 097	1 400 404
福建省	3 339 928	667 955	628 257
江西省	5 081 813	985 828	994 448
山东省	8 300 090	1 716 605	1 631 640
中南地区			
河南省	9 800 464	2 277 633	1 979 411
湖北省	6 478 491	1 315 870	1 213 666
湖南省	7 215 865	1 304 819	1 191 221
广东省	6 887 228	1 460 514	1 350 475
广西壮族自治区	5 375 536	1 289 512	1 093 814
海南省	903 500	257 500	192 700
西南地区			
四川省	11 147 789	1 774 607	1 548 455
贵州省	4 497 013	1 099 538	864 246
云南省	4 803 952	1 058 619	891 315
西藏自治区	144 800	56 100	34 900
西北地区			
陕西省	3 409 686	755 326	630 158
甘肃省	2 520 061	712 451	492 274
青海省	534 343	152 222	102 873
宁夏回族自治区	698 943	202 696	128 863
新疆维吾尔自治区	1 847 160	410 387	342 967

预计毕业生数(总计)

单位：人

学生数				一九八九年
三年级	四年级	五年级	六年级	预计毕业生数
23 097 838	**22 257 589**	**21 146 971**	**9 691 521**	**18 965 000**
160 669	135 929	107 585	98 702	99 007
129 388	128 165	113 559	103 841	104 210
1 147 296	1 065 430	968 985	558 466	735 895
565 003	569 347	570 511	54 908	521 575
453 591	447 869	435 712	69 768	426 811
739 621	704 105	635 230	606 935	609 026
525 765	495 707	473 868	449 177	452 131
730 357	715 039	689 528	581 989	695 018
166 355	153 412	146 009	132 645	132 721
1 190 859	1 199 041	1 134 929	585 617	1 084 263
717 820	711 768	713 076	203 710	606 234
1 323 656	1 236 618	1 082 625	86 937	1 068 622
689 262	648 679	548 827	156 948	496 999
1 077 202	1 068 021	954 904	1 410	908 764
1 639 833	1 588 098	1 527 182	196 732	1 519 572
1 910 303	1 841 877	1 698 088	93 152	1 629 099
1 217 510	1 150 819	1 075 492	505 134	864 255
1 201 980	1 197 851	1 202 298	1 117 696	1 164 686
1 261 537	1 134 705	1 070 317	609 680	864 599
1 025 857	943 632	852 100	170 621	606 263
167 800	144 800	124 900	15 800	97 800
1 684 880	1 801 510	2 136 440	2 201 897	2 290 667
810 259	738 951	664 086	319 933	363 729
891 304	870 118	770 624	321 972	633 114
27 100	12 800	9 700	4 200	7 800
618 180	594 281	572 983	238 758	259 403
458 160	416 989	356 367	83 820	312 536
97 386	86 574	77 085	18 203	63 243
120 300	112 953	100 807	33 324	90 989
348 605	342 501	333 154	69 546	255 969

小学在校学生数和

	在		校
	合计	一年级	二年级
总计	**12 456 090**	**2 435 937**	**2 053 132**
华北地区			
北京市	396 687	93 441	73 366
天津市	305 413	69 664	52 770
河北省	715 111	150 906	126 282
山西省	349 333	68 017	59 929
内蒙古自治区	309 411	59 883	53 582
东北地区			
辽宁省	954 838	183 718	151 882
吉林省	539 497	92 447	90 908
黑龙江省	726 568	130 615	114 038
华东地区			
上海市	446 562	112 273	76 014
江苏省	827 641	162 792	134 844
浙江省	239 415	48 155	35 983
安徽省	488 535	93 275	81 802
福建省	198 661	36 032	28 375
江西省	242 984	42 067	36 004
山东省	698 761	155 249	125 621
中南地区			
河南省	648 708	120 054	103 547
湖北省	873 986	165 580	144 794
湖南省	578 748	106 357	90 050
广东省	754 980	134 723	132 913
广西壮族自治区	253 426	47 237	44 632
海南省	43 600	9 800	8 300
西南地区			
四川省	552 632	119 402	86 384
贵州省	153 576	26 720	22 918
云南省	151 154	22 715	19 006
西藏自治区	13 500	2 900	2 600
西北地区			
陕西省	390 202	74 131	61 970
甘肃省	237 284	41 990	36 451
青海省	76 075	11 997	12 271
宁夏回族自治区	66 816	11 295	10 143
新疆维吾尔自治区	221 986	42 502	35 753

预 计 毕 业 生 数(城 市)

单位：人

学生数				一九八九年
三年级	四年级	五年级	六年级	预计毕业生数
2 172 434	**2 163 573**	**2 092 407**	**1 538 607**	**1 927 157**
74 684	63 758	49 421	42 017	42 322
48 400	52 227	43 065	39 287	39 656
124 245	119 524	108 233	85 921	96 379
59 455	61 312	64 482	36 138	53 707
53 307	57 129	57 215	28 295	54 487
173 254	177 236	142 775	125 973	127 712
98 854	96 799	83 738	76 751	79 210
124 272	132 902	119 529	105 212	119 168
71 468	64 353	63 003	59 451	59 527
139 631	137 120	39 068	114 186	134 375
41 317	42 862	44 361	26 737	37 453
86 500	84 631	81 513	60 814	75 129
32 217	35 198	37 045	29 794	31 448
48 366	57 870	58 634	43	56 119
130 431	125 528	122 958	38 974	125 854
114 392	120 245	122 499	67 971	111 503
161 208	152 401	150 662	99 341	133 449
93 797	95 953	100 229	92 362	97 057
137 751	125 086	120 942	103 565	105 782
48 385	47 886	44 595	20 691	37 914
8 400	7 600	6 900	2 600	4 600
81 742	75 335	88 157	101 612	102 061
24 077	26 538	27 756	25 567	25 453
23 350	28 699	31 842	25 542	28 986
2 800	2 400	1 800	1 000	1 200
65 832	65 553	71 118	51 598	51 932
40 745	43 045	42 630	32 423	37 583
14 478	14 611	15 667	7 051	8 397
11 430	11 680	11 570	10 698	10 698
37 646	38 092	41 000	26 993	37 996

小学在校学生数和

	在校		
	合计	一年级	二年级
总计	**12 464 292**	**2 371 299**	**2 134 915**
华北地区			
北京市	64 566	14 641	12 552
天津市	69 168	12 260	11 082
河北省	564 978	118 580	103 406
山西省	210 452	44 037	39 380
内蒙古自治区	380 657	73 757	67 975
东北地区			
辽宁省	370 266	64 381	58 520
吉林省	609 383	97 239	97 019
黑龙江省	732 596	121 303	114 365
华东地区			
上海市	77 700	18 588	12 480
江苏省	1 202 754	221 985	199 643
浙江省	642 696	116 048	101 843
安徽省	366 439	77 529	69 183
福建省	477 246	88 530	82 487
江西省	335 358	57 587	54 630
山东省	546 541	111 695	103 609
中南地区			
河南省	782 468	170 410	153 201
湖北省	630 450	128 380	117 530
湖南省	795 236	146 582	132 326
广东省	571 726	111 456	107 090
广西壮族自治区	399 924	81 037	76 014
海南省	76 800	18 100	15 000
西南地区			
四川省	1 010 704	182 729	147 620
贵州省	289 608	52 865	45 365
云南省	376 185	61 974	57 648
西藏自治区	32 900	7 300	6 400
西北地区			
陕西省	330 788	65 150	57 595
甘肃省	181 797	38 101	30 844
青海省	103 285	22 688	18 674
宁夏回族自治区	65 669	12 360	11 369
新疆维吾尔自治区	165 952	34 007	30 065

预计毕业生数(县镇)

单位：人

学生数				一九八九年
三年级	四年级	五年级	六年级	预计毕业生数
2 254 116	**2 254 711**	**2 235 486**	**1 213 765**	**2 047 903**
12 735	10 300	7 357	6 981	6 981
12 284	12 082	11 125	10 335	10 335
99 439	93 478	93 200	56 875	70 067
40 570	41 162	43 082	2 221	35 553
69 512	72 138	73 270	24 005	70 115
66 289	66 212	58 082	56 782	57 058
109 887	106 355	100 584	98 299	98 794
125 952	129 450	126 984	114 542	132 626
12 296	11 983	11 807	10 546	10 546
213 501	218 827	213 729	135 069	204 463
120 692	127 075	133 736	43 302	121 206
71 760	72 120	67 859	7 988	65 469
93 228	95 030	84 788	33 183	75 346
66 704	78 693	77 744		73 649
106 682	105 760	104 356	14 439	104 836
156 497	153 953	145 015	3 392	142 496
118 168	111 933	105 280	49 159	91 488
132 772	130 786	132 404	120 366	126 317
108 383	96 889	92 643	55 265	72 308
78 828	74 743	70 719	18 583	51 780
14 500	13 600	14 000	1 600	10 100
147 766	147 767	182 794	202 028	207 759
48 467	49 888	51 033	41 990	41 494
65 596	71 254	74 394	45 319	60 920
6 000	5 700	5 200	2 300	4 200
61 102	62 228	62 158	22 555	25 727
32 346	33 259	31 628	15 619	27 473
19 029	18 696	17 446	6 752	14 284
11 864	11 918	11 854	6 304	9 875
31 267	31 432	31 215	7 966	24 638

（小学在校学生数和

	在		校
	合 计	一年级	二年级
总 计	**100 437 429**	**21 299 985**	**18 868 624**
华北地区			
北京市	389 324	80 535	73 157
天津市	382 500	70 570	65 782
河北省	5 089 730	1 149 682	980 786
山西省	2 421 138	529 745	480 046
内蒙古自治区	1 684 091	374 239	337 783
东北地区			
辽宁省	2 757 546	461 965	476 293
吉林省	1 761 313	280 904	307 159
黑龙江省	2 716 220	493 598	484 552
华东地区			
上海市	469 459	99 013	76 932
江苏省	4 388 532	802 537	786 680
浙江省	2 778 267	524 424	487 551
安徽省	5 942 363	1 496 293	1 249 419
福建省	2 664 021	543 393	517 395
江西省	4 503 471	886 174	903 814
山东省	7 054 788	1 449 661	1 402 410
中南地区			
河南省	8 369 288	1 987 169	1 722 663
湖北省	4 974 055	1 021 910	951 342
湖南省	5 841 881	1 051 880	968 845
广东省	5 560 522	1 214 335	1 110 472
广西壮族自治区	4 722 186	1 161 238	973 168
海南省	783 100	229 600	169 400
西南地区			
四川省	9 584 453	1 472 476	1 314 451
贵州省	4 053 829	1 019 953	795 963
云南省	4276 613	973 930	814 661
西藏自治区	98 400	45 900	25 900
西北地区			
陕西省	2 688 696	616 045	510 593
甘肃省	2 100 980	632 360	424 979
青海省	354 983	117 537	71 928
宁夏回族自治区	566 458	179 041	107 351
新疆维吾尔自治区	1 459 222	333 878	277 149

预计毕业生数(农村)

单位：人

学生数				一九八九年
三年级	四年级	五年级	六年级	预计毕业生数
18 671 288	**17 839 305**	**16 819 078**	**6 939 149**	**14 989 940**
73 250	61 871	50 807	49 704	49 704
68 704	63 856	59 369	54 219	54 219
923 612	852 428	767 552	415 670	569 449
464 978	466 873	462 947	16 549	432 315
330 772	318 602	305 227	17 468	302 209
500 078	460 657	434 373	424 180	424 256
317 024	292 553	289 546	274 127	274 127
480 133	452 687	443 015	362 235	443 224
82 591	77 076	71 199	62 648	62 648
837 727	843 094	782 132	336 362	745 425
555 811	541 831	534 979	133 671	447 575
1 165 396	1 079 867	933 253	18 135	928 024
563 817	518 451	426 994	93 971	390 205
962 132	931 458	818 526	1 367	778 996
1 402 720	1 356 810	1 299 868	143 319	1 288 882
1 639 414	1 567 679	1 430 574	21 789	1 375 100
938 134	886 485	819 550	356 634	639 318
975 411	971 112	969 665	904 968	941 312
1 015 403	912 730	856 732	450 850	686 509
898 644	821 003	736 786	131 347	516 569
144 900	123 600	104 000	11 600	83 100
1 455 372	1 578 408	1 865 489	1 898 257	1 980 847
737 715	662 525	585 297	252 376	296 782
802 358	770 165	664 388	251 111	543 208
18 300	4 700	2 700	900	2 400
491 246	466 500	439 707	164 605	181 744
385 069	340 685	282 109	35 778	247 480
63 879	53 267	43 972	4 400	40 562
97 006	89 355	77 383	16 322	70 416
279 692	272 977	260 939	34 587	193 335

六年制小学在校学生数

	在		校
	合计	一年级	二年级
总计	**76 332 654**	**15 168 313**	**13 502 255**
华北地区			
北京市	848 622	188 128	158 692
天津市	752 190	150 653	128 279
河北省	5 678 965	1 273 161	1 084 095
山西省	560 089	107 020	97 160
内蒙古自治区	495 497	93 845	85 028
东北地区			
辽宁省	4 059 377	702 933	682 053
吉林省	2 886 267	463 124	489 990
黑龙江省	3 506 149	600 588	573 928
华东地区			
上海市	991 192	228 917	164 877
江苏省	4 286 793	808 899	753 132
浙江省	1 869 865	352 174	307 422
安徽省	629 826	116 263	105 960
福建省	1 592 614	306 151	285 926
江西省	493 063	112 162	109 452
山东省	1 256 364	222 909	209 486
中南地区			
河南省	688 535	133 169	113 290
湖北省	4 702 331	954 561	860 964
湖南省	6 806 785	1 204 465	1 101 361
广东省	6 407 610	1 437 970	1 327 196
广西壮族自治区	3 158 819	749 759	678 757
海南省	701 100	236 400	172 900
西南地区			
四川省	10 880 007	1 718 929	1 509 519
贵州省	3 932 362	921 458	751 488
云南省	3 147 721	688 565	588 290
西藏自治区	58 500	17 700	11 900
西北地区			
陕西省	3 388 438	755 030	629 977
甘肃省	715 021	149 652	121 832
青海省	205 395	43 287	37 097
宁夏回族自治区	266 744	52 411	46 701
新疆维吾尔自治区	1 366 413	378 030	315 503

和预计毕业生数

单位：人

学生数 三年级	四年级	五年级	六年级	一九八九年预计毕业生数
13 659 330	**12 574 747**	**11 736 488**	**9 691 521**	**9 660 794**
160 306	135 514	107 280	98 702	98 702
128 701	127 526	113 190	103 841	103 841
1 026 196	945 491	791 556	558 466	558 466
97 843	99 314	103 844	54 908	54 908
85 086	83 297	78 473	69 768	69 797
735 032	700 330	632 094	606 935	606 935
520 963	492 099	470 914	449 177	449 177
594 582	586 601	568 461	581 989	575 268
165 834	152 986	145 933	132 645	132 645
812 165	690 697	636 283	585 617	585 617
359 884	336 123	310 552	203 710	203 710
111 671	108 055	100 940	86 937	86 937
310 554	288 257	244 778	156 948	156 948
120 204	102 285	47 550	1 410	1 410
214 576	208 319	204 342	196 732	196 732
114 282	116 408	118 234	93 152	91 838
860 516	802 313	718 843	505 134	505 134
1 119 737	1 114 928	1 148 598	1 117 696	1 117 696
1 237 827	982 445	812 492	609 680	606 774
629 792	541 428	388 462	170 621	166 673
140 800	92 400	42 800	15 800	15 800
1 650 258	1 751 734	2 047 670	2 201 897	2 201 897
713 632	651 681	574 170	319 933	314 878
590 696	517 506	440 692	321 972	314 551
10 600	7 900	6 200	4 200	3 600
618 095	594 240	552 338	238 758	238 758
125 780	123 519	110 418	83 820	81 029
40 426	34 352	32 030	18 203	18 203
46 545	44 621	43 142	33 324	33 324
316 747	142 378	144 209	69 546	69 546

小学在校学生数和预计

	在		校
	合计	一年级	二年级
总计	**57 155 771**	**12 064 277**	**10 678 630**
华北地区			
北京市	408 003	90 780	76 200
天津市	363 999	74 033	61 511
河北省	2 981 784	671 539	570 185
山西省	1 397 113	304 473	271 209
内蒙古自治区	1 115 069	241 592	216 980
东北地区			
辽宁省	1 965 297	341 653	329 224
吉林省	1 386 352	223 814	237 997
黑龙江省	1 986 527	360 584	340 420
华东地区			
上海市	479 354	110 596	79 987
江苏省	3 004 149	565 090	526 437
浙江省	1 727 581	326 067	295 351
安徽省	2 979 613	758 373	633 613
福建省	1 507 090	314 103	294 082
江西省	2 247 112	462 129	447 584
山东省	3 877 268	812 850	768 098
中南地区			
河南省	4 486 254	1 025 447	949 338
湖北省	2 947 015	615 533	559 244
湖南省	3 316 803	611 094	557 258
广东省	3 144 834	682 554	629 189
广西壮族自治区	2 359 127	583 708	491 528
海南省	402 800	117 400	87 700
西南地区			
四川省	5 121 169	827 334	725 071
贵州省	1 718 903	437 002	343 315
云南省	2 095 263	476 027	395 213
西藏自治区	59 900	22 100	16 100
西北地区			
陕西省	1 586 089	355 530	295 841
甘肃省	1 066 927	306 458	214 012
青海省	232 818	65 949	44 605
宁夏回族自治区	302 149	84 319	56 506
新疆维吾尔自治区	88 9409	196 146	164 832

毕业生总数中女学生数

单位：人

学	生	数		一九八九年
三年级	四年级	五年级	六年级	预计毕业生数
10 601 956	**10 051 564**	**9 372 846**	**4 386 588**	**8 306 757**
77 498	64 532	51 441	47 552	47 700
61 665	62 095	53 342	51 353	51 353
540 820	497 222	444 270	257 748	332 614
266 249	266 392	263 329	25 461	240 818
212 920	208 675	201 888	33 014	194 490
357 809	338 864	305 695	292 052	293 248
253 103	236 693	223 851	210 894	212 271
349 497	339 457	325 008	271 561	324 840
79 763	74 126	70 446	64 526	64 526
562 057	557 347	518 041	275 177	490 320
339 824	335 910	333 912	96 517	276 581
582 002	529 962	434 326	41 337	416 514
322 111	281 323	227 664	67 807	214 905
476 528	464 781	395 468	622	373 845
769 368	738 539	695 591	92 822	685 123
874 377	835 448	757 014	44 630	713 791
556 015	518 613	474 632	222 978	370 144
558 685	551 947	543 661	494 158	514 454
585 131	513 005	465 875	269 080	366 354
455 498	406 899	350 374	71 120	244 268
75 400	51 900	63 300	7 100	40 900
784 684	827 572	968 859	987 649	1 018 650
310 486	273 487	236 634	117 979	125 193
389 248	371 868	322 808	140 099	260 366
11 400	5 100	3 700	1 500	2 900
292 114	275 363	260 048	107 193	115 976
195 555	171 500	141 580	37 822	121 925
42 067	37 554	33 819	8 824	26 700
52 695	49 481	43 955	15 193	38 006
167 387	165 909	162 315	32 820	128 012

小学教职工

	教	职	
	合　计	专任教师	行政人员
总　计	**6 142 398**	**5 501 300**	**467 363**
华北地区			
北　京　市	60 170	48 323	8 847
天　津　市	52 930	44 309	5 914
河　北　省	276 273	257 569	15 112
山　西　省	175 813	161 685	10 444
内蒙古自治区	168 497	149 385	10 183
东北地区			
辽　宁　省	241 978	206 399	27 258
吉　林　省	175 800	144 864	19 857
黑　龙　江　省	244 558	212 258	21 887
华东地区			
上　海　市	70 811	56 677	9 712
江　苏　省	300 307	263 014	24 030
浙　江　省	157 832	143 876	10 524
安　徽　省	290 565	264 971	21 170
福　建　省	170 159	145 430	22 598
江　西　省	236 109	220 750	10 570
山　东　省	432 249	404 509	19 944
中南地区			
河　南　省	473 364	437 879	29 661
湖　北　省	334 185	293 203	21 764
湖　南　省	329 379	308 552	11 961
广　东　省	320 208	269 478	45 050
广西壮族自治区	236 809	209 307	23 465
海　南　省	45 299	37 296	6 119
西南地区			
四　川　省	491 812	440 671	33 617
贵　州　省	178 923	163 514	12 918
云　南　省	188 782	172 608	12 476
西藏自治区	9 186	8 045	482
西北地区			
陕　西　省	185 972	169 623	13 631
甘　肃　省	129 028	121 468	5 380
青　海　省	28 033	26 111	1 018
宁夏藏族自治区	27 643	25 184	1 675
新疆维吾尔自治区	109 724	94 342	10 096

数（总 计）

单位：人

工 数			代课教师	临时工
工勤人员	校办工厂、农场职工			
	计	其中：由厂、场收入支付工资的职工		
147 126	**26 609**	**12 599**	**353 448**	**76 540**
2 360	640	130	4 073	3 887
2 472	235	29	1 196	453
2 960	632	303	15 835	1 987
3 254	430	197	12 604	2 041
8 282	647	319	3 110	703
4 596	3 725	3 033	3 566	2 707
8 876	2 203	1 952	10 005	724
9 315	1 098	658	14 413	3 923
3 151	1 271	18	731	426
7 372	5 891	3 011	17 606	4 640
2 096	1 336	363	18 268	2 755
3 731	693	164	13 365	2 234
1 901	230	47	16 704	1 118
4 472	317	126	12 836	3 378
6 627	1 169	273	4 872	994
4 983	841	371	8 389	9 480
17 634	1 584	786	3 575	1 763
8 028	838	188	13 765	1 825
5 302	378	89	16 113	4 413
3 695	342	56	33 407	2 177
1 869	15	7	3 961	448
16 324	1 200	59	33 590	9 997
2 352	139	96	17 951	2 232
3 645	53	22	39 598	4 196
659			966	720
2 524	194	47	10 680	2 402
2 073	107	69	2 438	827
701	203	96	504	611
776	8	1	4 894	1 305
5 096	190	89	14 463	2 174

小学教职工

	教职		
	合计	专任教师	行政人员
总计	**769 693**	**645 380**	**82 642**
华北地区			
北京省	30 180	23 843	4 555
天津省	25 400	20 185	3 427
河北省	38 876	33 692	3 695
山西省	22 150	18 576	2 388
内蒙古自治区	21 947	18 738	2 100
东北地区			
辽宁省	58 573	47 142	6 783
吉林省	33 499	25 533	4 599
黑龙江省	43 093	33 954	5 534
华东地区			
上海市	36 008	27 715	6 018
江苏省	46 220	39 680	4 006
浙江省	13 686	11 917	960
安徽省	26 753	24 004	1 866
福建省	12 164	10 450	1 465
江西省	14 261	12 758	1 049
山东省	45 109	39 414	3 963
中南地区			
河南省	38 920	32 943	4 449
湖北省	51 563	43 522	4 940
湖南省	31 888	28 184	2 457
广东省	40 324	34 251	4 910
广西壮族自治区	14 370	12 371	1 408
海南省	2 227	1 890	250
西南地区			
四川省	39 012	32 359	4 080
贵州省	9 337	8 113	864
云南省	8 958	7 854	838
西藏自治区	733	633	47
西北地区			
陕西省	23 906	20 174	2 813
甘肃省	14 726	12 955	1 091
青海省	3 965	3 688	210
宁夏回族自治区	3 752	3 263	282
新疆维吾尔自治区	18 075	15 579	1 595

数（城市）

单位：人

工 数				
工勤人员	校办工厂、农场职工		代课教师	临时工
	计	其中：由厂、场收入支付工资的职工		
30 045	**11 626**	**6 842**	**17 608**	**11 383**
1 272	510	105	350	2 226
1 606	182	16	87	291
1 303	186	84	1 822	626
1 053	133	57	839	577
864	245	114	311	246
2 083	2 565	2 306	497	1 311
1 616	1 751	1 625	561	248
3 017	588	377	982	590
1 807	468	18	36	155
951	1 583	1 078	1 056	736
321	488	179	158	228
709	174	22	958	133
195	54		49	36
413	41	12	107	80
1 118	614	141	472	217
1 182	346	149	1 521	694
2 507	594	285	997	709
994	253	114	766	119
1 099	82	1	2 452	541
534	57	2	441	69
87			134	7
2 137	436	3	771	435
311	49	45	325	91
256	10	4	91	29
53			164	43
819	100	31	796	412
591	89	59	301	188
67			89	85
201	6	1	125	91
879	22	14	350	170

小 学 教 职 工

	教职		
	合计	专任教师	行政人员
总　　计	**675 872**	**584 052**	**59 220**
华北地区			
北京市	4 681	3 823	609
天津市	4 820	4 131	495
河北省	27 988	25 505	1 788
山西省	13 846	12 004	1 229
内蒙古自治区	28 712	23 436	2 605
东北地区			
辽宁省	21 867	18 252	2 411
吉林省	38 701	29 538	55 99
黑龙江省	44 333	35 921	5 104
华东地区			
上海市	5 499	4 154	823
江苏省	57 640	49 932	4 287
浙江省	30 220	25 493	3 473
安徽省	18 728	16 543	1 544
福建省	24 276	20 600	3 154
江西省	17 752	16 114	1 018
山东省	32 261	29 461	1 779
中南地区			
河南省	38 753	35 169	2 756
湖北省	31 996	28 688	1706
湖南省	37 387	34 556	1 664
广东省	25 495	21 712	2 969
广西壮族自治区	21 713	19 215	1 635
海南省	3 816	3 156	373
西南地区			
四川省	56 973	48 201	5 551
贵州省	16 290	14 417	1391
云南省	18 544	16 685	1 216
西藏自治区	3 184	2 538	260
西北地区			
陕西省	19 647	17 609	1 580
甘肃省	9 725	8 723	619
青海省	5 624	5 160	276
宁夏回族自治区	3 552	3 241	203
新疆维吾尔自治区	11 849	10 075	1 103

数（县镇）

单位：人

工数				
工勤人员	校办工厂、农场职工		代课教师	临时工
	计	其中：由厂、场收入支付工资的职工		
26 521	**6 079**	**2 774**	**23 382**	**6 145**
220	29	1	67	162
177	17	6	86	51
535	160	91	1 174	271
509	104	34	512	176
2 488	183	75	910	164
697	507	420	288	164
3 204	360	274	1 620	141
2 921	387	214	1 273	454
345	177		98	67
1 593	1 828	938	3 707	721
764	490	118	1 715	528
467	174	57	673	195
451	71	33	723	79
514	106	59	387	93
831	190	84	250	122
753	75	14	1 372	503
1 258	344	214	352	185
1 086	81	17	1 071	136
646	168	48	574	222
763	100	31	1 390	116
285	2		48	58
2 807	414	23	1 568	510
460	22		443	126
631	12	5	1 426	215
386			285	254
419	39	11	659	135
379	4		130	54
181	7	7	157	81
106	2		129	87
645	26		295	75

小学教职工

	教职		
	合计	专任教师	行政人员
总计	**4 696 833**	**4 271 868**	**325 501**
华北地区			
北京市	25 309	20 657	3 683
天津市	22 710	19 993	1 992
河北省	209 409	198 372	9 629
山西省	139 817	131 105	6 827
内蒙古自治区	117 838	107 211	5 478
东北地区			
辽宁省	161 538	141 005	18 064
吉林省	103 600	89 793	9 659
黑龙江省	157 132	142 383	11 249
华东地区			
上海市	29 304	24 808	2 871
江苏省	196 447	173 402	15 737
浙江省	113 926	106 466	6 091
安徽省	245 084	224 424	17 760
福建省	133 719	114 380	17 979
江西省	204 096	191 878	8 503
山东省	354 879	335 634	14 202
中南地区			
河南省	395 691	369 767	22 456
湖北省	250 626	220 993	15 118
湖南省	260 104	245 812	7 840
广东省	254 371	213 515	37 171
广西壮族自治区	200 726	177 721	20 422
海南省	39 256	32 250	5 496
西南地区			
四川省	395 827	360 111	23 986
贵州省	153 296	140 984	10 663
云南省	161 280	148 069	10 422
西藏自治区	5 269	4 874	175
西北地区			
陕西省	142 419	131 840	9 238
甘肃省	104 577	99 790	3 670
青海省	18 444	17 263	532
宁夏回族自治区	20 339	18 680	1 190
新疆维吾尔自治区	79 800	68 688	7 398

数总（农村）

单位：人

工	数			
工勤人员	校办工厂、农场职工		代课教师	临时工
	计	其中：由厂、场收入支付工资的职工		
90 560	**8 904**	**2 983**	**312 458**	**59 012**
868	101	24	3 656	1 499
689	36	7	1 023	111
1 122	286	128	12 839	1 090
1 692	193	106	11 253	1 288
4 930	219	130	1 889	293
1 816	653	307	2 781	1 232
4 056	92	53	7 824	335
3 377	123	67	12 158	2 879
999	626		597	204
4 828	2 480	995	12 843	3 183
1 011	358	66	16 395	1 999
2 555	345	85	11 734	1 906
1 255	105	14	15 932	1 003
3 545	170	55	12 342	3 205
4 678	365	48	4 150	655
3 048	420	208	5 496	8 283
13 869	646	287	2 226	869
5 948	504	57	11 928	1 570
3 557	128	40	13 087	3 650
2 398	185	23	31 576	1 992
1 497	13	7	3 779	383
11 380	350	33	31 251	9 052
1 581	68	51	17 183	2 015
2 758	31	13	38 051	3 952
220			517	423
1 286	55	5	9 225	1 855
1 103	14	10	2 007	585
453	196	89	258	445
469			4 640	1 127
3 572	142	75	13 818	1 929

小学教职工总数

	教	职	
	合计	专任教师	行政人员
总计	**2 561 583**	**2 468 100**	**39 089**
华北地区			
北京市			
天津市	2 384	2 128	12
河北省	119 833	118 398	432
山西省	78 570	76 909	351
内蒙古自治区	70 793	66 446	662
东北地区			
辽宁省	76 257	71 280	1 336
吉林省	56 707	53 728	897
黑龙江省	75 962	73 601	1 847
华东地区			
上海市			
江苏省	125 955	115 142	3 115
浙江省	49 795	48 455	317
安徽省	151 549	147 389	2 924
福建省	45 028	44 074	197
江西省	112 168	109 252	1 334
山东省	254 480	249 287	1 240
中南地区			
河南省	325 778	315 672	7 868
湖北省	188 834	167 619	8 265
湖南省	154 718	150 253	651
广东省	118 768	114 317	2 310
广西壮族自治区	69 794	68 484	782
海南省	5 074	4 734	65
西南地区			
四川省	176 350	174 507	940
贵州省	71 404	70 545	661
云南省	43 366	42 714	178
西藏自治区	2 861	2 834	11
西北地区			
陕西省	96 337	93 262	2 245
甘肃省	66 045	65 194	274
青海省	8 651	8 466	18
宁夏回族自治区	6 536	6 214	28
新疆维吾尔自治区	7 586	7 196	129

中民办教职工数

单位：人

工数				
工勤人员	校办工厂、农场职工		代课教师	临时工
	计	其中：由厂、场收入支付工资的职工		
41 741	**12 653**	**9 955**	**84 884**	**19 383**
240	4		588	21
746	257	188	10 563	1 021
1 166	144	91	950	474
3 365	320	224	139	16
665	2 976	2 813	1 156	354
245	1 837	1 806	15	94
249	265	250	2 202	700
3 855	3 843	2 888	11 159	1 794
641	382	230	5 451	1 224
988	248	114	3 550	1 067
718	39	14	3 581	338
1 446	136	99	3 672	1 404
3 600	353	152	3 601	576
1 809	429	280		
12 339	611	491	1 135	694
3 450	364	180	4 031	951
2 060	81	38	5 773	3 628
415	113	8	2 815	349
273	2	2	933	146
790	113	29	8 797	2 284
180	18	12	3 153	132
466	8	6	1 138	57
16			90	17
751	79	37	8 152	1 615
575	2	1	1 135	213
138	29	2	16	88
294			769	76
261			320	50

小学教职工总数

	教职		
	合计	专任教师	行政人员
总计	**2 430 832**	**2 284 433**	**83 234**
华北地区			
北京市	41 679	35 922	4 238
天津市	30 994	27 364	2 427
河北省	134 648	130 724	2 885
山西省	90 125	86 825	2 153
内蒙古自治区	71 933	66 777	2 426
东北地区			
辽宁省	134 478	123 111	7 734
吉林省	88 162	78 381	5 580
黑龙江省	129 188	117 335	7 756
华东地区			
上海市	45 792	38 558	4 998
江苏省	103 705	96 155	2 859
浙江省	78 658	75 483	1 640
安徽省	85 910	82 368	1 971
福建省	67 735	64 834	1 842
江西省	83 338	80 079	1 479
山东省	144 171	139 428	3 070
中南地区			
河南省	173 115	168 472	3 486
湖北省	116 590	107 502	3 392
湖南省	131 937	126 805	2 234
广东省	109 419	102 605	3 870
广西壮族自治区	65 042	62 167	1 622
海南省	12 093	10 597	272
西南地区			
四川省	192 012	179 029	6 521
贵州省	51 698	49 235	1 476
云南省	59 320	55 717	1 697
西藏自治区	2 869	2 500	186
西北地区			
陕西省	69 066	66 347	1 900
甘肃省	33 599	32 212	713
青海省	11 548	11 035	227
宁夏回族自治区	10 236	9 606	280
新疆维吾尔自治区	61 772	57 260	2 300

中　女　教　职　工　数

单位：人

工勤人员	校办工厂、农场职工 计	其中：由厂、场收入支付工资的职工	代课教师	临时工
52 372	**10 793**	**6 573**	**145 023**	**30 542**
1 240	279	51	2 602	1 460
1 113	90	5	723	40
872	167	107	9 291	858
958	189	123	6 902	956
2 542	188	116	1 809	216
1 623	2 010	1 764	1 549	803
2 931	1 270	1 080	5 261	405
3 575	522	332	8 282	1 911
1 720	516	7	472	184
2 433	2 258	1 698	8 454	1 842
1 035	500	194	11 090	1 851
1 363	208	77	5 486	877
954	105	30	8 793	468
1 643	137	76	4 692	1 391
1 283	390	136	1 654	188
915	242	123	3 628	4 020
5 029	667	356	1 320	541
2 783	115	39	4 287	595
2 852	92	31	6 435	1 932
1 181	72	4	9 266	332
1 220	4	3	1 129	266
6 065	397	22	10 846	3 179
932	55	29	5 843	845
1 890	16	9	10 643	2 036
183			280	159
742	77	23	4 386	1 092
603	71	55	726	326
205	81	45	246	206
348	2		1 805	746
2 139	73	38	7 123	817

小学学龄儿童

	校内外七至十一周岁学龄儿童总数	小学在		
		合计	不足七周岁	计
总计	**96 558 401**	**125 357 811**	**5 459 798**	**93 803 532**
华北地区				
北京市	636 830	850 577	119 365	633 654
天津市	561 819	757 081	63 505	559 416
河北省	5 142 081	6 369 819	219 494	5 074 636
山西省	2 393 881	2 980 923	137 414	2 368 844
内蒙古自治区	1 888 069	2 374 159	71 842	1 837 616
东北地区				
辽宁省	3 133 929	4 082 650	145 652	3 101 714
吉林省	2 174 256	2 910 193	57 642	2 142 407
黑龙江省	3 109 647	4 175 384	106 474	3 071 366
华东地区				
上海市	738 106	993 721	174 867	733 022
江苏省	4 740 731	6 418 927	356 974	4 698 328
浙江省	3 029 133	3 660 378	237 998	2 994 617
安徽省	4 876 388	6 797 337	419 963	4 754 072
福建省	2 669 484	3 339 928	121 584	2 625 500
江西省	4 033 096	5 081 813	177 255	3 920 632
山东省	6 611 925	8 300 090	318 905	6 504 211
中南地区				
河南省	8 130 218	9 800 464	371 178	7 847 009
湖北省	4 864 791	6 478 491	505 541	4 805 560
湖南省	5 732 318	7 215 865	306 989	5 609 423
广东省	5 366 549	6 887 228	136 859	5 308 924
广西壮族自治区	4 424 816	5 375 536	114 305	4 241 637
海南省	736 693	903 500	25 962	724 691
西南地区				
四川省	7 225 935	11 147 789	534 714	6 896 168
贵州省	3 620 718	4 497 013	180 189	3 256 347
云南省	3 615 001	4 803 952	142 790	3 420 952
西北地区	224 100	144 800	4 700	124 800
西藏自治区				
陕西省	2 607 774	3 409 686	170 920	2 555 278
甘肃省	1 784 085	2 520 061	120 396	1 662 513
青海省	473 868	534 343	27 092	395 133
宁夏回族自治区	532 399	698 943	30 069	498 325
新疆维吾尔自治区	1 479 761	1 847 160	59 160	1 436 737

入学率情况

单位：人

校学生年龄分组						学龄儿童
学龄儿童					十二周岁及以上	入学率（%）
七周岁	八周岁	九周岁	十周岁	十一周岁		
18 391 641	**18 459 450**	**19 471 521**	**18 807 623**	**18 673 297**	**26 094 481**	**97.15**
148 577	144 167	129 098	113 936	97 876	97 558	99.50
104 848	110 868	119 234	117 984	106 482	134 160	99.57
1 083 707	1 022 225	1 020 483	966 089	982 132	1 075 689	98.69
482 803	484 994	478 930	456 638	465 479	474 665	98.95
355 532	381 602	387 787	362 569	350 126	464 701	97.33
586 159	622 779	695 348	643 766	553 662	835 284	98.97
378 580	433 150	483 733	439 383	407 561	710 144	98.54
572 538	621 503	660 337	626 132	590 856	997 544	98.77
160 417	147 107	147 681	144 768	133 049	85 832	99.31
920 776	860 104	980 514	979 190	957 744	1 363 625	99.11
550 967	560 503	661 151	646 879	575 117	427 763	98.86
908 794	964 751	1 017 552	953 006	909 969	1 623 302	97.49
483 174	482 476	549 745	576 308	533 797	592 844	98.35
662 454	724 706	830 132	863 975	839 365	983 926	97.21
1 279 435	1 287 681	1 371 488	1 307 127	1 258 480	1 476 974	98.37
1 556 791	1 572 426	1 614 877	1 541 890	1 561 025	1 582 277	96.52
939 372	982 735	1 012 672	954 805	915 976	1 167 390	98.78
1 064 477	1 073 784	1 104 561	1 094 710	1 271 891	1 299 453	97.86
1 094 350	1 129 868	1 126 269	1 011 791	946 646	1 441 445	98.93
849 995	890 234	869 137	833 175	799 096	1 019 594	95.86
163 582	159 966	149 546	134 826	116 771	152 847	98.37
1 360 380	1 182 922	1 357 839	1 344 986	1 650 041	3 716 907	95.44
684 485	662 280	655 548	635 345	618 689	1 060 477	89.94
622 471	620 109	694 388	737 876	746 108	1 240 210	94.63
30 900	30 200	30 000	18 400	15 300	15 300	55.69
512 586	497 556	517 295	516 951	510 890	683 488	97.99
350 327	328 815	341 257	328 355	313 759	737 152	93.19
78 270	78 613	81 175	78 963	78 112	112 118	83.38
108 756	103 837	98 797	95 014	91 924	170 549	93.60
296 138	297 489	284 950	282 786	275 374	351 263	97.09

小 学 女 学 龄 儿

	校内外七至十一周岁女学龄儿童总数	小学在		
		合计	不足七周岁	计
总计	**46 026 317**	**57 155 775**	**2 498 938**	**43 750 129**
华北地区				
北京市	307 515	408 003	58 751	304 504
天津市	271 990	363 999	30 502	270 881
河北省	2 466 898	2 981 784	105 070	2 399 892
山西省	1 146 265	1 397 113	68 790	1 126 565
内蒙古自治区	916 434	1 115 069	32 649	877 819
东北地区				
辽宁省	1 513 852	1 965 297	70 713	1 501 572
吉林省	1 062 706	1 386 352	27 640	1 041 535
黑龙江省	1 512 432	1 986 527	50 252	1 488 440
东华地区				
上海市	356 388	479 354	25 108	355 110
江苏省	2 284 041	3 004 149	167 150	2 250 223
浙江省	1 453 149	1 727 581	111 990	1 424 807
安徽省	2 265 367	2 979 613	184 471	2 176 624
福建省	1 256 907	1 507 090	51 902	1 223 040
江西省	1 886 281	2 247 112	80 460	1 782 998
山东省	3 181 589	3 877 268	141 799	3 095 813
中南地区				
河南省	3 877 586	4 486 254	165 293	3 642 969
湖南省	2 296 947	2 947 015	2 302 09	2 231 750
湖南省	2 731 011	3 316 803	148 046	2 625 251
广东省	2 508 872	3 144 834	59 811	2 475 650
广西壮族自治区	2 079 649	2 359 127	48 603	1 911 873
海南省	338 482	402 804	10 939	329 576
西南地区				
四川省	3 487 104	5 121 169	250 594	3 238 096
贵州省	1 687 451	1 718 903	68 885	1 304 111
云南省	1 720 236	2 095 263	62 428	1 562 645
西藏自治区	110 300	59 900	1 500	52 400
西北地区				
陕西省	1 241 070	1 586 089	79 316	1 209 363
甘肃省	846 364	1 066 927	52 182	742 807
青海省	228 673	232 818	12 183	175 561
宁夏回族自治区	258 535	302 149	13 179	224 701
新疆维吾尔自治区	732 223	889 409	28 527	703 553

童入学率情况

单位：人

校女学生年龄分组						女学龄儿童入学率（%）
女学龄儿童					十二周岁及以上	
七周岁	八周岁	九周岁	十周岁	十一周岁		
8 676 902	**8 675 538**	**9 103 261**	**8 741 212**	**8 553 216**	**10 906 703**	**95.05**
71 638	69 256	62 261	53 885	47 464	44 748	99.02
51 748	54 004	57 756	57 109	50 264	62 616	99.59
516 389	486 558	482 556	454 609	459 780	476 822	97.28
228 294	231 082	228 494	217 765	220 930	201 758	98.28
171 389	182 742	184 781	172 878	166 029	204 601	95.79
284 372	302 425	336 788	310 439	267 548	393 012	99.19
184 736	212 186	233 758	212 344	198 511	317 177	98.01
279 850	301 577	319 775	302 876	284 362	447 835	98.41
76 439	71 095	72 206	70 506	64 864	39 136	99.64
443 053	411 869	470 981	467 564	456 756	586 776	98.52
262 424	265 731	314 923	308 863	272 866	190 784	98.05
423 921	444 241	467 364	433 370	407 728	618 518	96.08
229 996	229 098	258 967	265 977	239 002	232 148	97.31
310 780	336 338	377 139	389 614	369 127	383 654	94.52
613 345	617 719	656 039	616 548	592 162	639 655	97.30
734 102	739 017	751 778	716 565	701 507	677 992	93.95
423 698	463 011	471 599	450 052	423 390	485 056	97.16
509 653	508 023	519 120	509 226	579 229	543 506	96.13
516 952	529 074	527 268	469 732	432 624	609 373	98.68
398 399	404 869	391 910	372 839	343 856	398 651	91.93
74 971	72 719	68 089	61 063	52 734	62 289	97.37
643 199	558 497	637 182	634 117	765 101	1 632 479	92.86
286 489	270 766	261 547	247 854	237 455	345 907	77.28
292 501	288 360	319 453	332 999	329 332	470 190	90.84
14 000	14 000	12 000	6 100	6 300	6 000	47.51
243 879	235 135	246 429	244 928	238 992	297 410	97.45
158 793	148 897	152 869	146 041	136 207	271 938	87.76
35 219	34 936	36 481	34 689	34 236	45 074	76.77
50 150	47 283	44 305	42 355	40 608	64 269	86.91
146 523	145 030	139 443	138 305	134 252	157 329	96.08

一九八七、一九八八学年小学学生巩固率及毕业率 单位：人

	一九八七学年在校学生巩固率			一九八七学年应届毕业班学生毕业率		
	学年初学生数	学年末学生数	巩固率（%）	一九八七学年初毕业班人数	一九八七学年末考试合格实际毕业生数	毕业率（%）
总计	**127 689 962**	**123 729 826**	**96.90**	**20 063 615**	**19 286 844**	**96.13**
华北地区						
北京市	777 982	772 009	99.23	108 257	105 948	97.87
天津市	733 180	722 369	98.53	109 961	106 120	96.51
河北省	6 084 388	5 941 443	97.65	814 334	781 377	95.95
山西省	2 931 697	2 893 173	98.69	602 819	588 558	97.63
内蒙古自治区	2 431 618	2 375 568	97.69	436 922	412 858	94.49
东北地区						
辽宁省	4 109 395	4 047 980	98.51	661 486	637 753	96.41
吉林省	2 993 935	2 936 997	98.10	467 964	456 056	97.46
黑龙江省	4 369 718	4 250 464	97.27	760 355	729 203	95.90
华东地区						
上海市	913 868	909 133	99.48	124 603	122 643	98.43
江苏省	6 120 256	6 043 561	98.75	1 074 618	1 047 583	97.48
浙江省	3 651 529	3 616 937	99.05	589 896	585 399	99.24
安徽省	7 065 219	6 825 534	96.61	1 097 944	1 041 590	94.87
福建省	3 445 003	3 367 275	97.74	517 578	515 953	99.69
江西省	5 485 729	5 330 039	97.16	936 443	889 376	94.97
山东省	8 418 854	8 286 935	98.43	1 565 938	1 544 642	98.64
中南地区						
河南省	9 977 500	9 693 222	97.15	1 728 120	1 674 480	96.90
湖北省	6 530 156	6 328 301	96.91	873 261	836 566	95.80
湖南省	7 384 034	7 159 898	96.96	1 034 988	995 562	96.19
广东省	6 773 671	6 676 936	98.57	950 101	916 060	96.42
广西壮族自治区	5 465 755	5 196 960	95.08	776 085	722 689	93.12
海南省	890 387	865 663	97.22	113 811	110 901	97.44
西南地区						
四川省	12 431 086	11 797 448	94.90	2 279 471	2 204 284	96.70
贵州省	4 496 334	4 200 254	93.42	506 376	448 814	88.63
云南省	4 993 768	4 627 755	92.67	647 837	612 214	94.50
西藏自治区	108 304	100 102	92.43	9 015	6 818	75.63
西北地区						
陕西省	3 394 305	3 292 041	96.99	457 870	436 413	95.31
甘肃省	2 589 879	2 464 291	95.15	359 275	330 544	92.00
青海省	543 915	511 801	94.10	67 083	60 013	89.46
宁夏回族自治区	693 613	669 512	96.53	81 867	77 833	95.07
新疆维吾尔自治区	1 884 884	1 826 225	96.89	309 337	288 594	93.29

特殊教育学

（包括盲聋哑学校及

	学校数（所）	班数（个）		毕业生数		
		小学	初中	计	小学	初中
总计	**577**	**4 108**	**380**	**4 513**	**3 813**	**700**
华北地区						
北京市	15	188	18	207	142	65
天津市	9	86	20	76	55	21
河北省	15	96	3	69	54	15
山西省	16	134	6	133	114	19
内蒙古自治区	9	46	4	66	37	29
东北地区						
辽宁省	73	416	28	530	418	112
吉林省	26	284	30	445	382	63
黑龙江省	64	494	13	564	508	56
华东地区						
上海市	34	232	44	247	103	144
江苏省	68	509	13	440	413	27
浙江省	24	159	1	201	201	
安徽省	14	98	10	122	108	14
福建省	11	79		106	106	
江西省	7	70	5	63	48	15
山东省	70	391	14	335	307	28
中南地区						
河南省	24	127	18	122	67	55
湖北省	12	124	8	102	86	16
湖南省	5	46	4	37	37	
广东省	9	87	2	66	66	
广西壮族自治区	2	20		47	47	
海南省						
西南地区						
四川省	34	130	127	133	123	10
贵州省	6	36		24	24	
云南省	7	55	5	69	58	11
西藏自治区						
西北地区						
陕西省	10	77		130	130	
甘肃省	5	54	3	88	88	
青海省	1	9		23	23	
宁夏回族自治区	2	14				
新疆维吾尔自治区	5	47	4	68	68	

校基本情况

弱智儿童辅读学校）

单位：人

招生数			在校学生数			教职工数	
计	小学	初中	计	小学	初中	计	其中：专任教师
11 971	**11 105**	**866**	**57 617**	**54 775**	**2 842**	**16 056**	**10 777**
393	303	90	2 430	2 204	226	619	448
207	129	78	1 232	1 046	186	436	320
415	400	15	1 339	1 309	30	315	204
434	409	25	2 274	2 218	56	617	380
226	193	33	577	519	58	217	148
1 354	1 291	63	5 480	5 142	338	1 677	1 140
744	633	111	4 603	4 258	345	1 291	837
1 108	1 014	94	5 883	5 710	173	1 908	1 218
570	516	54	2 986	2 573	413	1 030	643
1 663	1 597	66	7 413	7 256	157	1 761	1 210
641	641		2 621	2 612	9	507	370
289	260	29	1 722	1 639	83	334	248
224	224		1 170	1 170		276	185
185	185		1 070	1 000	70	239	193
1 349	1 276	73	5 046	4 906	140	1 728	1 122
365	308	57	2 114	1 868	246	515	363
247	228	19	1 570	1 524	46	440	314
151	140	11	731	671	60	225	160
291	278	13	1 212	1 190	22	300	218
69	69		257	257		75	53
305	297	8	1 562	1 533	29	432	303
82	82		539	539		119	82
191	164	27	951	896	55	221	158
145	145		976	976		277	184
124	124		744	707	37	185	119
40	40		169	169		31	19
42	42		201	201		54	32
117	117		745	682	63	227	106

特殊教育学校中盲

	学校数（所）	班数（个）		毕业生数		
		小学	初中	计	小学	初中
总计	**446**	**3 044**	**343**	**4 253**	**3 584**	**669**
华北地区						
北京市	7	66	18	152	87	65
天津市	4	39	20	73	52	21
河北省	13	84	3	69	54	15
山西省	13	112	6	133	114	19
内蒙古自治区	9	45	4	66	37	29
东北地区						
辽宁省	46	285	27	471	376	95
吉林省	23	247	30	445	382	63
黑龙江省	62	462	13	537	481	56
华东地区						
上海市	21	113	39	214	84	130
江苏省	45	339	13	426	399	27
浙江省	19	134	1	187	187	
安徽省	10	79	10	122	108	14
福建省	8	67		106	106	
江西省	5	34	5	63	48	15
山东省	55	259	14	290	262	28
中南地区						
河南省	17	106	18	122	67	55
湖北省	12	98	8	102	86	16
湖南省	5	46	4	37	37	
广东省	7	51	2	56	56	
广西壮族自治区	2	18		47	47	
海南省						
西南地区						
四川省	33	99	96	133	123	10
贵州省	3	29		24	24	
云南省	5	49	5	69	58	11
西藏自治区						
西北地区						
陕西省	10	67		130	130	
甘肃省	5	48	3	88	88	
青海省	1	9		23	23	
宁夏回族自治区	1	12				
新疆维吾尔自治区	5	47	4	68	68	

聋哑学校基本情况

单位：人

招生数			在校学生数			教职工数	
计	小学	初中	计	小学	初中	计	其中：专任教师
9 220	**8 354**	**866**	**45 331**	**42 548**	**2 783**	**13 630**	**8 665**
224	134	90	1 042	816	226	351	222
154	76	78	633	447	186	279	201
312	297	15	1 211	1 181	30	296	188
382	357	25	2 004	1 948	56	564	336
215	182	33	566	508	58	217	148
1 012	949	63	3 958	3 632	326	1 364	884
700	589	111	4 106	3 761	345	1 201	758
987	893	94	5 571	5 398	173	1 859	1 172
266	212	54	1 578	1 212	366	798	438
1 201	1 135	66	5 501	5 344	157	1 426	893
555	555		2 314	2 305	9	452	322
237	208	29	1 482	1 399	83	302	219
184	184		1 032	1 032		239	151
68	68		625	555	70	160	121
864	791	73	3 643	3 503	140	1 371	809
287	230	57	1 849	1 603	246	445	309
190	171	19	1 258	1 212	46	400	274
151	140	11	731	671	60	225	160
196	183	13	778	756	22	201	140
69	69		240	240		73	51
279	271	8	1 230	1 201	29	358	232
58	58		450	450		96	60
191	164	27	867	812	55	200	138
138	138		890	890		264	171
101	101		680	643	37	183	117
40	40		169	169		31	19
42	42		178	178		48	26
117	117		745	682	63	227	106

幼 儿 园 基 本

	园数（所）		班数（个）	
	计	其中：三个班以及以上	计	其中：小学附设学前班
总计	**171 845**	**34 019**	**594 185**	**265 042**
华北地区				
北京市	3 563	1 693	13 780	1 608
天津市	284	279	4 578	2 730
河北省	1 838	852	33 448	27 278
山西省	6 906	3 388	26 616	16 688
内蒙古自治区	1 309	488	12 952	8 612
东北地区				
辽宁省	11 416	3 349	37 677	13 256
吉林省	2 572	969	14 328	7 719
黑龙江省	2 046	998	19 071	11 438
华东地区				
上海市	960	716	15 326	1 190
江苏省	25 015	3 642	51 858	17 437
浙江省	12 590	1 276	26 048	6 936
安徽省	1 732	616	12 162	6 823
福建省	5 735	1 359	20 842	5 131
江西省	4 547	734	10 806	3 489
山东省	46 416	2 657	73 050	15 728
中南地区				
河南省	4 052	856	29 131	15 775
湖北省	4 315	1 412	18 721	9 178
湖南省	2 889	813	31 522	22 823
广东省	7 249	2 750	36 900	19 843
广西壮族自治区	2166	877	16 867	11 800
海南省	623	178	3 202	1 638
西南地区				
四川省	17 767	1 712	43 865	12 535
贵州省	1 092	425	4 519	2 274
云南省	1 760	546	7 509	3 456
西藏自治区	36	14	96	
西北地区				
陕西省	1 080	519	18 589	15 156
甘肃省	489	309	4 181	2 062
青海省	227	86	1 265	712
宁夏回族自治区	213	92	1 067	421
新疆维吾尔自治区	958	414	4 209	1 284

情况（总计）

在园幼儿数（人）		教职工数（人）			
			其中		
计	其中：小学附设学前班幼儿	计	园长	教师	保建员
18 545 300	**8 563 391**	**979 107**	**50 052**	**670 368**	**45 526**
354 367	53 743	52 105	3 296	14 705	1 406
150 848	87 706	7 968	516	4 248	228
1 188 824	998 387	44 282	1 475	32 824	2 662
753 049	429 284	33 770	1 191	26 083	1 607
381 245	252 276	16 522	1 036	8 111	1 632
1 270 266	473 612	88 908	4 760	37 070	2 920
425 844	222 603	29 394	1 620	18 974	2 366
550 811	328 831	35 930	2 132	22 139	1 819
460 578	34 405	43 709	2 482	28 623	2 271
1 643 832	587 807	81 345	4 298	66 978	1 973
803 205	230 698	38 205	1 590	32 261	908
416 341	226 955	18 565	1 100	15 658	957
697 718	138 423	27 879	1 215	23 858	181
327 540	106 820	18 471	960	14 579	687
2 021 3336	463 730	100 166	4 435	86 029	3 180
1 087 957	669 588	44 941	1 768	33 650	1 116
636 188	321 737	41 901	2 569	26 583	3 157
847 410	598 871	35 270	1 435	25 083	3 307
1 327 988	733 689	58 426	4 236	37 452	3 319
569 602	412 150	21 974	1 093	15 573	1 010
97 074	59 798	4 170	209	2 830	576
1291 997	410 904	66 816	2 905	51 978	2 796
155 438	84 275	9 516	683	7 701	1 068
233 198	103 060	13 660	736	10 103	699
2 648	529	317	21	196	46
503 864	394 271	21 169	874	15 005	895
142 749	68 053	7 874	507	4 075	1 170
38 879	19 251	2 031	172	1 511	263
34 328	14 816	2 625	167	1 391	162
130 176	37 119	11 198	571	5 097	1 145

成人高等学校基

（不包括普通高等学校

	学校数（所）		本专科学生数					
	计	其中：中央部委所属学校数	毕业生数	招生数	在校学生数	预计毕业生数	合计	计
总　计	**1 373**	**309**	**553 213**	**450 732**	**1 092 469**	**374 114**	**194 471**	**184 302**
华北地区								
北京市	88	40	73 669	32 136	69 905	20 241	15 747	14 832
天津市	48	5	21 201	14 379	38 828	11 771	6 700	6 599
河北省	53	17	21 063	19 010	49 385	17 679	11 586	10 387
山西省	49	19	13 470	11 490	27 239	11 009	7 541	6 816
内蒙古自治区	22	3	10 661	9 609	21 541	7 154	4 001	3 981
东北地区								
辽宁省	88	24	32 354	24 383	66 197	24 167	14 863	14 341
吉林省	55	12	16 185	10 798	30 131	11 642	7 207	7 022
黑龙江省	113	25	26 250	17 338	68 631	35 727	11 347	10 215
华东地区								
上海市	86	3	21 909	11 588	46 563	18 626	14 595	14 134
江苏省	94	18	24 303	20 458	50 523	16 380	10 866	10 308
浙江省	38	5	9 270	8 436	23 419	8 342	3 860	3 763
安徽省	28	7	20 660	14 544	31 351	10 471	4 093	3 928
福建省	19	1	7 065	8 342	19 951	7 233	1 675	1 639
江西省	28	4	13 947	10 009	23 384	7 998	4 312	3 666
山东省	52	14	25 407	27 083	62 267	20 960	10 137	9 236
中南地区								
河南省	54	10	23 731	21 652	46 204	14 193	7 993	7 897
湖北省	74	18	30 610	25 414	65 318	21 193	10 380	9 966
湖南省	48	11	25 056	31 523	63 311	12 731	5 936	5 779
广东省	64	5	29 263	33 766	74 745	28 016	7 564	7 380
广西壮族自治区	24		10 760	10 580	21 911	6 694	3 569	3 402
海南省	5	1	2 592	2 537	4 847	1 445	437	435
西南地区								
四川省	95	28	48 263	34 811	75 497	22 023	11 712	11 221
贵州省	20	4	4 635	7 773	15 001	4 753	2 756	2 704
云南省	21	6	6 858	7 125	14 446	5 915	3 011	2 811
西藏自治区								
西北地区								
陕西省	41	17	13 950	15 103	39 022	14 893	5 101	4 604
甘肃省	24	9	5 265	6 485	13 982	4 634	2 007	1 947
青海省	8		1 869	988	2 568	1 112	622	613
宁夏回族自治区	5		2 766	2 956	5 978	1 327	712	701
新疆维吾尔自治区	29	3	10 181	10 416	20 324	5 785	4 141	3 975

本情况（总计）

授函部、夜大学）

单位：人

教职工数												
校本部教职工数									科研机构人员	校办厂场职工	附设机构人员	兼任教师
专任教师						教辅人员	行政人员	工勤人员				
小计	教授	副教授	讲师	教员	助教							
86 893	**451**	**10 483**	**29 988**	**17 934**	**28 037**	**18 278**	**47 371**	**31 760**	**1 282**	**5 793**	**3 094**	**25 530**
6 629	81	775	1 798	1 846	2 129	1 199	4 537	2 467	120	471	324	2 168
3 095	16	356	1 189	268	1 266	720	1 071	1 083	31	42	28	1 741
4 151	10	459	1 302	866	1 514	945	2 721	2 570	52	938	209	649
2 809	16	403	741	725	924	598	1 701	1 708	65	500	160	1 060
2 057	3	242	660	344	808	420	935	569	18		2	151
7 147	38	1 049	2 634	1 133	2 293	1 432	3 744	2 018	57	181	284	1 471
3 397	29	536	1 322	580	930	673	2 028	924	73	87	25	1 006
4 984	7	86	1 252	1 898	1 741	1 005	2 209	2 017	352	695	85	1189
6 345	15	551	2 639	1 227	1 913	1 340	3 539	2 910	112	270	79	535
5 295	14	671	2 348	637	1 625	978	2 608	1 427	35	289	234	576
1 919	4	224	713	280	698	430	933	481		67	30	1 256
1 842	4	258	645	254	681	438	1 071	577	23	43	99	519
879	1	89	336	158	295	80	489	191		34	2	236
1 826	3	187	623	330	683	309	940	591	34	474	138	566
4 137	15	624	1 301	667	1 530	978	2 324	1 797	23	801	77	350
3 789	8	432	1 002	1 006	1 341	802	2 110	1 196	10	36	50	1 426
4 674	94	778	1 582	995	1 225	1 336	2 342	1 614	93	149	172	1 598
2 748	8	450	982	642	666	612	1 435	984	34	91	32	1 164
3 532	23	432	1 572	588	917	724	1 896	1 228	29	36	119	1 763
1 613	2	197	623	243	548	282	915	592	39	23	105	347
243	1	19	83	45	95	28	97	67	2			118
5 319	38	683	2 010	1 006	1 582	1 088	2 978	1 836	30	113	348	4 318
1 261	10	189	472	194	396	267	669	507	2		50	137
1 553	3	190	395	450	515	218	627	413	10	52	138	649
2 127	5	196	721	605	600	505	1 249	723	9	352	136	241
1 077		144	381	225	327	164	455	251	3	26	31	125
304	1	39	120	42	102	111	87	111		2	7	38
306		15	109	31	151	74	170	151	7		4	16
1 835	2	209	433	649	542	522	861	757	19	21	126	117

成人高等学校本、

（不包括普通高等学校

	毕业生数			招生数		
	计	本科	专科	计	本科	专科
总计	**553 213**	**11 170**	**542 043**	**450 732**	**15 962**	**434 770**
华北地区	140 064	1 068	138 996	86 624	1 859	84 765
北京市	73 669	177	73 492	32 136	326	31 810
天津市	21 201	144	21 057	14 379	311	14 068
河北省	21 063	583	20 480	19 010	464	18 546
山西省	13 470	164	13 306	11 490	570	10 920
内蒙古自治区	10 661		10 661	9 609	188	9 421
东北地区						
辽宁省	32 354	555	31 799	24 383	898	23 485
吉林省	16 185	894	15 291	10 798	356	10 442
黑龙江省	26 250	684	25 566	17 338	563	16 775
华东地区						
上海市	21 909	1 662	20 247	11 588	1 278	10 310
江苏省	24 303	307	23 996	20 458	595	19 863
浙江省	9 270	187	9 083	8 436	438	7 998
安徽省	20 660	143	20 517	14 544	405	14 139
福建省	7 065	127	6 938	8 342	184	8 158
江西省	13 947	992	12 955	10 009	1 251	8 758
山东省	25 407	37	25 370	27 083	1 576	25 507
中南地区						
河南省	23 731	804	22 927	21 652	616	21 036
湖北省	30 610	566	30 044	25 414	666	24 748
湖南省	25 056	1 498	23 558	31 523	2 038	29 485
广东省	29 263	508	28 755	33 766	941	32 825
广西壮族自治区	10 760	32	10 728	10 580	178	10 402
海南省	2 592		2 592	2 537		2 537
西南地区						
四川省	48 263	479	47 784	34 811	892	33 919
贵州省	4 635	205	4 430	7 773	443	7 330
云南省	6 858	203	6 655	7 125	271	6 854
西藏自治区						
西北地区						
陕西省	13 950	93	13 857	15 103	329	14 774
甘肃省	5 265	89	5 176	6 485	76	6 409
青海省	1 869		1 869	988		988
宁夏回族自治区	2 766	37	2 729	2 956	34	2 922
新疆维吾尔自治区	10 181		10 181	10 416	75	10 341

专科学生数(总计)

函授部、夜大学) 单位:人

在校学生数			预计毕业生数		
计	本科	专科	计	本科	专科
1 092 469	**36 464**	**1 056 005**	**374 114**	**9 947**	**364 167**
206 898	5 317	201 581	67 854	1 197	66 657
69 905	1 503	68 402	20 241	348	19 893
38 828	1 136	37 692	11 771	230	11 541
49 385	1 410	47 975	17 679	196	17 483
27 239	1 029	26 210	11 009	372	10 637
21 541	239	21 302	7 154	51	7 103
66 197	2 459	63 738	24 167	576	23 511
30 131	1 830	28 301	11 642	662	10 980
68 631	1 914	66 717	35 727	798	34 929
46 563	3 750	42 813	18 626	1 162	17 464
50 523	1 817	48 706	16 380	533	15 847
23 419	1 121	22 298	8 342	383	7 959
31 351	571	30 780	10 471	166	10 305
19 951	458	19 493	7 233	274	6 959
23 384	2 660	20 724	7 998	313	7 685
62 267	1 887	60 380	20 960	244	20 716
46 204	949	45 255	14 193	333	13 860
65 318	1 848	63 470	21 193	448	20 745
63 311	3 318	59 993	12 731	608	12 123
74 745	1 828	72 917	28 016	621	27 395
21 911	518	21 393	6 694	163	6 531
4 847		4 847	1 445		1 445
75 497	1 891	73 606	22 023	413	21 610
15 001	723	14 278	4 753	280	4 473
14 446	591	13 855	5 915	319	5 596
39 022	478	38 544	14 893	149	14 744
13 982	227	13 755	4 634	105	4 529
2 568		2 568	1 112		1 112
5 978	92	5 886	1 327	58	1 269
20 324	217	20 107	5 785	142	5 643

	学校数（所）		本专科学生数					
	计	其中：中央部委所属学校数	毕业生数	招生数	在校学生数	预计毕业生数	合计	计
总计	**40**	**1**	**275 007**	**191 914**	**453 778**	**154 804**	**24 157**	**23 525**
华北地区								
北京市	2	1	28 632	5 040	10 710	3 479	918	656
天津市	1		12 615	8 235	14 148	3 562	279	275
河北省	1		9 630	8 605	20 506	7 051	1 163	1 084
山西省	1		7 063	3 393	8 049	3 041	548	548
内蒙古自治区	1		6 482	3 726	8 807	3 262	790	790
东北地区								
辽宁省	3		15 566	9 317	27 441	11 578	1 983	1 979
吉林省	1		7 691	4 785	12 832	5 430	1 763	1 752
黑龙江省	2		14 026	5 908	30 771	20 911	95	85
华东地区								
上海市	1		4 149	1 147	6 081	3 872	280	254
江苏省	1		14 957	9 645	22 504	6 243	1 729	1 591
浙江省	2		5 456	4 151	12 358	4 882	1 194	1 187
安徽省	1		12 050	7 537	15 704	5 197	575	575
福建省	2		5 038	5 592	12 873	4 812	182	182
江西省	1		7 960	3 648	9 226	3 685	473	473
山东省	2		15 815	12 056	23 484	3 956	1 946	1 938
中南地区								
河南省	1		15 069	11 868	25 980	7 448	1 883	1 880
湖北省	2		15 970	10 824	27 189	9 731	1 618	1 588
湖南省	1		17 034	19 291	37 261	6 380	1 134	1 134
广东省	2		8 430	9 229	18 743	5 679	1 200	1 194
广西壮族自治区	1		7 685	5 154	12 466	4 305	695	681
海南省	1		679	1 231	1 925	257	68	66
西南地区								
四川省	2		19 560	16 655	34 363	8 567	977	968
贵州省	1		2 338	4 040	8 135	2 074	374	374
云南省	1		4 643	4 130	8 652	3 660	872	858
西藏自治区								
西北地区								
陕西省	2		4 992	7 253	24 202	10 271	210	208
甘肃省	1		2 663	4 576	9 145	2 700	170	167
青海省	1		1 275	217	948	708	91	91
宁夏回族自治区	1		1 786	1 336	2 576	652	115	115
新疆维吾尔自治区	1		5 753	3 325	6 699	1 411	832	832

学　基　本　情　况

单位：人

教职工数												兼任教师
校本部教职工数									科研机构人员	校办厂场职工	附设机构人员	
专任教师						教辅人员	行政人员	工勤人员				
小计	教授	副教授	讲师	教员	助教							
9 659	**88**	**1 027**	**3 395**	**2 244**	**2 905**	**3 262**	**7 578**	**3 026**	**47**	**164**	**421**	**12 474**
314	2	49	124	24	115	39	196	107	7	49	206	240
101	2	16	62		21	36	86	52	4			1 000
440		52	150	33	205	194	309	141	9	70		301
175		15	42	43	75	78	199	96				760
324		8	148	13	155	134	225	107				
810		87	336	69	318	295	677	197	2	1	1	313
787	3	78	283	231	192	242	595	128	10	1		710
60		2	29	14	15	6		19	2		8	64
71		6	32	5	28	90	61	32		14	12	29
697		47	321	90	239	200	532	162	3	7	128	81
508		35	206	69	198	183	381	115		4	3	928
154		8	65	12	69	97	255	69				269
73		4	29	11	29	16	71	22				
168		9	61	27	71	34	207	64				311
773	1	84	231	163	294	190	563	412		8		56
790		44	189	315	242	258	698	134			3	1 243
667	75	242	167	133		251	484	186			30	875
422	1	78	135	63	145	166	386	160				779
565	3	54	339	138	31	131	342	156	3	2	1	418
292		37	111	40	104	76	224	89			14	205
41		1	14	13	13		20	5	2			30
299		14	123	68	94	128	408	133		4	5	3 279
154	1	21	52	46	34	87	74	59				46
516		24	88	283	121	49	197	96		4	10	537
44		1	20	6	17	31	90	43	2			
69		8	17	5	39	46	42	10	3			
26		2	9	1	14	27	19	19				
42		1	10	6	25	27	31	15				
277			2	273	2	151	206	198				

广播电视大学

	毕业生数			招生数		
	计	本科	专科	计	本科	专科
总计	**275 007**		**275 007**	**191 914**	**28**	**191 886**
华北地区						
北京市	28 632		28 632	5 040		5 040
天津市	12 615		12 615	8 235		8 235
河北省	9 630		9 630	8 605		8 605
山西省	7 063		7 063	3 393		3 393
内蒙古自治区	6 482		6 482	3 726		3 726
东北地区						
辽宁省	15 566		15 566	9 317		9 317
吉林省	7 691		7 691	4 785		4 785
黑龙江省	14 026		14 026	5 908		5 908
华东地区						
上海市	4 149		4 149	1 147		1 147
江苏省	14 957		14 957	9 645		9 645
浙江省	5 456		5 456	4 151		4 151
安徽省	12 050		12 050	7 537		7 537
福建省	5 038		5 038	5 592		5 592
江西省	7 960		7 960	3 648		3 648
山东省	15 815		15 815	12 056		12 056
中南地区						
河南省	15 069		15 069	11 868		11 868
湖北省	15 970		15 970	10 824		10 824
湖南省	17 034		17 034	19 291		19 291
广东省	8 430		8 430	9 229	28	9 201
广西壮族自治区	7 685		7 685	5 154		5 154
海南省	679		679	1 231		1 231
西南地区						
四川省	19 560		19 560	16 655		16 655
贵州省	2 338		2 338	4 040		4 040
云南省	4 643		4 643	4 130		4 130
西藏自治区						
西北地区						
陕西省	4 992		4 992	7 253		7 253
甘肃省	2 663		2 663	4 576		4 576
青海省	12 75		1 275	217		217
宁夏回族自治区	1 786		1 786	1 336		1 336
新疆维吾尔自治区	5 753		5 753	3 325		3 325

本、专科学生数

单位：人

在校学生数			预计毕业生数		
计	本科	专科	计	本科	专科
453 778	**27**	**453 751**	**154 804**		**15 4804**
10 710		10 710	3 479		3 479
14 148		14 148	3 562		3 562
20 506		20 506	7 051		7 051
8 049		8 049	3 041		3 041
8 807		8 807	3 262		3 262
27 441		27 441	11 578		11 578
12 832		12 832	5 430		5 430
30 771		30 771	20 911		20 911
6 081		6 081	3 872		3 872
22 504		22 504	6 243		6 243
12 358		12 358	4 882		4 882
15 704		15 704	5 197		5 197
12 873		12 873	4 812		4 812
9 226		9 226	3 685		3 685
23 484		23 484	3 956		3 956
25 980		25 980	7 448		7 448
27 189		27 189	9 731		9 731
37 261		37 261	6 380		6 380
18 743	27	18 716	5 679		5 679
12 466		12 466	4 305		4 305
1 925		1 925	257		257
34 363		34 363	8 567		8 567
8 135		8 135	2 074		2 074
8 652		8 652	3 660		3 660
24 202		24 202	10 271		10 271
9 145		9 145	2 700		2 700
948		948	708		708
2 576		2 576	652		652
6 699		6 699	1 411		1 411

职 工 高 等 学

	学校数（所）		本专科学生数					
	计	其中：中央部委所属学校数	毕业生数	招生数	在校学生数	预计毕业生数	合计	计
总计	**888**	**246**	**135 280**	**96 158**	**288 021**	**93 732**	**81 617**	**77 471**
华北地区								
北京市	51	12	39 377	20 300	44 206	10 593	7 425	7 145
天津市	39	3	6 767	4 188	17 157	6 044	4 552	4 495
河北省	26	9	3 300	2 476	7 586	2 798	3 943	3 721
山西省	30	16	2 795	1 663	5 892	2 374	2 346	2 305
内蒙古自治区	8	3	1 937	1 474	4 226	1 265	872	870
东北地区								
辽宁省	68	23	9 377	7 542	22 627	7 606	7 821	7 489
吉林省	32	9	4 243	3 426	11 155	3 680	1 940	1 901
黑龙江省	80	23	5 274	5 762	21 044	7 544	6 460	5 730
华东地区								
上海市	68	3	13 827	7 973	33 813	12 023	10 430	10 211
江苏省	71	14	5 323	4 119	13 023	4 573	3 670	3 521
浙江省	27	4	1 917	1 228	5 561	2 052	1 243	1217
安徽省	15	6	2 322	1 712	5 064	1 246	1 412	1 380
福建省	9		1 361	1 223	4 395	1 285	335	330
江西省	17	3	2 392	1 992	5 977	2 076	1 495	1 484
山东省	29	13	2 868	3 509	8 947	2 524	4 271	3 594
中南地区								
河南省	32	10	3 537	2 898	7 366	2 297	2 510	2 489
湖北省	48	14	5 858	3 718	10 753	3 782	4 457	4 236
湖南省	35	10	3 875	3 476	8 854	2 900	2 614	2 525
广东省	38	4	4 935	6 721	18 890	5 670	2 100	2 002
广西壮族自治区	9		561	1 151	2 544	603	749	696
海南省	2	1	203	200	358	58	75	75
西南地区								
四川省	64	28	5 579	4 439	13 492	4 918	4 581	4 293
贵州省	6	4	704	455	1 329	502	587	569
云南省	13	6	850	284	1 174	475	797	713
西藏自治区								
西北地区								
陕西省	30	17	2 177	1 280	4 120	1 486	2 862	2 434
甘肃省	18	9	1 893	705	2 693	1 071	921	908
青海省	6		249	54	268	69	184	177
宁夏回族自治区	3		347	530	1 128	108	274	270
新疆维吾尔自治区	14		1 432	1 660	4 379	1 610	691	691

校基本情况

单位：人

教职工数												兼任教师
校本部教职工数									科研机构人员	校办厂场职工	附设机构人员	
专任教师						教辅人员	行政人员	工勤人员				
小计	教授	副教授	讲师	教员	助教							
36 974	**126**	**3 149**	**12 593**	**8 955**	**12 151**	**7 442**	**19 059**	**13 996**	**288**	**2 765**	**1 093**	**10 157**
3 325	21	264	812	1 496	732	526	2 393	901	32	215	33	1 321
2 273	9	220	816	205	1 023	468	1 108	646	16	31	10	653
1 524	8	126	460	381	549	283	954	960	13	182	27	203
972	9	128	303	297	235	248	523	562	12	2	27	260
463		42	144	77	200	98	189	120	2			96
3 589	26	373	1 206	758	1 226	820	1 871	1 209	25	86	221	1 039
907	2	85	368	147	305	194	546	254	16	7	16	236
2 718		36	661	998	1 023	556	1 266	1 190	3	675	52	936
4 351	8	266	1 982	539	1 556	862	2 613	2 385	66	118	35	451
1 997	1	175	974	257	590	341	743	440	2	143	4	369
659	2	70	233	134	220	106	267	185		25	1	311
675		61	255	119	240	116	338	251	1	15	16	206
193		8	81	35	69	14	106	17		4	1	187
859		67	291	207	294	120	294	211	6	3	2	98
1 554	6	183	504	317	544	450	814	776	12	643	22	226
1 285	2	115	345	331	492	212	507	485	4	9	8	164
1 990	10	194	648	511	627	605	861	780	34	83	104	392
1 251	2	119	427	430	273	267	528	479	13	58	18	370
989	8	130	416	188	247	175	528	310	13	23	62	1 128
369		42	130	85	112	24	133	170	6	16	31	112
32		3	17	4	8	5	22	16				51
2 177	8	160	624	665	720	359	1 077	680	12	44	232	842
256	1	38	76	36	105	56	128	129			18	50
353		60	112	103	78	65	168	127		36	48	88
1 126	3	88	356	362	317	292	603	413		336	92	194
548		46	184	177	141	69	200	91		11	2	112
96		14	36	12	34	13	34	34			7	32
134		3	32	19	80	11	47	78			4	6
309		33	100	65	111	87	198	97				24

职 工 高 等 学 校

	毕业生数			招生数		
	计	本科	专科	计	本科	专科
总计	**135 280**	**1 182**	**134 098**	**96 158**	**1 118**	**95 040**
华北地区						
北京市	39 377	139	39 238	20 300	79	20 221
天津市	6 767		6 767	4 188	78	4 110
河北省	3 300		3 300	2 476	21	2 455
山西省	2 795		2 795	1 663		1 663
内蒙古自治区	1 937		1 937	1 474		1 474
东北地区						
辽宁省	9 377	103	9 274	7 542	154	7 388
吉林省	4 243	68	4 175	3 426	69	3 357
黑龙江省	5 274		5 274	5 762		5 762
华东地区						
上海市	13 827	523	13 304	7 973	403	7 570
江苏省	5 323	46	5 277	4 119	128	3 991
浙江省	1 917		1 917	1 228		1 228
安徽省	2 322		2 322	1 712		1 712
福建省	1 361		1 361	1 223		1 223
江西省	2 392		2 392	1 992		1 992
山东省	2 868		2 868	3 509		3 509
中南地区						
河南省	3 537		3 537	2 898		2 898
湖北省	5 858	118	5 740	3 718	56	3 662
湖南省	3 875		3 875	3 476		3 476
广东省	4 935		4 935	6 721		6 721
广西壮族自治区	561		561	1 151		1 151
海南省	203		203	200		200
西南地区						
四川省	5 579	185	5 394	4 439	130	4 309
贵州省	704		704	455		455
云南省	850		850	284		284
西藏自治区						
西北地区						
陕西省	2 177		2 177	1 280		1 280
甘肃省	1 893		1 893	705		705
青海省	249		249	54		54
宁夏回族自治区	347		347	530		530
新疆维吾尔自治区	1 432		1 432	1 660		1 660

本、专科学生数

单位：人

在校学生数			预计毕业生数		
计	本科	专预	计	本科	专科
288 021	**5 093**	**282 928**	**93 732**	**1 319**	**92 313**
44 206	679	43 527	10 593	206	10 387
17 157	445	16 712	6 044	73	5 971
7 586	106	7 480	2 798		2 798
5 892	23	5 869	2 374		2 374
4 226		4 226	1 265		1 265
22 627	915	21 712	7 606	287	7 319
11 155	305	10 850	3 680	74	3 606
21 044		21 044	7 544		7 544
33 813	1 535	32 278	12 023	367	11 656
13 023	502	12 521	4 573	164	4 409
5 561		5 561	2 052		2 052
5 064		5 064	1 746		1 746
4 395		4 395	1 285		1 285
5 977		5 977	2 076		2 076
8 947		8 947	2 524		2 524
7 366		7 366	2 297		2 297
10 753	173	10 580	3 782	80	3 702
8 854		8 854	2 900		2 900
18 890	13	18 877	5 670		5 670
2 544		2 544	603		603
358		358	58		58
13 492	397	13 095	4 918	68	4 850
1 329		1 329	502		502
1 174		1 174	475		475
4 120		4 120	1 486		1 486
2 693		2 693	1 071		1 071
268		268	69		69
1 128		1 128	108		108
4 379		4 379	1 610		1 610

农民高等学

	学校数（所）		本专科学生数					
	计	其中：中央部委所属学校数	毕业生数	招生数	在校学生数	预计毕业生数	合计	计
总计	**5**		**668**	**377**	**709**	**306**	**406**	**390**
吉林省	4		369	377	697	294	221	207
山东省	1		299		12	12	185	183

注：农民高等学校都是专科学生数。

独立函授学

	学校数（所）		本专科学生数					
	计	其中：中央部委所属学校数	毕业生数	招生数	在校学生数	预计毕业生数	合计	计
总计	**4**		**15 012**	**5 828**	**12 121**	**2 142**	**445**	**444**
北京市	1		100	282	1 136	273	63	63
吉林省	1		887					
湖北省	1		3 121	1 722	4 891	1 869	17	16
四川省	1		10 900	3 561	5 466		365	365
宁夏回族自治区				263	628			

独立函授学院

	毕业生数			招生数		
	计	本科	专科	计	本科	专科
总计	**15 012**	**826**	**14 186**	**5 828**	**129**	**5 699**
北京市	100		100	282	129	153
吉林省	887	826	61			
湖北省	3 125		3 125	1 722		1 722
四川省	10 900		10 900	3 561		3 561
宁夏回族自治区				263		263

校基本情况

单位：人

教职工数												兼任教师
校本部教职工数									科研机构人员	校办厂场职工	附设机构人员	
专任教师						教辅人员	行政人员	工勤人员				
小计	教授	副教授	讲师	教员	助教							
171		**19**	**84**	**21**	**47**	**32**	**92**	**95**	**3**	**11**	**2**	**10**
107		12	47	13	35	19	48	33	3	11		4
64		7	37	8	12	13	44	62			2	6

院基本情况

单位：人

教职工数												兼任教师
校本部教职工数									科研机构人员	校办厂场职工	附设机构人员	
专任教师						教辅人员	行政人员	工勤人员				
小计	教授	副教授	讲师	教员	助教							
219	**1**	**25**	**143**	**8**	**32**	**99**	**85**	**41**	**1**			**376**
39	1	8	14		16		13	17				27
12		2	6	4			4		1			273
168		25	123	4	16	99	68	30				76

本、专科学生数

单位：人

在校学生数			预计毕业生数		
计	本科	专科	计	本科	专科
12 121	**466**	**11 655**	**2 142**		**2 142**
1 136	466	670	273		273
4 891		4 891	1 869		1 869
5 466		5 466			
628		628			

教 育 学 院

	学校数（所）		本专科学生数					
	计	其中：中央部委所属学校数	毕业生数	招生数	在校学生数	预计毕业生数	合计	计
总计	**265**	**5**	**101 222**	**123 933**	**276 173**	**96 417**	**49 999**	**47 254**
华北地区								
北京市	2		1 376	2 007	4 683	1 663	531	477
天津市	1		1 130	885	5 504	1 506	419	415
河北省	16	1	6 451	5 564	17 000	6 141	2 159	2 129
山西省	12		2 938	4 944	10 840	4 626	2 057	1 859
内蒙古自治区	10		1 523	3 480	6 602	1 650	1 764	746
东北地区								
辽宁省	11		6 267	6 447	14 090	4 172	3 320	3 188
吉林省	7		2 287	1 186	3 398	1 213	1 369	1 311
黑龙江省	21	2	5 442	4 143	13 938	5 954	2 914	2 531
华东地区								
上海市	12		3 510	2 024	5 493	2 239	3 238	3 029
江苏省	12		3 220	5 601	13 041	4 705	3 962	3 712
浙江省	6		1 617	3 013	5 242	1 194	1 026	967
安徽省	9		5 410	4 471	9 106	2 856	1 498	1 395
福建省	4		231	422	960	468	578	547
江西省	7		2 790	3 541	6 563	1 447	1 422	1 105
山东省	15	1	5 521	10 421	27 783	13 555	2 729	2 617
中南地区								
河南省	17		4 437	6 097	11 319	3 698	2 325	2 287
湖北省	14		3 963	7 690	19 393	4 230	2 450	2 299
湖南省	8		3 351	7 087	14 363	2 349	1 235	1 235
广东省	13		13 506	14 624	31 010	14 294	2 588	2 525
广西壮族自治区	10		788	3 486	5 404	1 201	1 433	1 340
海南省	2		1 710	1 106	2 564	1 130	294	294
西南地区								
四川省	18		10 467	8 044	18 140	6 878	3 509	3 461
贵州省	8		892	2 138	3 644	1 424	1 026	997
云南省	6		1 176	2 418	4 118	1 571	1 143	1 044
西藏自治区								
西北地区								
陕西省	6		6 127	5 679	4 060	2 387	1 425	1 372
甘肃省	4		605	954	1 767	736	742	698
青海省	1		345	717	1 352	335	347	345
宁夏回族自治区	1		633	827	1 646	567	323	316
新疆维吾尔自治区	12	1	2 509	4 871	8 150	2 228	2 173	2 013

基　本　情　况

位单：人

教职工数												兼任教师
校本部教职工数									科研机构人员	校办厂场职工	附设机构人员	
专任教师						教辅人员	行政人员	工勤人员				
小计	教授	副教授	讲师	教员	助教							
25 742	**105**	**4 402**	**9 363**	**4 213**	**7 659**	**4 300**	**10 760**	**6 452**	**685**	**1 121**	**939**	**1 106**
229	4	47	97	48	33	82	92	74	4	42	8	
217	2	62	104	11	38	52	108	38	3	1		44
1 145		167	371	203	404	180	480	324		17	13	59
984	5	191	283	139	366	175	444	256	53	102	43	40
993	3	136	304	234	316	157	360	236	16		2	48
2 002	7	488	856	170	481	189	676	321	22	77	33	33
875	14	241	361	101	158	83	231	122	13	36	9	16
1 370		20	364	528	458	257	549	355	345	13	25	101
1 662	6	257	517	644	238	328	683	356	39	138	32	
2 009	8	365	841	169	626	291	868	544	25	135	90	117
551	1	91	224	40	195	105	186	125		38	21	17
748	3	152	292	69	232	143	336	168	5	28	70	24
326		52	144	47	83	18	145	58		20	1	28
573	3	82	206	68	214	122	255	155	24	207	86	122
1 402	6	295	429	117	555	260	618	337	4	65	43	47
1 269	4	214	336	256	459	131	628	259	6	19	13	6
1 260	2	255	510	153	340	230	514	295	52	66	33	30
652	3	190	270	72	117	108	333	142				14
1 281	4	149	582	157	389	252	557	435	6	1	56	65
674	2	83	269	74	246	130	340	196	33	7	53	6
170	1	15	52	28	74	23	55	46				37
1 775	14	331	751	213	466	335	833	518		33	15	74
537	6	94	222	63	152	76	243	141	2		27	15
599	3	94	155	57	290	80	210	155	7	12	80	11
695	1	79	247	189	179	132	364	181	6	16	31	47
372		83	148	33	108	40	152	134		15	29	3
182	1	23	75	29	54	71	34	58		2		6
130		11	67	6	46	36	92	58	7			10
1 060	2	135	286	295	342	214	374	365	13	21	126	86

教育学院本、

	毕业生数			招生数		
	计	本科	专科	计	本科	专科
总计	**101 222**	**9 124**	**92 098**	**123 933**	**14 290**	**109 643**
华北地区						
北京市	1 376		1 376	2 007	51	1 956
天津市	1 130	144	986	885	233	652
河北省	6 451	583	5 868	5 564	325	5 239
山西省	2 938	164	2 774	4 944	570	4 374
内蒙古自治区	1 523		1 523	3 480	188	3 292
东北地区						
辽宁省	6 267	452	5 815	6 447	680	5 767
吉林省	2 287		2 287	1 186	287	899
黑龙江省	5 442	684	4 758	4 143	563	3 580
华东地区						
上海市	3 510	1 139	2 371	2 024	875	1 149
江苏省	3 220	261	2 959	5 601	467	5 134
浙江省	1 617	187	1 430	3 013	438	2 575
安徽省	5 410	143	5 267	4 471	405	4 066
福建省	231	127	104	472	152	320
江西省	2 790	992	1 798	3 541	1 224	2 317
山东省	5 521	37	5 484	10 421	1 576	8 845
中南地区						
河南省	4 437	804	3 633	6 097	616	5 481
湖北省	3 963	448	3 515	7 690	587	7 103
湖南省	3 351	1 498	1 853	7 087	2 003	5 084
广东省	13 506	508	12 998	14 620	913	13 707
广西壮族自治区	1 788	32	1 756	3 486	178	3 308
海南省	1 710		1 710	1 106		1 106
西南地区						
四川省	10 467	294	10 173	8 044	731	7 313
贵州省	892	205	687	2 138	443	1 695
云南省	1 176	203	973	2 418	271	2 147
西藏自治区						
西北地区						
陕西省	6 127	93	6 034	5 679	329	5 350
甘肃省	605	89	516	954	76	878
青海省	345		345	717		717
宁夏回族自治区	633	37	596	827	34	793
新疆维吾尔自治区	2 509		2 509	4 871	75	4 796

专 科 学 生 数

单位：人

在校学生数 计	在校学生数 本科	在校学生数 专科	预计毕业生数 计	预计毕业生数 本科	预计毕业生数 专科
276 173	**30 031**	**246 142**	**96 417**	**8 397**	**88 020**
4 683	89	4 594	1 663		1 663
5 504	691	4 813	1 506	157	1 349
17 000	1 027	15 973	6 141	196	5 945
10 840	1 006	9 834	4 626	372	4 254
6 602	239	6 363	1 650	51	1 599
14 090	1 463	12 627	4 172	272	3 900
3 398	1 525	1 873	1 213	588	625
13 938	1 914	12 024	5 954	798	5 156
5 493	2 215	3 278	2 239	795	1 444
13 041	1 315	11 726	4 705	369	4 336
5 242	1 121	4 121	1 194	383	811
9 106	571	8 535	2 856	166	2 690
960	399	561	468	247	221
6 563	2 628	3 935	1 447	308	1 139
27 783	1 887	25 896	13 555	244	13 311
11 319	949	10 370	3 698	333	3 365
19 393	1 652	17 741	4 230	368	3 862
14 363	3 259	11 104	2 349	584	1 765
31 010	1 788	29 222	14 294	621	13 673
5 404	518	4 886	1 201	163	1 038
2 564		2 564	1 130		1 130
18 140	1 447	16 693	6 878	329	6 549
3 644	723	2 921	1 424	280	1 144
4 118	591	3 527	1 571	319	1 252
9 060	478	8 582	2 387	149	2 238
1 767	227	1 540	736	105	631
1 352		1 352	335		335
1 646	92	1 554	567	58	509
8 150	217	7 933	2 228	142	2 086

管 理 干 部 学

	学校数（所）		本专科学生数					
	计	其中：中央部委所属学校数	毕业生数	招生数	在校学生数	预计毕业生数	合计	计
总计	**171**	**57**	**26 024**	**32 522**	**61 667**	**26 713**	**37 847**	**25 218**
华北地区								
北京市	32	27	4 184	4 507	9 170	4 233	6 810	6 491
天津市	7	2	689	1 071	2 019	659	1 450	1 414
河北省	10	7	1 682	2 365	4 293	1 689	4 321	3 452
山西省	6	3	674	1 490	2 458	968	2 590	2 104
内蒙古自治区	3		719	929	1 906	977	575	575
东北地区								
辽宁省	6	1	1 144	1 077	2 039	811	1 739	1 685
吉林省	10	3	708	1 024	2 049	1 025	1 914	1 851
黑龙江省	10		1 508	1 525	2 878	1 318	1 878	1 861
华东地区								
上海市	5		423	444	1 176	492	647	640
江苏省	10	4	803	1 093	1 955	859	1 505	1 484
浙江省	3	1	280	44	258	214	397	392
安徽省	3	1	878	824	1 477	672	608	578
福建省	4	1	435	1 055	1 723	668	580	580
江西省	3	1	805	828	1 618	790	922	604
山东省	5		904	1 097	2 041	913	1 006	904
中南地区								
河南省	4		688	789	1 539	750	1 275	1 241
湖北省	9	4	1 694	1 460	3 092	1 581	1 838	1 822
湖南省	4	1	796	1 669	2 833	1 102	953	885
广东省	11	1	2 392	3 196	6 102	2 373	1 676	1 652
广西壮族自治区	4		726	789	1 497	585	692	685
海南省								
西南地区								
四川省	10		1 757	2 112	4 036	1 660	2 380	2 134
贵州省	5		701	1 140	1 893	753	769	762
云南省	1		189	293	502	209	199	196
西藏自治区								
西北地区								
陕西省	3		654	891	1 640	749	604	590
甘肃省	1		104	1 250	377	127	174	174
青海省								
宁夏回族自治区								
新疆维吾尔自治区	2		487	560	1 096	536	445	439

院基本情况

单位：人

教职工数：校本部教职工数：专任教师：小计	教授	副教授	讲师	教员	助教	教辅人员	行政人员	工勤人员	科研机构人员	校办厂场职工	附设机构人员	兼任教师
14 128	**131**	**1 851**	**4 410**	**2 492**	**5 243**	**3 143**	**9 797**	**8 150**	**258**	**1 732**	**639**	**1 407**
2 722	53	407	751	278	1 233	552	1 843	1 374	77	165	77	580
504	3	58	207	52	184	164	399	347	8	10	18	44
1 042	2	114	321	249	356	288	978	1 145	30	669	169	86
678	2	69	113	246	248	97	535	794		396	90	
277		56	64	20	137	31	161	106				7
746	5	101	236	136	268	128	520	291	8	17	29	86
721	10	120	263	88	240	135	608	387	31	32		40
836	7	28	198	358	245	186	394	453	2	7		88
261	1	22	108	39	91	60	182	137	7			55
592	5	84	212	121	170	146	465	281	5	4	12	9
201	1	28	50	37	85	36	99	56			5	
265	1	37	33	54	140	82	142	89	17		13	20
287	1	25	82	65	114	32	167	94				21
226		29	65	28	104	33	184	161	4	264	50	35
344	2	55	100	62	125	65	285	210	7	85	10	15
445	2	59	132	104	148	201	277	318		8	26	13
745	7	85	251	144	258	250	479	353	6		5	28
423	2	63	150	77	131	71	188	203	21	33	14	1
697	8	99	235	105	250	166	469	327	7	10		152
278		35	113	44	86	52	218	137			7	24
900	16	153	389	56	286	167	592	475	18	32	96	47
314	2	36	122	49	105	48	224	178			5	26
85		12	40	7	26	24	52	35	3			13
262	1	28	98	48	87	50	192	86	1		13	
88		7	32	10	39	9	61	16				10
189		41	45	16	87	70	83	97	6			7

管理干部学院

	毕业生数			招生数		
	计	本科	专科	计	本科	专科
总计	**26 024**	**38**	**25 986**	**32 522**	**397**	**32 125**
华北地区						
北京市	4 184	38	4 146	4 507	67	4 440
天津市	689		689	1 071		1 071
河北省	1 682		1 682	2 365	118	2 247
山西省	674		674	1 490		1 490
内蒙古自治区	719		719	929		929
东北地区						
辽宁省	1 144		1 144	1 077	64	1 013
吉林省	708		708	1 024		1 024
黑龙江省	1 508		1 508	1 525		1 525
华东地区						
上海市	423		423	444		444
江苏省	803		803	1 093		1 093
浙江省	280		280	44		44
安徽省	878		878	824		824
福建省	435		435	1 055	32	1 023
江西省	805		805	828	27	801
山东省	904		904	1 097		1 097
中南地区						
河南省	688		688	789		789
湖北省	1 694		1 694	1 460	23	1 437
湖南省	796		796	1 669	35	1 634
广东省	2 392		2 392	3 196		3 196
广西壮族自治区	726		726	789		789
海南省						
西南地区						
四川省	1 757		1 757	2 112	31	2 081
贵州省	701		701	1 140		1 140
云南省	189		189	293		293
西藏自治区						
西北地区						
陕西省	654		654	891		891
甘肃省	104		104	250		250
青海省						
宁夏回族自治区						
新疆维吾尔自治区	487		487	560		560

本、专科学生数

单位：人

在校学生数			预计毕业生数		
计	本科	专科	计	本科	专科
61667	**847**	**60820**	**26713**	**231**	**26482**
9170	269	8901	4233	142	4091
2019		2019	659		659
4293	277	4016	1689		1689
2458		2458	968		968
1906		1906	977		977
2039	81	1958	811	17	794
2049		2049	1025		1025
2878		2878	1318		1318
1176		1176	492		492
1955		1955	859		859
258		258	214		214
1477		1477	672		672
1723	59	1664	668	27	641
1618	32	1586	790	5	785
2041		2041	913		913
1539		1539	750		750
3092	23	3069	1581		1581
2833	59	2774	1102	24	1078
6102		6102	2373		2373
1497		1497	585		585
4036	47	3989	1660	16	1644
1893		1893	753		753
502		502	209		209
1640		1640	749		749
377		377	127		127
1096		1096	536		536

普通高等学校举办函授

	函授部						
	毕业生数			招生数			
	计	本科	专科	计	本科	专科	计
总　　计	**149 678**	**30 603**	**119 075**	**188 926**	**42 754**	**146 172**	**477 702**
华北地区							
北京市	31 800	2 630	29 170	23 061	4 174	18 887	69 042
天津市	250	34	216	3 133	43	3 090	6 097
河北省	1 927	663	1 264	4 695	2 127	2 568	13 115
山西省	2 138	64	2 074	3 111	46	3 065	7 232
内蒙古自治区	2 810	1 979	831	2 779	1 224	1 555	5 641
东北地区							
辽宁省	14 575	4 172	10 403	9 565	3 466	6 099	26 375
吉林省	9 980	4 251	5 729	10 514	3 517	6 997	29 222
黑龙江省	9 846	3 408	6 438	5 858	1 687	4 171	23 339
华东地区							
上海市	3 594	581	3 013	6 111	2 038	4 073	16 210
江苏省	2 824	1 537	1 287	9 156	3 033	6 123	20 430
浙江省	4 536	674	3 862	3 801	816	2 985	9 080
安徽省	3 102		3 102	6 040	703	5 337	13 498
福建省	1 013	288	725	1 930	831	1 099	6 674
江西省	1 238		1 238	3 836	692	3 144	10 000
山东省	7 073	2 319	4 754	13 607	4 639	8 968	30 664
中南地区							
河南省	9 426	84	9 342	13 226	668	12 558	33 779
湖北省	15 954	1 809	14 145	19 578	4 227	15 351	52 366
湖南省	7 170	1 097	6 073	11 296	1 946	9 350	21 979
广东省	5 082	1 818	3 264	5 914	972	4 942	4 118
广西壮族自治区	1 025		1 025	2 422	465	1 957	4 349
海南省	403		403	576		576	1 098
西南地区							
四川省	6 206	1 027	5 179	10 269	1 856	8 413	25 118
贵州省	1 741	1 425	316	1 581	591	990	2 825
云南省	3 336	59	3 277	5 662	838	4 824	9 631
西藏自治区							
西北地区	2 078	232	1 846	9 084	2 064	7 020	21 196
陕西省	507	452	55	1 410	91	1 319	3 260
甘肃省							
青海省							
宁夏回族自治区							
新疆维吾尔自治区	44		44	711		711	1 364

部、夜大学、本专科学生数

单位：人

在校学生数		夜大学								
		毕业生数			招生数			在校学生数		
本科	专科	计	本科	专科	计	本科	专科	计	本科	专科
148 379	**329 323**	**50 953**	**9 128**	**41 825**	**58 653**	**8 055**	**50 598**	**157 431**	**35 640**	**121 791**
15 773	53 269	5 323	1 253	4 070	8 168	1 095	7 073	21 885	4 658	17 227
190	5 907	879	294	585	1 845	263	1 582	3 569	611	2 958
6 422	6 693	1 948		1 948	1 246		1 246	3 663		3 663
279	6 953	259	123	136	718	162	556	2 066	615	1 451
2 865	2 776	197		197	773	220	553	1 398	492	906
9 181	17 194	3 837	1 585	2 252	3 956	1 805	2 151	11 755	5 534	6 221
13 901	15 321	1 287	245	1 042	844	159	685	2 652	916	1 736
10 091	13 248	2 994	942	2 052	2 939	743	2 196	10 236	3 870	6 366
7 941	8 269	4 225	1 265	2 960	4 421	1 040	3 381	1 8243	7 227	11 016
5 718	14 712	2 316	202	2 114	2 622	232	2 390	7 443	1 267	6 176
2 334	6 746	999		999	1 238	165	1 073	3 562	261	3 301
1 790	11 708	2 455	533	1 922	2 031	315	1 716	5 038	1 507	3 531
2 341	4 333	596	150	446	463	64	399	1 494	281	1 213
2 310	7 690	469	64	405	575	36	539	2 041	260	1 781
9 411	21 253	3 200	282	2 918	3 094	53	3 041	8 675	1 175	7 500
9 371	24 408	1 575	312	1 263	540		540	1 431		1 431
17 018	35 348	5 350	480	4 870	3 533	484	3 049	9 692	2 003	7 689
4 940	17 039	2 117	222	1 895	3 339	283	3 056	6 012	846	5 166
4 544	9 574	4 336	283	4 053	6 587	275	6 312	13 814	900	12 914
1 279	3 070	193		193	434		434	775		775
	1 098				118		118	148		148
9 289	15 829	2 623	393	2 230	3 681	310	3 371	8 260	1 192	7 068
1 239	1 586				367	90	277	513	90	423
2 088	7 543	828	172	656	1 150		1 150	2 729	191	2 538
6 857	14 339	1 554	251	1 303	1 765	237	1 528	5 171	1 210	3 961
1 207	2 053	503	77	426	565	24	541	1 826	422	1 404
		89		89	190		190	556		556
	1 364	801		801	1 451		1 451	2 784	112	2 672

成人高等学校其

	合计			单科班		
	结业	招生	在校	结业	招生	在校
总计	**582 364**	**772 317**	**534 770**	**148 338**	**234 726**	**150 053**
华北地区						
北京市	37 280	71 095	61 800	5 784	17 150	15 181
天津市	21 672	44 353	33 497	3 051	5 769	3 570
河北省	11 364	13 183	10 309	1 129	1 800	2 185
山西省	7 879	6 925	12 926	118	1 149	3 198
内蒙古自治区	2 722	2 194	1 957	338	145	287
东北地区						
辽宁省	24 402	26 499	25 176	2 327	5 294	4 766
吉林省	18 752	25 813	15 855	9 328	15 652	9 145
黑龙江省	25 235	36 061	23 078	3 804	2 955	2 360
华东地区						
上海市	252 557	355 647	124 718	94 274	113 099	8 387
江苏省	41 406	27 776	18 503	6 259	1 644	2 113
浙江省	10 443	7 716	7 425	2 070	2 030	3 302
安徽省	2 996	7 733	8 100	460	6 179	6 443
福建省	4 512	9 800	14 532	883	1 984	4 858
江西省	3 209	4 151	3 731	741	1 276	2 490
山东省	5 450	10 673	9 295	880	983	648
中南地区						
河南省	4 831	8 784	9 414	688	6 115	6 291
湖北省	13 588	20 682	25 491	4 384	11 317	18 852
湖南省	3 031	7 289	11 256	72	3 327	5 001
广东省	19 524	38 999	41 042	1 393	15 776	16 419
广西壮族自治区	12 975	3 975	6 582	259	207	403
海南省	2 634	967	1 187	247	307	527
西南地区						
四川省	18 097	24 768	45 254	6 608	13 897	23 190
贵州省	725	1 288	2 427	302	706	1 980
云南省	10 910	3 061	3 817	378	713	687
西藏自治区	—					
西北地区						
陕西省	21 020	4 108	7 801	369	1 604	2 215
甘肃省	1 879	6 225	7 272	634	2 670	4 078
青海省	72	203	226	7	45	38
宁夏回族自治区	931	857	731	310	130	730
新疆维吾尔自治区	2 268	1 492	1 771	1 241	803	1 112

他学生数（总计）

单位：人

进修班			培训班			其他班		
结业	招生	在校	结业	招生	在校	结业	招生	在校
29 467	**74 058**	**76 954**	**314 845**	**363 943**	**189 936**	**89 714**	**99 590**	**117 827**
2 682	30 007	29 344	25 611	20 778	15 678	3 203	3 160	1 597
3 544	6 471	3 800	12 000	10 171	7 481	3 077	21 942	18 646
1 223	3 180	2 744	8 601	6 231	3 379	411	1 972	2 001
		8	6 423	4 256	4 135	1 338	1 520	5 585
203	141	159	1 241	1 291	590	940	617	921
6 235	7 959	7 692	9 872	6 379	3 562	5 968	6 867	9 156
463	663	559	6 879	3 877	727	2 082	5 621	5 424
2 051	6 476	6 272	11 798	12 040	2 435	7 582	14 590	12 011
5 450	9 668	13 631	150 532	230 044	99 580	2 301	2 836	3 120
1 468	910	1 561	20 450	20 851	10 415	13 229	4 371	4 414
2 205	595	836	5 506	2 789	1 161	662	2 302	2 126
2	103	103	1 654	1 051	831	880	400	723
286	244	149	2 086	6 344	8 496	1 257	1 228	1 029
3	115	124	1 664	1 942	770	801	818	347
741	1 346	1 547	3 119	2 337	1 493	710	6 007	5 607
66	478	630	1 891	1 500	782	2 186	691	1 711
334	2 273	1 885	7 983	5 260	2 715	887	1 832	2 039
288	271	563	2 115	2 368	1 806	556	1 323	3 886
550	926	1 104	7 669	6 791	6 629	9 912	15 506	16 890
60	160	2 431	9 292	1 808	1 611	3 364	1 800	2 137
45			2 092	610	610	250	50	50
619	44	251	7 745	9 204	9 720	3 125	1 623	12 093
71	139	68	150	387	323	202	56	56
510	1 091	752	1 439	1 071	209	8 583	186	2 169
177	442	310	4 920	1 397	2 663	15 554	665	2 613
180	240	300	963	2 269	1 892	102	1 046	1 002
11	11	26	38	81	34	16	66	128
			501	557		120	170	1
	105	105	611	259	209	416	325	345

成人中等专业学校

（列入计划、学

	学校数（所）	毕业生数		招生	
		合计	其中：全脱产	合计	全脱产
总计	**5 014**	**501 808**	**220 863**	**581 989**	**228 335**
华北地区					
北京市	185	21 549	5 367	22 342	3 299
天津市	98	16 158	2 164	6 555	1 162
河北省	245	21 044	4 606	16 739	4 114
山西省	200	27 242	10 007	20 721	7 692
内蒙古自治区	134	13 123	12 873	8 421	7 482
东北地区					
辽宁省	281	36 662	18 057	22 081	12 285
吉林省	171	20 946	7 715	14 140	4 652
黑龙江省	371	14 765	12 041	33 875	14 254
华东地区					
上海市	106	8 241	2 124	8 599	846
江苏省	249	28 823	11 246	40 114	16 692
浙江省	126	6 898	4 411	7 809	4 007
安徽省	138	13 990	6 308	11 737	4 074
福建省	240	5 715	2 887	8 082	2 648
江西省	155	7 948	6 169	7 137	4 801
山东省	269	46 688	14 822	63 365	18 171
中南地区					
河南省	262	36 342	18 461	25 058	17 064
湖北省	267	36 925	18 651	46 884	23 750
湖南省	256	24 691	10 717	39 519	16 450
广东省	255	25 660	11 540	39 060	18 270
广西壮族自治区	105	6 726	3 358	13 755	6 534
海南省	27	2 456	1 669	3 351	2 694
西南地区					
四川省	309	38 808	12 481	63 385	13 087
贵州省	36	8 931	1 329	13 140	1 331
云南省	133	5 278	5 108	13 210	3 105
西藏自治区					
西北地区					
陕西省	147	10 371	3 389	6 386	3 194
甘肃省	96	5 516	3 979	12 345	6 259
青海省	17	823	783	928	453
宁夏回族自治区	30	1 235	1 147	2 262	1 335
新疆维吾尔自治区	106	8 254	7 424	10 989	8 630

基 本 情 况（总 计）

制两年以上）

单位：人

数	在校学生数				专职教职工数		兼任
函授、业余	合 计	全脱产	函授、业余	合计中：女学生	合 计	其中：专任教师	教 师
353 654	**1 798 192**	**535 823**	**1 262 369**	**747 480**	**189 594**	**100 781**	**38 451**
19 043	56 692	8 903	47 789	27 851	10 129	4 752	2 958
5 393	20 842	4 434	16 408	11 594	3 731	1 869	425
12 625	72 325	11 191	61 134	36 036	6 775	3 998	534
13 029	87 430	17 212	70 218	50 099	6 027	3 469	844
939	28 358	17 859	10 499	11 981	5 413	3 061	479
9 796	129 385	30 927	98 459	58 477	13 980	8 303	1 962
9 488	115 759	15 332	100 427	42 996	9 756	5 388	2 120
19 621	123 250	39 522	83 728	67 346	14 059	7 258	2 143
7 753	32 266	2 569	29 697	9 446	5 681	2 893	649
23 422	113 462	40 006	73 456	40 493	12 304	6 008	2 572
3 802	25 948	9 208	16 740	11 581	4 185	2 218	901
7 663	56 836	11 284	45 552	19 399	3 877	1 955	1 842
5 434	20 699	6 331	14 368	4 872	5 430	2 693	1 595
2 336	23 492	13 243	10 249	7 029	4 262	2 274	1 791
45 194	162 603	38 099	124 504	60 671	11 677	7 018	2 825
7 994	83 462	39 562	43 900	30 790	10 543	5 528	1 426
23 134	112 374	48 681	63 693	41 639	12 580	7 201	1 284
23 069	98 180	34 521	63 659	42 147	9 133	5 177	864
20 790	106 435	35 438	70 997	42 939	7 404	3 853	2 171
7 221	27 159	11 801	15 358	9 457	3 124	1 894	181
657	8 667	5 248	3 419	3 000	945	461	67
50 298	116 792	27 148	89 644	48 663	12 254	6 067	3 687
11 809	23 702	3 332	20 370	12 277	897	542	364
10 105	31 772	7 037	24 735	5 685	3 686	1 457	941
3 192	32 652	10 408	22 244	10 173	4 067	2 149	914
6 086	26 100	13 447	12 653	8 637	2 850	1 183	1 145
475	1 987	1 277	710	780	327	193	215
927	5 123	3 302	1 821	2 908	885	465	82
2 359	54 440	28 501	25 939	28 514	3 613	1 454	1 470

广播电视中等专

（列入计划、学

	学校数（所）	毕业生数		招生	
		合计	其中：全脱产	合计	全脱产
总计	**113**	**99 253**	**12 501**	**123 912**	**26 884**
华北地区					
北京市	1	8 664		6 767	
天津市	1	12 000		2 483	
河北省	6	123		715	86
山西省	7	5 315		1 284	42
内蒙古自治区					
东北地区					
辽宁省	14	4 647	1 800	4 085	1 742
吉林省	1	3 444	102	809	680
黑龙江省					
华东地区					
上海市	1			1 349	
江苏省	2	3 001		10 516	7 289
浙江省	11	494	36	3 096	2 147
安徽省	15	478	43	1 969	43
福建省	3	250		196	
江西省	1	1 200		203	
山东省	22	15 868	481	6 311	2 026
中南地区					
河南省	3	228	40	174	20
湖北省	1	2 972	2 459	2 704	1 115
湖南省	2	327	282	3 451	953
广东省	1				
广西壮族自治区					
海南省	1	127	109	109	109
西南地区					
四川省	4	22 010	2 859	47 899	4 546
贵州省	3	7 500		9 256	59
云南省	4	1 826	1 791	7 841	603
西藏自治区					
西北地区					
陕西省	3	4 106		460	38
甘肃省	2	1 975	533	8 905	2 941
青海省					
宁夏回族自治区	1				
新疆维吾尔自治区	3	2 698	1 966	3 330	2 445

业　学　校　基　本　情　况

制两年以上）　　　　　　　　　　单位：人

数	在校学生数				专职教职工数		兼任
函授、业余	合计	全脱产	函授、业余	合计中：女学生	合计	其中：专任教师	教师
97 028	**366 144**	**59 007**	**307 137**	**142 691**	**8 133**	**3 374**	**10 669**
6 767	17 916		17 916	8 535	612	262	404
2 483	3 211		3 211	1 882	73	33	
629	4 870	306	4 564	2 606	76	42	155
1 242	39 814	81	39 733	25 411	218	84	53
2 343	14 036	3 493	10 570	4 295	281	112	308
129	2 312	1 547	765	1 107	160	94	144
1 349	11 860		11 860		36	26	12
3 227	32 041	13 486	18 555	11 023	727	367	886
949	4 786	2 821	1 965	1 310	264	134	190
1 926	10 841	140	10 701	3 661	539	286	429
196	3 436	100	3 336	349	15	13	266
203	5 076		5 076		24	24	1 252
4 285	23 727	2 883	20 844	10 134	733	462	1 316
154	394	132	262	207	41	9	61
1 589	4 169	2 406	1 763	1 701	242	160	81
2 498	6 180	1 846	4 334	3 430	37	26	60
	118		118	51	4		7
	127	109	18	35	6	2	5
43 353	82 752	6 846	75 906	34 416	1 453	614	2 292
9 197	14 666	567	14 099	6 491	48	33	53
7 238	20 658	1 102	19 556	1 272	987	151	654
422	7 612	292	7 320	71	127	18	316
5 964	17 503	5 631	11 872	5 304	799	168	718
	102	102		44	5	3	12
	53		53	24	7		8
885	37 857	15 117	22 740	19 332	619	251	987

职工中等专业

（列入计划、学

	学校数（所）	毕业生数		招生	
		合计	其中：全脱产	合计	全脱产
总计	**2 098**	**155 007**	**108 026**	**199 026**	**100 647**
华北地区	366	33 242	17 435	34 377	13 163
北京市	129	9 395	4 317	9 615	2 459
天津市	63	2 007	1 132	3 454	944
河北省	59	3 118	3 016	7 473	2 501
山西省	48	13 545	3 856	9 047	2 886
内蒙古自治区	67	5 177	5 114	4 788	4 373
东北地区					
辽宁省	157	13 434	10 066	9 344	6 012
吉林省	85	6 130	5 598	7 255	3 411
黑龙江省	228	9 854	9 397	12 949	11 158
华东地区					
上海市	90	6 497	1 831	6 775	812
江苏省	160	10 631	8 043	13 171	6 131
浙江省	66	5 242	4 099	2 469	1 459
安徽省	66	3 719	3 580	3 748	2 083
福建省	28	1 731	740	1 540	394
江西省	60	3 304	3 055	3 658	2 223
山东省	87	9 420	6 226	21 565	7 617
中南地区					
河南省	63	3 153	3 056	3 358	3 085
湖北省	166	21 708	11 521	29 245	14 538
湖南省	86	4 576	4 499	6 972	6 693
广东省	114	5 556	3 490	15 618	7 089
广西壮族自治区	22	754	674	2 262	1 655
海南省	7	539	491	822	450
西南地区					
四川省	76	6 774	5 901	9 518	4 368
贵州省	20	809	707	3 221	609
云南省	10	984	983	694	694
西藏自治区					
西北地区					
陕西省	46	1 807	1 714	2 059	1 553
甘肃省	35	1 766	1 671	1 199	1 077
青海省	16	742	702	883	408
宁夏回族自治区	13	651	563	1 712	785
新疆维吾尔自治区	31	1 984	1 984	4 612	3 180

学 校 基 本 情 况

制 两 年 以 上 ） 单位：人

数	在校学生数				专职教职工数		兼任
函授、业余	合计	全脱产	函授、业余	合计中：女学生	合计	其中：专任教师	教师
98 379	**540 931**	**276 486**	**264 445**	**221 098**	**86 553**	**43 940**	**18 916**
21 214	83 015	35 557	47 458	40 796	15 914	7 812	3 332
7 156	24 076	6 500	17 576	11 308	6 287	2 775	2 083
2 510	9 393	3 545	5 848	4 653	2 236	1 092	305
4 972	16 486	6 558	9 928	8 412	2 617	1 311	185
6 161	20 289	7 223	13 066	10 899	2 305	1 296	365
415	12 771	11 731	1 040	5 524	2 469	1 338	394
3 332	42 680	18 565	24 115	15 892	7 924	4 433	1 242
3 844	45 138	11 392	33 746	9 237	4 601	2 376	1 675
1 791	38 980	33 188	5 792	20 423	8 722	4 306	1 804
5 963	17 840	2 418	15 422	7 643	4 271	2 134	627
7 040	35 454	21 091	14 363	13 765	7 007	3 448	1 614
1 010	10 211	5 602	4 609	3 972	2 294	1 206	581
1 665	11 079	6 969	4 110	3 457	1 975	1 001	688
1 146	5 337	1 925	3 412	1 399	706	344	398
1 435	10 520	8 175	2 345	4 412	1 965	1 024	417
13 948	40 554	19 194	21 360	14 105	3 944	2 475	640
273	11 338	9 958	1 380	4 316	2 248	1 163	272
14 707	67 406	31 815	35 591	26 417	7 668	3 671	729
279	19 722	16 545	3 177	9 120	3 370	1 752	468
8 529	35 902	13 729	22 173	16 919	2 622	1 387	1 630
607	3 979	2 865	1 114	1 583	587	364	103
372	1 931	1 103	828	570	274	154	32
5 150	20 780	12 291	8 489	7 992	4 157	1 932	911
2 612	8 026	1 755	6 271	5 498	560	359	271
	3 077	2 202	875	1 128	1 123	510	113
506	9 418	6 979	2 439	2 918	1 917	1 094	470
122	3 951	3 170	781	1 786	898	425	239
475	1 748	1 038	710	683	285	172	200
927	3 698	1 930	1 768	2 255	442	215	45
1 432	9 147	7 030	2 117	4 812	1 079	183	415

农民中等专业

（列入计划、学

	学校数（所）	毕业生数		招生	
		合计	其中：全脱产	合计	全脱产
总计	**291**	**17 265**	**14 231**	**32 740**	**26 696**
华北地区					
北京市	16	1 285		3 092	
天津市	2			104	104
河北省	26	1 546	743	1 167	1 167
山西省	3	236	24	520	40
内蒙古自治区	3			194	194
东北地区					
辽宁省	17	580	580	1 258	1 198
吉林省	10	582	582		
黑龙江省	19	1 175	1 175	1 806	1 806
华东地区					
上海市	2	67	67	25	
江苏省	—				
浙江省	2			75	75
安徽省		356	117	232	162
福建省	1	29	29	124	124
江西省	2			14	14
山东省	16	747	686	2 280	1 966
中南地区					
河南省	23	2 078	2 069	2 332	2 327
湖北省	35	1 776	1 574	6 489	5 360
湖南省	37	2 241	2 241	4 173	4 173
广东省	47	3 407	3 284	7 449	6 580
广西壮族自治区					
海南省	2	35	35	60	60
西南地区					
四川省	25	1 125	1 025	1 211	1 211
贵州省					
云南省					
西藏自治区					
西北地区					
陕西省					
甘肃省	1			61	61
青海省					
宁夏回族自治区	2			74	74
新疆维吾尔自治区					

学校基本情况

制两年以上） 单位：人

数	在校学生数				专职教职工数		兼任教师
函授、业余	合计	全脱产	函授、业余	合计中：女学生	合计	其中：专任教师	
6 044	**63 300**	**50 217**	**13 083**	**21 563**	**9 072**	**5 033**	**1 332**
3 092	7 277		7 277	4 045	612	306	366
	303	303		162	54	37	10
	3 277	3 277		1 187	742	368	60
480	559	79	480	84	23	7	13
	194	194		29	56	34	4
60	2 461	2 190	211	1 173	420	226	73
	617	617		290	296	168	11
	3 205	3 205		1 316	642	358	51
25	222	59	163	1	46	16	4
	161	161		49	15	14	12
70	1 045	255	790	519	2	2	
	166	166			20	16	
	32	32		8	17	12	2
314	4 183	3 899	284	1 617	629	395	33
5	3 838	3 819	19	1 005	865	490	62
1 129	11 221	8 759	2 462	3 279	1 204	668	229
	7 197	7 197		2 105	1 272	699	89
869	14 123	12 786	1 337	3 601	1 501	866	204
	207	207		78	62	27	6
	2 705	2 705		860	507	301	81
	96	96		22	50	11	4
	211	211		133	37	12	18

教师进修学

（列入计划、学

	学校数（所）	毕业生数		招生	
		合计	其中：全脱产	合计	全脱产
总计	**2 117**	**208 558**	**67 445**	**192 752**	**57 527**
华北地区					
北京市	21	1 345	733	2 066	695
天津市	19	1 660	641	207	27
河北省	152	16 093	683	7 303	279
山西省	114	6 740	4 721	7 393	3 698
内蒙古自治区	55	7 595	7 408	3 131	2 607
东北地区					
辽宁省	93	18 001	5 611	7 394	3 333
吉林省	69	10 611	1 254	5 854	339
黑龙江省	124	3 736	1 469	19 120	1 290
华东地区					
上海省	13	1 677	226	450	34
江苏省	80	12 631	782	13 196	1 064
浙江省	44	1 139	276	2 150	326
安徽省	38	8 789	1 920	4 325	1 095
福建省	76				
江西省	88	3 358	3 028	3 198	2 500
山东省	121	18 444	5 468	29 880	4 897
中南地区					
河南省	133	28 223	10 873	13 001	9 989
湖北省	42	8 705	1 389	4 896	1 130
湖南省	97	15 944	2 092	22 677	2 848
广东省	87	16 303	4 431	15 486	4 218
广西壮族自治区	75	5 761	2 473	10 703	4 089
海南省	17	1 755	1 064	2 360	2 075
西南地区					
四川省	194	7 017	887	3 615	1 820
贵州省	9	317	317	418	418
云南省	119	2 468	2 334	4 675	1 808
西藏自治区					
西北地区					
陕西省	98	4 458	1 675	3 867	1 603
甘肃省	53	1 632	1 632	2 003	2 003
青海省					
宁夏回族自治区	14	584	584	337	337
新疆维吾尔自治区	72	3 572	3 474	3 047	3 005

校　基　本　情　况

制 两 年 以 上 ）　　　　单位：人

数	在校学生数				专职教职工数		兼任
函授、业余	合计	全脱产	函授、业余	合计中：女学生	合计	其中：专任教师	教师
135 225	**764 329**	**116 465**	**647 864**	**343 488**	**71 560**	**40 968**	**5 119**
1 371	5 546	2 059	3 487	3 012	1 909	1 146	44
180	7 290	279	7 011	4 614	861	518	
7 024	47 424	782	46 642	23 655	3 174	2 165	128
3 695	23 410	8 282	15 128	12 410	2 736	1 664	187
524	14 404	4 945	9 459	6 030	2 556	1 514	70
4 061	70 181	6 679	63 502	37 117	5 355	3 532	339
5 515	67 067	1 151	65 916	32 088	4 425	2 621	290
17 830	81 065	3 129	77 936	45 607	4 695	2 594	288
416	2 344	92	2 252	1 802	1 328	717	6
12 132	40 462	1 591	38 871	14 777	4 202	2 075	64
1 824	10 613	512	10 101	6 184	1 557	838	98
3 230	30 381	2 319	28 062	10 213	725	379	644
					2 272	1 157	260
698	7 740	4 912	2 828	2 588	2 052	1 145	120
24 983	8 9162	9 338	79 824	33 854	5 491	3 193	761
3 012	55 806	20 630	35 176	23 160	4 787	2 779	285
3 766	23 873	2 873	21 000	8 044	1 700	950	142
19 829	60 668	5 846	54 822	26 273	3 227	2 123	132
11 268	54 091	8 181	45 910	21 440	3 159	1 518	297
6 614	21 896	7 652	14 244	7 397	2 243	1 398	51
285	6 402	3 829	2 573	2 317	603	278	24
1 795	7 920	2 671	5 249	4 181	5 528	2 969	315
	669	669		164	168	105	30
2 867	8 037	3 733	4 304	3 285	1 576	796	174
2 264	15 622	3 137	12 485	7 184	2 023	1 037	128
	3 959	3 959		1 333	894	499	163
	861	861		389	399	238	11
42	7 436	6 354	1 082	4 370	1 915	1 020	68

干部中等专业

（列入计划、学

	学校数（所）	毕业生数		招生	
		合计	其中：全脱产	合计	全脱产
总计	**395**	**21 725**	**18 660**	**33 559**	**16 581**
华北地区					
北京市	18	860	317	802	145
天津市	13	491	391	307	87
河北省	2	164	164	81	81
山西省	28	1 406	1 406	2 477	1 026
内蒙古自治区	9	351	351	308	308
东北地区					
辽宁省					
吉林省	6	179	179	222	222
黑龙江省					
华北地区					
上海市					
江苏省	7	2 560	2 421	3 231	2 208
浙江省	3	23		19	
安徽省	19	648	648	1 463	691
福建省	132	3 705	2 118	6 222	2 130
江西省	4	86	86	64	64
山东省	23	2 209	1 961	3 329	1 665
中南地区					
河南省	40	2 660	2 423	6 193	1 643
湖北省	23	1 764	1 708	3 550	1 607
湖南省	34	1 603	1 603	2 246	1 783
广东省	6	394	335	507	383
广西壮族自治区	8	211	211	790	790
海南省					
西南地区					
四川省	10	1 882	1 809	1 142	1 142
贵州省	4	305	305	245	245
云南省					
西藏自治区					
西北地区					
陕西省					
甘肃省	5	143	143	177	177
青海省	1	81	81	45	45
宁夏回族自治区				139	139
新疆维吾尔自治区					

学校基本情况

制两年以上）

单位：人

数 函授、业余	在校学生数 合计	全脱产	函授、业余	合计中：女学生	专职教职工数 合计	其中：专任教师	兼任教师
16 978	**63 488**	**33 648**	**29 840**	**18 640**	**14 276**	**7 416**	**2 415**
657	1 877	344	1 533	951	709	263	61
220	645	307	338	283	507	189	110
	268	268		176	166	112	6
1 451	3 358	1 547	1 811	1 295	745	418	226
	989	989		398	332	175	11
	625	625		274	274	129	
1 023	5 505	3 838	1 667	928	368	118	8
19	177	112	65	66	55	26	20
772	3 490	1 601	1 889	1 549	636	287	81
4 092	11 760	4 140	7 620	3 124	2 417	1 163	671
	124	124		21	204	69	
1 664	4 977	2 785	2 192	961	880	493	75
4 550	12 086	5 023	7 063	2 102	2 602	1 087	746
1 943	5 705	2 828	2 877	2 198	1 766	1 752	103
463	4 413	3 087	1 326	1 219	1 227	577	115
124	2 201	742	1 459	928	118	82	33
	1 284	1 284		477	294	132	27
	2 635	2 635		1 214	609	251	88
	341	341		124	121	45	10
	591	591		192	209	80	21
	137	137		53	37	18	3
	300	3 00		107			

成人中学基本

	学校数（所）	毕业生数		招生数		在
		计	其中：函授、业余	计	其中：函授、业余	计
总计	**11 294**	**759 980**	**589 870**	**875887**	**696 900**	**1 183 303**
华北地区						
北京市	520	28 522	27 438	11 112	9 711	29 076
天津市	174	12 460	11 394	12 417	12 251	14 558
河北省	551	29 703	27 710	33 133	29 183	39 475
山西省	352	14 936	12 739	12 243	9 822	16809
内蒙古自治区	262	15 395	9 145	18 820	10 277	23 086
东北地区						
辽宁省	886	55 186	45 785	67 961	58 836	99 254
吉林省	814	51 531	43 560	34 412	31 326	83 425
黑龙江省	1 115	73 612	50 022	90 621	65 981	84 422
华东地区						
上海市	330	24 614	12 566	79 476	63 104	46 594
江苏省	974	124 577	110 519	152 186	140 776	195 530
浙江省	615	36 395	33 171	47 739	44 062	67 693
安徽省	47	4 512	4 153	6 123	5 115	8 540
福建省	375	7 421	7 134	14 088	12 869	30 681
江西省	90	13 999	9 657	13 849	11 995	17 967
山东省	638	52 105	49 625	66 215	64 268	79 225
中南地区						
河南省	257	27 892	25 772	18 755	16 571	20 697
湖北省	139	6 903	6 116	6 811	5 463	11 918
湖南省	506	35 124	21 169	31 218	17 129	58 457
广东省	599	32 869	26 294	41 786	35 831	65 755
广西壮族自治区	207	9 644	9 352	12 072	10 796	14 826
海南省	33	5 714	3 221	2 809	1 774	4 198
西南地区						
四川省	1 531	69 251	19 339	75 481	18 199	129 484
贵州省	87	5 306	5 227	6 129	5 866	6 612
云南省	20	11 724	10 647	2 808	1 890	15 077
西藏自治区						
西北地区						
陕西省	102	3 835	3 426	4 901	4 614	4 736
甘肃省	13	623	440	1 251	1 032	780
青海省	1	100		50		50
宁夏回族自治区	1	188	171	296	296	441
新疆维吾尔自治区	55	6 339	4 078	11 125	7 863	13 935

情　况（总　计）

单位：人

校学生数		预计毕业生数		教职工数		兼任教师
全脱产	函授、业余	计	其中：函授、业余	计	其中：专任教师	
229 002	**954 299**	**566 115**	**462 074**	**63 682**	**41 715**	**47 215**
2 283	26 793	7 444	6 713	3 948	2 160	2 783
174	14 384	6 170	6 098	1 591	784	1 089
4 213	35 262	25 444	22 666	1 871	842	1 397
3 137	13 672	8 908	6 761	1 043	367	746
6 069	17 017	13 446	10 300	1 440	580	1 108
11 995	87 259	45 383	37 955	9 741	7 340	2 123
4 951	78 474	33 970	31 848	2 409	1 361	1 527
17 192	67 230	59 139	45 040	9 033	5 992	5 946
1 476	45 118	4 351	3 916	3 489	3 196	2 140
12 928	182 602	125 309	116 274	4 832	2 964	6 398
4 799	62 894	27 164	24 831	1 257	690	2 522
1 186	7 354	4 079	3 257	194	135	650
1 252	29 429	7 567	7 125	651	241	1 262
3 150	14 817	10 094	8 312	622	371	658
1 795	77 430	37 352	36 180	5 810	4 054	4 091
2 297	18 400	16 163	15 025	1 935	1 202	938
2 318	9 600	5 615	3 840	1 312	927	531
30 881	27 576	18 411	10 395	2 336	1 511	2 045
4 821	60 934	31 224	28 375	945	465	2 973
2 062	12 764	6 637	6 274	414	276	751
1 035	3 163	2 319	2 319	63	40	190
103 756	25 728	49 695	11 884	7 284	5 509	3 949
303	6 309	2 578	2 374	137	43	216
657	14 420	4 786	4 617	143	41	354
541	4 195	3 472	3 187	363	121	265
216	564	396	329	131	71	50
50						2
	441	112	112	15	13	28
3 465	10 470	8 887	6 067	673	419	483

职工中学

	学校数（所）	毕业生数		招生数		在
		计	其中：函授、业余	计	其中：函授、业余	计
总　计	**6 421**	**523 565**	**427 078**	**586 283**	**502 833**	**736 851**
华北地区						
北京市	520	27 276	26 192	9 983	8 712	25 124
天津市	171	12 429	11 363	12 257	12 091	14 368
河北省	441	21 822	20 032	26 592	23 762	31 045
山西省	146	9 616	7 588	7 419	5 600	7 753
内蒙古自治区	223	14 615	8 365	17 773	9 302	19 599
东北地区						
辽宁省	646	39 944	31 072	50 758	41 984	79 781
吉林省	235	31 815	24 014	16 442	13 446	25 669
黑龙江省	885	69 316	46 155	75 770	51 871	67 808
华东地区						
上海市	226	13 203	12 295	63 871	61 924	38 218
江苏省	570	74 502	64 135	80 625	74 027	111 015
浙江省	285	25 475	24 694	34 540	33 379	50 687
安徽省	41	4 212	3 853	4 953	3 945	7 215
福建省	177	5 262	5 080	7 751	7 477	23 179
江西省	76	10 754	7 214	12 466	10 692	16 345
山东省	492	43 197	41 447	57 508	55 833	6 9537
中南地区						
河南省	232	24 368	22 448	15 462	1 3 371	17 146
湖北省	103	4 578	3 836	5 352	4 743	10 459
湖南省	162	20 269	10 200	16 448	11 879	18 186
广东省	195	21 403	18 336	27 094	25 221	40 228
广西壮族自治区	28	5 284	5 022	4 892	4 396	5 279
海南省	15	5 220	2 820	2 227	1 192	3 401
西南地区						
四川省	179	15 008	10 999	16 144	12 751	21 340
贵州省	12	1 492	1 413	1 331	1 127	1 814
云南省	20	11 724	10 647	2 808	1 890	15 077
西藏自治区	—					
西北地区						
陕西省	101	3 835	3 426	4 841	4 614	4 736
甘肃省	11	620	437	1 132	1 032	664
青海省	1	100		50		50
宁夏回族自治区	1	188	171	296	296	441
新疆维吾尔自治区	47	6 038	3 794	9 498	6 276	10 687

基　本　情　况

单位：人

校学生数		预计毕业生数		教职工数		兼任教师
全脱产	函授、业余	计	其中：函授、业余	计	其中：专任教师	
85 310	**651 481**	**348 362**	**295 359**	**50 397**	**32 049**	**32 718**
2 063	23 061	6 253	5 662	3 319	1 631	2 783
174	14 194	5 980	5 908	1 583	782	1 080
3 017	28 028	20 751	18 913	1 593	709	967
2 058	5 695	6 057	4 387	634	223	366
5 868	13 731	11 804	8 828	1 280	441	972
11 774	68 007	29 520	22 289	9 354	7 104	1 753
4 786	20 883	16 091	14 124	1 728	1 006	897
16 650	51 158	45 356	31 595	8 624	5 641	5 316
971	37 247	2 719	2 489	3 256	3 009	1 173
8 088	102 927	59 441	53 991	3 674	2 174	3 403
1 040	49 647	18 552	17 960	827	414	1 537
1 186	6 029	3 929	3 107	189	130	640
307	22 872	4 377	4 259	595	201	704
3 070	13 275	9 379	7 677	520	301	614
1 303	68 234	29 110	28 098	5 438	3 803	3 886
2 234	14 912	13 219	12 081	1 878	1 176	755
1 579	8 880	4 300	3 120	1 217	851	478
5 014	13 172	8 725	6 961	1 197	606	1 025
2 402	37 826	19 285	17 112	637	315	1 615
713	4 566	3 485	3 431	146	97	237
1 035	2 366	1 715	1 715	63	40	145
5 021	16 319	11 198	8 004	1 205	703	1 250
244	1 570	413	209	137	43	123
657	14 420	4 786	4 617	143	41	354
481	4 195	3 412	3 187	359	121	262
100	564	396	329	126	68	49
50						2
—	441	112	112	15	13	28
3 425	7 262	7 997	5 194	660	406	304

农 民 中 学

地区	学校数（所）	毕业生数 计	毕业生数 其中：函授、业余	招生数 计	招生数 其中：函授、业余	在校 计
总 计	**5 053**	**236 415**	**162 822**	**289 604**	**194 067**	**446 510**
华北地区						
北京市		1 246	1 246	1 129	999	3 952
天津市	3	31	31	160	160	190
河北省	110	7 881	7 678	6 541	5 421	8 430
山西省	206	5 320	5 151	4 824	4 222	9 056
内蒙古自治区	39	780	780	1 047	975	3 487
东北地区						
辽宁省	240	15 242	14 713	17 203	16 852	19 473
吉林省	579	19 716	19 546	17 970	17 880	57 756
黑龙江省	230	4 296	3 867	14 851	14 110	16 614
华东地区						
上海市	104	11 411	271	15 605	1 180	8 376
江苏省	404	50 075	46 384	71 561	66 747	84 515
浙江省	330	10 920	8 477	13 199	10 683	17 006
安徽省	6	300	300	1 170	1 170	1 325
福建省	198	2 159	2 054	6 337	5 392	7 502
江西省	14	2 745	2 443	1 383	1 303	1 622
山东省	146	8 908	8 178	8 707	8 435	9 688
中南地区						
河南省	25	3 524	3 324	3 293	3 200	3 551
湖北省	36	2 325	2 280	1 459	720	1 459
湖南省	344	14 855	10 969	14 770	5 250	40 271
广东省	404	11 466	7 958	14 692	10 610	25 527
广西壮族自治区	179	4 360	4 330	7 180	6 400	9 547
海南省	18	494	401	582	582	797
西南地区						
四川省	1 352	54 243	8 340	59 337	5 448	108 144
贵州省	75	3 814	3 814	4 798	4 739	4 798
云南省						
西藏自治区						
西北地区						
陕西省	1			60		60
甘肃省	2	3	3	119		116
青海省						
宁夏回族自治区						
新疆维吾尔自治区	8	301	284	1 627	1 587	3 248

基　本　情　况

单位：人

校学生数		预计毕业生数		教职工数		兼任教师
全脱产	函授、业余	计	其中：函授、业余	计	其中：专任教师	
143 692	**302 818**	**217 753**	**166 715**	**13 285**	**9 666**	**14 497**
220	3 732	1 191	1 051	629	529	—
	190	190	190	8	2	9
1 196	7 234	4 693	3 753	278	133	430
1 079	7 977	2 851	2 374	409	144	380
201	3 286	1 642	1 472	160	139	136
221	19 252	15 863	15 666	387	236	370
165	57 591	17 879	17 724	681	355	630
542	16 072	13 783	13 445	409	351	630
505	7 871	1 632	1 427	233	187	967
4 840	79 675	65 868	62 283	1 158	790	2 995
3 759	13 247	8 612	6 871	430	276	985
	1 325	150	150	5	5	10
945	6 557	3 190	2 866	56	40	558
80	1 542	715	635	102	70	44
492	9 196	8 242	8 082	372	251	205
63	3 488	2 944	2 944	57	26	183
739	720	1 315	720	95	76	53
25 867	14 404	9 686	3 434	1 139	905	1 020
2 419	23 108	11 939	11 263	308	150	1 358
1 349	8 198	3 152	2 843	268	179	514
	797	604	604			45
98 735	9 409	38 497	3 880	6 079	4 806	2 699
59	4 739	2 165	2 165			93
60		60		4		3
116				5	3	1
40	3 208	890	873	13	13	179

成人技术培训学校

	学校数（所）	毕业生数		招生数		在
		计	其中：函授、业余	计	其中：函授、业余	计
总计	**40 979**	**10 627 436**	**8 393 765**	**9 748 589**	**8 540 521**	**9419 780**
华北地区						
北京市	—	668 201	147 920	62 199	60 945	91 825
天津市	96	12 271	8 310	14 186	8 910	6 198
河北省	5 576	1 275 115	169 892	1 250 538	1 161 324	1 123 616
山西省	2 454	209 942	194 006	223 877	211 444	233 111
内蒙古自治区	1 288	168 101	136 415	226 491	210 483	236 412
东北地区						
辽宁省	2 009	626 134	511 177	567 303	509 520	702 591
吉林省	1 784	189 458	176 877	246 736	239 191	273 551
黑龙江省	1 460	1 382 776	1 101 721	1 227 312	1 032 371	702 890
华东地区						
上海市	310	27 634	15 551	120 146	90 502	94 749
江苏省	2 641	832 430	720 716	724 444	521 385	870 037
浙江省	3 454	520 230	406 997	680 673	608 113	714 482
安徽省	1 048	98 446	89 991	97 699	90 305	126 925
福建省	953	172 342	152 981	266 248	239 321	308 039
江西省	465	22 537	20 670	40 214	37 241	43 536
山东省	2 842	773 171	634 425	657 189	610 880	745 590
中南地区						
河南省	2 527	564 157	446 105	536 810	436 661	535 455
湖北省	873	308 166	259 837	235 102	211 653	212 159
湖南省	2 583	390 550	318 519	302 957	233 128	351 410
广东省						
广西壮族自治区	1 050	282 651	270 054	317 463	313 972	397 412
海南省						
西南地区						
四川省	5 496	1 507 755	1 171 824	1 350 409	1 181 363	1 117 760
贵州省	328	37 329	27 768	65 183	54 933	84 364
云南省	174	113 787	94 109	97 672	78 614	40 544
西藏自治区						
西北地区						
陕西省	1 238	292 966	260 716	323 656	315 510	310 444
甘肃省	230	100 652	35 627	61 891	56 713	36 101
青海省	3	147	147	142	57	142
宁夏回族自治区	43	24 758	14 195	28 753	17 847	30 930
新疆维吾尔自治区	54	25 730	7 305	29 296	8 335	29 607

基 本 情 况 （总 计）

单位：人

校学生数		预计毕业生数		教职工数		兼任教师
全脱产	函授、业余	计	其中：函授、业余	计	其中：专任教师	
789 678	**8 630 102**	**6 953 484**	**6 281 555**	**124 002**	**66 944**	**191 112**
87 061	4 764	2 703	1 961	4 678	2 224	6 601
1 873	4 325	939	802	51	19	63
47 315	1 076 301	1 071 378	999 215	13 993	6 080	25 402
3 259	229 852	195 949	191 574	5 342	3 565	6 427
9 810	226 602	207 666	199 603	11 455	742	3 546
50 510	652 081	381 383	345 634	8 778	5 143	8 452
9 082	264 469	207 052	201 906	6 757	2 995	6 633
73 192	629 698	483 569	405 834	8 560	5 471	14 891
8 958	85 791	15 874	10 189	5 284	4 422	4 211
88 267	781 770	572 177	502 417	9 631	5 410	19 783
24 755	689 727	403 283	384 470	4 266	2 064	13 826
6 359	120 566	71 935	64 207	637	312	2 869
39 280	268 759	181 405	157 738	732	504	5 563
2 419	41 117	36 632	34 475	499	190	1 427
21 245	724 345	620 556	583 251	10 768	4 399	13 231
71 269	464 186	506 252	420 879	8 882	5 671	7 862
17 227	194 932	166 111	131 573	3 778	2 131	6 701
56 297	295 113	245 777	201746	10 385	4 387	12 079
3 290	394 122	280 550	279 269	2 422	18 58	5 482
118 956	998 804	960 681	867 710	13 035	7 791	19 296
8 017	76 347	50 071	38 528	421	131	548
507	40 037	24 283	22 933	212	41	1 008
5 989	304 455	201 490	192 895	2 245	800	3 386
1 750	34 251	32 636	30 584	408	201	475
85	57	117	57			5
11 694	19 236	4 812	4 357	309	152	601
21 212	8 395	28 203	7 348	474	241	744

职 工 技 术 培 训 学

	学校数（所）	毕业生数		招生数		在
		计	其中：函授、业余	计	其中：函授、业余	计
总　　计	**7 536**	**2 842 212**	**1 694 510**	**1 965 799**	**1 547 525**	**2 075 770**
华 北 地 区						
北　京　市		519 044				86 224
天　津　市	8	4 590	4 053	4 519	3 908	4 093
河　北　省	1 569	263 160	228 326	299 559	252 509	234 275
山　西　省	254	32 508	22 743	32 023	22 859	22 012
内蒙古自治区	246	26 534	19 192	28 662	23 248	33 207
东 北 地 区						
辽　宁　省	480	412 852	308 402	288 603	241 732	441 977
吉　林　省	491	37 630	26 934	40 022	33 670	50 783
黑 龙 江 省	546	618 676	466 249	324 002	240 251	204 897
华 东 地 区						
上　海　市	240	21 424	15 263	102 183	89 642	83 311
江　苏　省	694	193 406	138 634	205 977	161 638	238 074
浙　江　省	681	118 921	79 297	135 067	99 962	119 166
安　徽　省	65	15 217	8 162	14 471	9 279	23 737
福　建　省	97	12 404	10 417	15 478	13 917	17 928
江　西　省	60	7 413	6 253	10 726	8 039	12 045
山　东　省	414	182 184	120 672	147 104	143 075	157 720
中 南 地 区						
河　南　省	198	51 568	32 387	48 655	31 343	52 254
湖　北　省	190	52 239	41 703	51 712	42 593	50 176
湖　南　省	472	84 386	37 856	57 548	27 169	69 067
广　东　省						
广西壮族自治区	159	30 588	22 150	23 268	21 465	29 036
海　南　省						
西 南 地 区						
四　川　省	316	66 786	55 122	47 718	31 594	39 844
贵　州　省	44	4 234	1 073	3 690	1 999	5 519
云　南　省	17	19 933	19 431	10 085	9 072	22 378
西藏自治区						
西 北 地 区						
陕　西　省	179	14 114	8 899	15 045	11 487	17 132
甘　肃　省	49	5 935	2 915	6 643	5 539	6 359
青　海　省		90	90			
宁夏回族自治区	35	24 053	13 490	26 947	16 041	28 484
新疆维吾尔自治区	32	22 323	4 887	26 092	5 494	26 072

校基本情况

单位：人

校学生数		预计毕业生数		教职工数		兼任教师
全脱产	函授、业余	计	其中：函授、业余	计	其中：专任教师	
366 565	**1 709 205**	**1 227 818**	**1 009 473**	**55 512**	**31 519**	**58 581**
86 224				4 224	2 012	5 436
193	3 900	939	802	51	19	63
21 113	213 162	198 209	180 796	6 550	3 152	8 188
1 950	20 062	21 042	18 614	1 025	524	1 065
5 931	27 276	25 321	21 060	712	255	1 190
41 232	400 745	206 633	176 910	5 635	3 576	2 354
7 273	43 510	35 945	31 669	3 317	1 884	1 545
23 075	181 822	118 689	101 717	5 857	3 960	7 646
8 292	75 019	15 204	9 611	4 940	4 190	3 427
46 610	191 464	164 472	130 135	5 174	3 035	6 241
14 108	105 058	59 284	48 407	2 637	1 221	4 108
3 132	20 605	14 408	9 748	347	246	678
2 994	14 934	11 751	10 411	179	81	509
2 121	9 924	10 147	8 160	267	109	525
3 459	154 261	118 928	118 195	3 013	1 247	2 911
14 003	38 251	46 248	34 851	2 084	1 240	1 704
6 826	43 350	28 845	19 451	1 358	820	2 744
25 960	43 107	44 112	20 577	3 074	1 409	3 028
1 893	27 143	15 449	14 809	847	457	1 280
13 457	26 387	30 922	20 153	2 261	1 227	1 344
709	4 810	4 480	1 935	238	79	187
407	21 971	8 734	7 679	176	35	532
2 501	14 631	12 299	9 934	586	282	559
830	5 529	5 985	4 803	205	85	145
11 694	16 790	4 281	3 826	308	151	567
20 578	5 494	25 491	5 220	447	223	605

农民技术培训学

	学校数（所）	毕业生数		招生数		在
		计	其中：函授、业余	计	其中：函授、业余	计
总计	**33 443**	**7785 224**	**6699 255**	**7 782 790**	**6 992 996**	**7 344 010**
华北地区						
北京市		149 157	147 920	62 199	60 945	5 601
天津市	88	7 681	4 257	9 667	5 002	2 105
河北省	4 007	1 011 955	941 566	950 979	908 815	889 341
山西省	2 200	177 434	171 263	191 854	188 585	211 099
内蒙古自治区	1 042	141 567	117 223	191 829	187 235	203 205
东北地区						
辽宁省	1 529	213 282	202 775	278 700	267 788	260 614
吉林省	1 293	151 828	149 943	206 714	205 521	222 768
黑龙江省	914	764 100	635 472	903 310	792 120	497 993
华东地区						
上海市	70	6 210	288	17 963	860	11 438
江苏省	1 947	639 024	582 082	518 467	359 747	631 963
浙江省	2 773	401 309	327 700	545 606	508 151	595 316
安徽省	983	83 229	81 829	83 228	81 026	103 188
福建省	856	159 938	142 564	250 770	225 404	290 111
江西省	405	15 124	14 417	29 488	29 202	31 491
山东省	2 428	590 987	513 753	510 085	467 605	587 870
中南地区						
河南省	2 329	512 589	413 718	488 155	405 318	483 201
湖北省	683	255 927	218 134	183 390	169 060	161 983
湖南省	2 111	306 164	280 663	245 409	205 959	282 343
广东省						
广西壮族自治区	891	252 063	247 904	294 195	292 507	368 376
海南省						
西南地区						
四川省	5 180	1 440 969	1 116 702	1 302 691	1 149 769	1 077 916
贵州省	284	33 095	26 695	61 493	52 934	7 8 845
云南省	157	93 854	74 678	87 587	69 542	18 166
西藏自治区						
西北地区						
陕西省	1 059	278 852	251 817	308 611	304 023	293 312
甘肃省	181	94 717	32 712	55 248	51 174	29 642
青海省	3	57	57	142	57	142
宁夏回族自治区	8	705	705	1 806	1 806	2 446
新疆维吾尔自治区	22	3 407	2 418	3 204	2 841	3 535

校基本情况

单位：人

校学生数		预计毕业生数		教职工数		兼任
全脱产	函授、业余	计	其中：函授、业余	计	其中：专任教师	教师
423 113	**6 920 897**	**5 725 666**	**5 273 682**	**68 490**	**35 425**	**132 531**
837	4 764	2 703	1 961	454	212	1 165
1 680	425					
26 202	863 139	873 169	818 419	7 443	2 928	17 214
1 309	209 790	174 907	172 960	4 317	3 041	5 362
3 879	199 326	182 345	178 543	743	487	2 356
9 278	251 336	174 750	168 724	3 143	1 567	6 098
1 809	220 959	171 107	170 237	3 440	1 111	5 088
50 117	447 876	364 880	304 117	2 703	1 511	7 245
666	10 772	670	578	344	232	784
41 657	590 306	407 705	372 282	4 457	2 375	13 542
10 647	584 669	343 999	336 063	1 629	843	9 718
3 227	99 961	57 527	54 459	290	66	2 191
36 286	253 825	169 654	147 327	553	423	5 054
298	31 193	26 485	26 315	232	81	902
17 786	570 084	501 628	465 056	7 755	3 152	10 320
57 266	425 935	460 004	386 028	6 798	4 431	6 158
10 401	151 582	137 266	112 122	2 420	1 311	3 957
30 337	252 006	201 665	181 169	7 311	2 978	9 051
1 397	366 979	265 101	264 460	1 575	1 401	4 202
105 499	972 417	929 759	847 557	10 774	6 564	17 952
7 308	71 537	45 591	36 593	183	52	361
100	18 066	15 549	15 251	36	6	476
3 488	289 824	189 191	184 961	1 659	518	2 827
920	28 722	26 651	25 781	203	116	330
85	57	117	57			5
—	2 446	531	531	1	1	34
634	2 901	2 712	2 128	27	18	139

成人小学

	学校数（所）	毕业生数		招生数		在
		计	其中：函授、业余	计	其中：函授、业余	计
总　　计	**185 462**	**13 058 344**	**10 577 119**	**1 4782 906**	**14 133 033**	**16 095 077**
华北地区						
北京市	0	1 022	932	1 264	1 134	5 970
天津市	359	167 776	167 620	160 320	160 317	117 529
河北省	26 802	1 409 618	228 125	2 421 334	2 317 196	2 433 655
山西省	12 456	411 574	387 046	589 808	575 096	660 180
内蒙古自治区	3 226	264 567	251 484	249 519	246 845	301 135
东北地区						
辽宁省	8 213	722 608	563 691	586 534	579 980	826 724
吉林省	10 507	370 097	360 097	429 123	425 919	599 197
黑龙江省	9 747	1 624 810	1 363 451	1 779 961	1 652 812	1 142 053
华东地区						
上海市	42	14 907	4 383	67 054	21 032	85 378
江苏省	6 705	651 736	603 343	693 562	668 120	785 314
浙江省	4 333	257 163	240 547	320 515	299 457	331 109
安徽省	4 958	242 072	239 642	294 878	292 102	495 021
福建省	9 431	355 063	343 040	520 383	508 177	628 997
江西省	2 689	162 312	140 113	85 301	85 181	128 429
山东省	21 844	1 038 090	946 268	910 185	894 187	1 157 736
中南地区						
河南省	12 094	1 015 120	905 207	927 308	864 738	980 750
湖北省	1 250	150 938	147 872	138 391	137 124	239 585
湖南省	12 440	875 066	790 096	817 907	774 573	936 503
广东省	6 360	324 397	288 466	472 946	429 389	644 441
广西壮族自治区	4 552	416 734	414 851	441 482	440 256	607 189
海南省	358	1 890	1 508	8 137	8 137	18 745
西南地区						
四川省	18 740	1 496 604	1 250 881	1 586 369	1 530 254	1 611 360
贵州省	1 270	56 300	43 809	83 259	58 237	108 405
云南省	1 665	136 591	124 561	206 651	194 823	219 530
西藏自治区	0	0	0	0	0	0
西北地区						
陕西省	4 740	373 767	271 525	362 219	356 461	444 280
甘肃省	2	299 277	293 878	404 265	403 594	260 813
青海省	614	17 626	17 626	39 973	39 973	53 924
宁夏回族自治区	79	9 612	6 619	14 331	10 133	16 172
新疆维吾尔自治区	6	191 007	180 438	169 927	157 795	254 953

基 本 情 况

单位：人

校学生数		预计毕业生数		教职工数		兼任
全脱产	函授、业余	计	其中：函授、业余	计	其中：专任教师	教师
437 716	**1 5657 361**	**12 160 213**	**11 708 906**	**148 096**	**69 718**	**404 835**
492	5 478	721	631	515	411	11
805	116 724	115 431	115 408	445	123	982
42 797	2 390 858	2 038 574	2 019 977	18 096	5 817	38 996
5 761	654 419	553 603	532 520	10 064	7 911	19 963
3 559	297 576	229 848	227 218	1 828	1 198	10 373
2 223	824 501	661 743	654 818	6 941	2 855	17 049
3 353	595 844	396 133	393 099	5 114	1 860	18 943
85 911	1 056 142	867 652	759 367	9 550	5 872	26 649
2 672	82 706	9 197	8 035	695	489	1 803
9 609	775 705	561 588	558 428	7 255	1 775	21 772
5 509	325 600	234 580	227 307	1 173	363	11 698
3 355	491 666	207 358	206 505	1 185	1 077	13 557
13 655	615 342	415 449	400 840	1 198	678	16 088
71	128 358	92 298	92 262	1 985	237	6 917
5 670	1 152 066	1 068 870	1 055 374	18 082	10 014	29 462
32 718	948 032	920 633	879 782	16 834	11 738	16 393
2 710	236 875	118 761	117 735	1 051	546	4 236
25 607	910 896	738 998	721 157	12 585	3 747	42 097
18 183	626 258	403 856	380 751	3 338	1 266	20 240
1 710	605 479	364 657	364 427	4 892	3 636	14 509
50	18 695	8 390	8 340	95	33	598
123 879	1 487 481	1 267 353	1 154 459	15 802	4 255	29 106
21 393	87 012	82 473	68 591	1 120	373	1 980
7 994	211 536	132 438	130 754	1 023	606	8 422
0	0	0	0	0	0	0
190	444 090	305 346	281 746	4 984	1 454	13 258
350	260 463	186 291	185 395	274	95	10 450
	53 924	18 142	18 142	24	2	1 679
1 324	14 848	9 472	6 940	64	51	483
16 166	238 787	150 358	138 898	1 884	1 236	7 131

职工小学

	学校数（所）	毕业生数		招生数		在
		计	其中：函授、业余	计	其中：函授、业余	计
总计	**3 069**	**208 970**	**179 366**	**249 719**	**210 732**	**291 815**
华北地区						
北京市	0	414	324	243	113	1 077
天津市	4	921	765	1 018	1 015	1 698
河北省	595	20 983	20 528	14 934	13 593	43 996
山西省	151	13 868	6 872	17 370	10 300	12 586
内蒙古自治区	41	670	670	895	895	5 765
东北地区						
辽宁省	164	19 196	17 928	14 930	13 648	19 496
吉林省	250	7 231	7 231	32 051	28 847	40 248
黑龙江省	45	5 526	4 581	2 476	2 476	931
华东地区						
上海市	11	5 416	3 817	23 019	18 886	12 901
江苏省	817	53 314	51 542	42 606	40 013	50 078
浙江省	162	17 392	15 979	27 425	24 224	28 358
安徽省	1	110	0	46	46	46
福建省	290	3 402	3 292	13 835	12 045	14 994
江西省	7	1 587	1 507	1 988	1 958	2 380
山东省	159	11 621	11 621	11 370	11 330	12 016
中南地区						
河南省	109	10 613	9 157	6 699	5 569	9 921
湖北省	7	842	802	336	296	464
湖南省	62	19 848	9 723	21 153	10 433	12 311
广东省	111	5 535	3 101	8 650	7 410	10 507
广西壮族自治区	20	7 083	6 952	3 348	2 937	6 850
海南省	0	0	0	0	0	0
西南地区						
四川省		79	79	110	110	110
贵州省	1			35	35	35
云南省	0	0	0	0	0	0
西藏自治区	0	0	0	0	0	0
西北地区						
陕西省	56	2 613	2 613	4 337	4 287	4 287
甘肃省	2	30	30	204	30	170
青海省	0	0	0	0	0	0
宁夏回族自治区	4	236	236	205	205	205
新疆维吾尔自治区	0	440	16	436	31	436

基 本 情 况

单位：人

校学生数		预计毕业生数		教职工数		兼任
全脱产	函授、业余	计	其中：函授、业余	计	其中：专任教师	教师
19 372	**272 443**	**188 749**	**173 681**	**6 844**	**3 018**	**12 237**
492	585	90	0	54	35	11
805	893	1 062	1 039	71	30	47
461	43 535	38 297	38 067	474	161	1 335
1 931	10 655	9 685	8 027	628	308	226
208	5 497	1 232	1 232	72	60	139
1 282	18 214	5 615	5 375	835	388	1 016
3 244	37 004	31 635	28 695	335	213	915
0	931	329	329	2	2	99
1 685	11 216	3 150	2 200	562	418	641
2 278	47 809	29 362	29 104	660	250	2 327
2 247	26 111	11 349	8 122	123	67	518
0	46	0	0	0	0	6
1 496	13 498	11 187	8 127	356	265	350
30	2 350	1 153	1 123	26	21	82
160	11 856	11 626	11 626	388	52	420
80	9 841	8 427	8 387	621	418	401
28	436	295	172	22	15	18
1 430	10 881	10 054	8 574	909	171	3 008
859	9 648	4 931	4 827	230	35	361
61	6 789	4 122	4 102	206	35	215
0	0	0	0	0	0	0
	110	110	110			8
	35	35	35	23		23
0	0	0	0			0
0	0	0	0	0	0	0
50	4 237	4 197	4 147	124	42	70
140	30	170	30	53	19	3
0	0	0	0	0	0	0
0	205	200	200	12	12	0
405	31	436	31	8	1	8

农 民 小 学

	学校数（所）	毕业生数		招生数		在
		计	其中：函授、业余	计	其中：函授、业余	计
总计	**182 413**	**12 849 374**	**10 397 753**	**14 533 187**	**13 922 307**	**15 808 262**
华北地区						
北京市	0	608	608	1 021	1 021	4 893
天津市	355	166 855	166 855	159 302	159 302	115 831
河北省	26 207	1 388 635	207 597	2 406 400	2 303 603	2 389 659
山西省	12 305	397 706	380 174	572 438	564 796	647 594
内蒙古自治区	3 185	263 897	250 814	248 624	245 950	295 430
东北地区						
辽宁省	8 049	703 412	5 45 763	571 604	566 332	807 228
吉林省	10 257	362 866	352 866	397 072	397 072	558 949
黑龙江省	9 702	1 619 284	1 358 870	1 777 485	1 650 336	1 141 122
华东地区						
上海市	31	9 491	566	44 035	2 146	72 477
江苏省	5 888	598 422	551 801	650 956	628 107	735 227
浙江省	4 171	239 771	224 568	293 090	275 233	302 751
安徽省	4 957	241 962	239 642	294 832	292 056	494 975
福建省	9 141	351 661	339 748	506 548	496 132	614 003
江西省	2 682	160 725	138 606	83 313	83 223	126 049
山东省	21 685	1 026 469	934 647	898 815	882 857	1 145 720
中南地区						
河南省	11 985	1 004 507	896 050	920 609	859 169	970 829
湖北省	1 243	150 096	147 070	138 055	136 828	239 121
湖南省	12 378	855 218	780 373	796 754	764 140	924 192
广东省	6 249	318 862	285 365	464 296	421 970	633 934
广西壮族自治区	4 532	409 651	407 899	438 134	437 319	600 339
海南省	358	1 890	1 508	8 137	8 137	18 745
西南地区						
四川省	18 740	1 496 525	1 250 802	1 586 259	1 530 144	1 611 250
贵州省	1 269	56 300	43 809	83 224	58 202	108 370
云南省	1 665	136 591	124 561	206 651	194 823	219 530
西藏自治区	0	0	0	0	0	0
西北地区						
陕西省	4 684	371 154	268 912	357 882	352 174	439 993
甘肃省	0	299 247	293 848	404 061	403 564	260 643
青海省	614	17 626	17 626	39 973	39 973	53 924
宁夏回族自治区	75	9 376	6 383	14 126	9 928	15 967
新疆维吾尔自治区	6	190 567	180 422	169 491	157 764	254 517

基本情况

单位：人

校学生数		预计毕业生数		教职工数		兼任
全脱产	函授、业余	计	其中：函授、业余	计	其中：专任教师	教师
418 344	**15 384 918**	**11 971 464**	**11 535 225**	**141 252**	**66 700**	**392 598**
0	4 893	631	631	461	376	0
	115 831	114 369	114 369	374	93	935
42 336	2 347 323	2 000 277	1 981 910	17 622	5 656	37 661
3 830	643 764	543 918	524 493	9 436	7 603	19 737
3 351	292 079	228 616	225 986	1 756	1 138	10 234
941	806 287	656 128	649 443	6 106	2 467	16 033
109	558 840	364 498	364 404	4 779	1 647	18 028
85 911	1 055 211	867 323	759 038	9 548	5 870	26 550
987	71 490	6 047	5 835	133	71	1 162
7 331	727 896	532 226	529 324	6 595	1 525	19 445
3 262	299 489	223 231	219 185	1 050	296	11 180
3 355	491 620	207 358	206 505	1 185	1 077	13 551
12 159	601 844	404 262	392 713	842	413	15 738
41	126 008	91 145	91 139	1 959	216	6 835
5 510	1 140 210	1 057 244	1 043 748	17 694	9 962	29 042
32 638	938 191	912 206	871 395	16 213	11 320	15 992
2 682	236 439	118 466	117 563	1 029	531	4 218
24 177	900 015	728 944	712 583	11 676	3 576	39 089
17 324	616 610	398 925	375 924	3 108	1 231	19 879
1 649	598 690	360 535	360 325	4 686	3 601	14 294
50	18 695	8 390	8 340	95	33	598
123 879	1 487 371	1 267 243	1 154 349	15 802	4 255	29 098
21 393	86 977	82 438	68 556	1 097	373	1 957
7 994	211 536	132 438	130 754	1 023	606	8 422
0	0	0	0	0	0	0
140	439 853	301 149	277 599	4 810	1 412	13 188
210	260 433	186 121	185 365	221	76	10 447
	53 924	18 142	18 142	24	2	1 679
1 324	14 643	9 272	6 740	52	39	483
15 761	238 756	149 922	138 867	1 876	1 235	7 123

农民小学中扫盲

	学校数（所）	毕业生数		招生数		在
		计	其中：函授、业余	计	其中：函授、业余	计
总　计	**39 453**	**1 442 336**	**1 312 875**	**1 587 696**	**1 503 987**	**2 030 827**
华北地区						
北京市	0	0	0	0	0	0
天津市		62	62	76	76	76
河北省	1 317	20 297	19 477	78 149	76 262	78 653
山西省	1 301	10 783	10 125	22 731	22 646	25 894
内蒙古自治区	455	39 868	37 625	41 948	39 452	60 042
东北地区						
辽宁省	470	5 642	4 857	8 442	8 167	7 203
吉林省	914	35 686	35 686	22 921	22 921	24 792
黑龙江省	2 300	58 320	57 577	72 181	67 534	90 443
华东地区						
上海市	0	0	0	156	0	0
江苏省	838	20 108	20 078	40 431	40 431	43 471
浙江省	596	19 594	19 546	6 933	6 813	9 731
安徽省	3 126	173 476	171 944	204 910	203 037	288 422
福建省	2 401	44 802	44 274	47 581	46 046	71 765
江西省	802	119 052	97 576	25 496	25 444	44 950
山东省	1 020	36 595	19 865	21 629	21 629	32 631
中南地区						
河南省	3 600	185 905	160 544	193 003	176 442	227 560
湖北省	275	17 541	17 500	3 348	3 286	5 285
湖南省	1 976	61 514	57 357	62 306	53 136	78 262
广东省	245	4 895	4 895	9 141	9 141	12 882
广西壮族自治区	314	23 725	23 616	26 215	26 135	43 060
海南省	38	196	196	1 518	1 518	1 924
西南地区						
四川省	12 223	75 710	74 601	79 968	71 640	104 837
贵州省	1 017	39 612	29 333	67 451	49 333	90 901
云南省	1 551	68 452	62 236	137 869	131 075	177 096
西藏自治区	0	0	0	0	0	0
西北地区						
陕西省	2 020	119 700	94 319	51 038	51 038	104 921
甘肃省	0	153 462	150 723	246 364	246 077	232 730
青海省	579	13 476	13 476	34 381	34 381	43 149
宁夏回族自治区	75	7 986	6 113	14 126	9 928	15 967
新疆维吾尔自治区	0	85 877	79 274	67 384	60 399	114 180

班基本情况

单位：人

校学生数		预计毕业生数		教职工数		兼任教师
全脱产	函授、业余	计	其中：函授、业余	计	其中：专任教师	
63 274	**1 967 553**	**1 262 890**	**946 903**	**21 608**	**11 271**	**159 753**
0	0	0	0	0	0	0
	76					
215	78 438	30 022	27 940	915	347	2 507
85	25 809	14 234	14 144	1 169	990	2 134
2 336	57 706	37 612	35 606	623	587	3 413
68	7 135	4 897	4 862	125	41	805
	24 792	11 678	11 678	149	30	1 702
3 314	87 129	43 144	38 477	2 759	875	5 233
0	0	0	0	0	0	0
0	43 471	28 771	28 771	1 289	272	1 786
160	9 571	8 503	8 268	103	103	606
2 081	286 341	146 324	146 073	1 087	979	10 354
1 947	69 818	46 055	45 255	54	36	3 187
0	44 950	36 644	36 644	673	46	2 077
0	32 631	31 803	31 803	237	108	1 106
3 894	223 666	197 670	191 824	4 169	3 105	4 598
44	5 241	2 922	2 901	63	53	772
2 056	76 206	57 339	55 242	1 325	490	10 012
968	11 914	9 139	9 139	0	26	527
112	42 948	25 032	25 032	752	711	2 044
0	1 924	1 192	1 192	16	6	52
11 652	93 185	75 199	67 988	850	192	5 882
14 330	76 571	67 118	60 011	963	321	1 501
6 833	170 263	99 147	97 646	894	506	7 121
0	0	0	0	0	0	0
	104 921	39 659	38 159	2 652	212	8 005
0	232 730	163 972	163 416	172	76	8 782
0	43 149	13 725	13 725	22	2	1 485
1 324	14 643	9 272	6 740	52	39	482
11 855	102 325	61 817	54 142	1 497	1 118	3 871

十二、计划单列市教育概况

普通高等学校概况

单位：人

	校数（所）	在校研究生数	本专科学生数			教职工数	
			毕业生数	招生数	在校学生数	计	其中：专任教师
总计	**189**	**30 760**	**113 147**	**144 144**	**454 745**	**218 193**	**88 361**
重庆	18	2 084	12 021	14 110	46 724	20 826	8 464
武汉	35	7 345	26 287	30 682	100 144	41 872	19 822
沈阳	22	2 591	12 020	16 590	48 172	25 612	10 023
大连	13	2 361	8 684	10 462	35 048	17 186	6 598
哈尔滨	24	4 627	11 813	14 757	49 611	27 449	10 664
广州	26	4 255	15 500	23 113	65 632	29 651	11 871
西安	32	6 241	19 056	23 957	77 319	41 503	15 327
青岛	7	375	3 583	4 687	14 408	6 875	2 499
宁波	4		976	1 592	4 519	1 524	757
厦门	8	881	3 207	4 194	13 168	5 695	2 336

中等技术学校概况

单位：人

	学校数（所）	毕业生数	招生数			在校学生数	教职工数	
			计	招高中毕业生	招初中毕业生		计	其中：专任教师
总计	**388**	**49 131**	**73 475**	**26 324**	**47 151**	**182 027**	**52 987**	**22 579**
重庆	36	5 752	6 598	2 730	3 868	17 504	6 933	2 630
武汉	85	10 456	16 909	5 619	11 290	40 414	10 507	4 411
沈阳	39	5 082	7 206	2 595	4 611	20 003	5 882	2 612
大连	22	2 943	4 192	1 250	2 942	10 611	3 204	1 350
哈尔滨	43	6 120	7 407	3 076	4 331	17 643	672 9	2 778
广州	85	10 176	17 237	7 449	9 788	40 769	8 682	4 000
西安	41	4 396	5 865	1 888	3 977	16 834	6 815	2 693
青岛	16	1 528	4 080	470	3 610	8 226	2 056	995
宁波	14	1 264	2 521	788	1 733	6 481	1 328	652
厦门	7	1 414	1 460	459	1 001	3 542	851	458

中等师范学校概况

单位：人

	学校数（所）	毕业生数	招生数	在校学生数	教职工数 计	教职工数 其中：专任教师
总计	**59**	**13 529**	**14 614**	**41 581**	**6 699**	**3 623**
重庆	15	2 259	2 781	8 069	1 442	722
武汉	9	2 040	1 737	5 442	997	570
沈阳	7	1 766	2 209	5 694	1 050	571
大连	3	1 492	1 490	4 025	449	249
哈尔滨	3	910	771	3 632	272	160
广州	7	1 215	1 905	4 800	934	537
西安	3	1 505	1 240	3 526	302	159
青岛	7	1 095	1 421	3 625	815	406
宁波	4	807	780	2 080	311	170
厦门	1	440	280	688	127	79

总计中：幼儿师范

	学校数（所）	毕业生数	招生数	在校学生数	教职工数 计	教职工数 其中：专任教师
合计	**11**	**2 004**	**2 162**	**6 320**	**1 341**	**691**
重庆	1	157	160	358	168	75
武汉	3	718	714	1 920	280	142
沈阳	2	360	474	1 039	307	180
大连	1	158	168	486	122	64
哈尔滨	1	90	108	493	82	48
广州	1	193	218	586	140	72
西安	1	146	160	464	105	50
青岛	1	97	80	488	137	60
宁波	—					
厦门		85	80	186		

技工学校概况

单位：人

	学校数（所）	毕业生数	招生数	在校学生数	教职工数 计	教职工数 其中：专任教师
总计	**500**	**28 413**	**41 855**	**111 961**	**30 018**	**12 566**
重庆	118	6 420	9 966	24 065	7 588	2 794
武汉	31	4 048	4 447	14 566	3 696	1 976
沈阳	114	4 800	6 331	17 790	4 984	2 059
大连	66	3 666	4 800	12 543	3 707	1 815
哈尔滨	46	1 712	5 303	13 923	2 891	1 243
广州	25	1 254	3 400	7 266	685	360
西安	62	4 200	4 500	13 500	2 900	1 400
青岛	26	1 007	1 962	4 753	2 682	574
宁波	10	540	590	2 282	760	285
厦门	2	766	556	1 273	125	60

普 通 中 学 概 况

单位：人

	学校数（所）	毕业生数	招生数	在校学生数	教职工数 计	教职工数 其中：专任教师
总　计						
初　中	**3 424**	**655 577**	**752 107**	**2 271 536**	**251 659**	**141 538**
高　中	**1 051**	**178 159**	**159 727**	**485 727**		**40 850**
重庆市						
初　中	939	133 412	200 778	550 217	47 224	28 992
高　中	190	25 276	26 255	78 074		6 544
武汉市						
初　中	435	60 038	70 435	228 028	32 242	16 875
高　中	165	24 533	15 733	60 653		5 870
沈阳市						
初　中	218	70 853	64 090	203 108	27 988	14 796
高　中	74	20 740	16 865	46 871		4 173
大连市						
初　中	201	62 915	70 403	205 988	23 276	13 195
高　中	67	14 425	13 372	38 751		3 247
哈尔滨市						
初　中	224	46 816	54 238	156 032	20 490	10 925
高　中	72	15 224	13 297	40 124		3 686
广州市						
初　中	233	60 262	77 066	226 030	24 229	13 307
高　中	121	15 237	18 533	51 713		3 823
西安市						
初　中	340	76 787	67 531	252 216	30 897	15 840
高　中	194	31 885	25 471	78 337		6 945
青岛市						
初　中	474	79 128	92 210	260 203	26 375	16 590
高　中	73	17 453	15 428	46 740		3 586
宁波市						
初　中	340	56 208	42 997	155 880	14 996	8 908
高　中	74	10 265	11 561	33 564		2 160
厦门市						
初　中	20	9 158	12 359	33 834	3 942	2 110
高　中	21	3 121	3 212	10 900		816

职业中学概况

单位：人

	学校数（所）	毕业生数	招生数	在校学生数	学职工数	
					计	其师：专任教师
总　　计	**562**	**61 419**	**80 295**	**194 673**	**28 360**	**17 606**
重　　庆	91	7 799	9 612	23 445	4 501	2 400
武　　汉	50	7 724	6 359	17 503	3 337	2 243
沈　　阳	44	5 947	10 198	26 153	3 972	2 672
大　　连	100	7 461	8 788	20 997	3 286	1 840
哈 尔 滨	56	6 496	8 915	22 879	3 021	2 124
广　　州	36	4 766	6 517	16 128	1 333	1 137
西　　安	47	5 815	8 833	20 123	2 443	1 490
青　　岛	74	8 592	12 862	28 933	4 500	2 392
宁　　波	59	5 216	6 373	13 960	1 477	989
厦　　门	5	1 603	1 838	4 552	490	319

工读学校概况

单位：人

	学校数（所）	离校学生数	招生数	在校学生数	教职工数	
					计	其中：专任教师
总　　计	**21**	**342**	**398**	**972**	**504**	**266**
重　　庆	8	117	115	223	141	74
武　　汉	6	70	54	210	108	51
沈　　阳	2	41	20	40	75	39
大　　连	2	72	96	282	96	58
哈 尔 滨	1	12	11	53	30	16
广　　州	—					
西　　安	1	30	85	147	42	20
青　　岛	—					
宁　　波	1	—	17	17	12	8
厦　　门	—					

小学概况

单位：人

	学校数（所）	毕业生数	招生数	在校学生数	教职工数 计	其中：专任教师
总计	**24 413**	**945 329**	**969 396**	**5 537 853**	**297 882**	**254 567**
重庆	8 443	328 718	220 659	1 284 960	60 651	53 181
武汉	2 222	75 827	114 273	679 513	38 041	31 341
沈阳	1 420	67 894	96 802	515 021	30 721	25 051
大连	1 538	78 408	76 754	456 825	27 087	23 411
哈尔滨	1 014	59 496	63 533	362 773	20 848	16 809
广州	1 578	83 004	90 105	530 368	30 214	25 193
西安	2 285	77 122	103 723	594 028	32 091	27 432
青岛	2 645	111 649	113 175	629 212	34 530	31 220
宁波	2 921	47 471	71 030	386 867	18 614	16 575
厦门	347	15 740	19 342	98 286	5 085	4 354

幼儿园概况

单位：人

	园数（所）	在园幼儿数	教职工数 计	其中：专任教师
总计	**14 522**	**1 566 002**	**113 083**	**55 415**
重庆	3 411	278 327	17 036	11 951
武汉	1 204	165 753	16 023	7 957
沈阳	1 583	177 594	15 055	3 740
大连	519	189 524	12 252	4 363
哈尔滨	433	84 235	9 916	4 229
广州	1 115	196 969	17 710	6 461
西安	241	130 546	5 983	1 904
青岛	4 859	203 111	12 370	9 366
宁波	876	104 104	5 199	4 193
厦门	281	35 839	1 539	1 251

特殊教育学校概况

单位：人

1 盲聋哑学校

	学校数（所）	毕业生数	招生数	在校学生数	教职工数 计	教职工数 其中：专任教师
总计	**56**	**658**	**982**	**4 720**	**1 651**	**1 047**
重庆	19	97	109	449	98	74
武汉	3	69	99	567	211	142
沈阳	5	143	161	610	339	184
大连	5	65	86	749	244	167
哈尔滨	7	125	144	685	215	147
广州	1	30	60	319	78	55
西安	5	33	43	369	123	80
青岛	7	54	121	550	251	135
宁波	3	32	143	348	65	48
厦门	1	10	16	74	27	15

2 弱智儿童辅读学校

单位：人

	学校数（所）	毕业生数	招生数	在校学生数	教职工数 计	教职工数 其中：专任教师
总计	**27**	**97**	**557**	**2 130**	**498**	**420**
重庆	—	—	15	106	24	23
武汉	—	—	43	282	36	36
沈阳	13	13	37	311	78	57
大连	3	41	81	328	74	61
哈尔滨	1	23	77	177	27	24
广州	2	10	78	332	93	72
西安	—	—	—	86	13	13
青岛	5	10	164	424	132	114
宁波	1	—	15	37	10	9
厦门	2	—	47	47	11	11

成人高等学校概况

单位：人

1 广播电视大学

	学校数（所）	毕业生数	招生数	在校学生数	教职工数 计	教职工数 其中：专任教师
总计	**15**	**59 191**	**41 573**	**132 515**	**4 499**	**1 888**
重庆	1	4 163	1 851	7 444	127	46
武汉	2	5 653	2 259	7 405	—	—
沈阳	2	18 613	11 621	34 229	2 325	946
大连	1	1 513	1 412	4 326	185	75
哈尔滨	2	14 026	5 908	30 749	274	108
广州	2	6 306	8 196	15 119	1 095	538
西安	2	4 992	7 253	24 202	210	46
青岛	1	2 398	2 222	5 170	77	20
宁波	1	914	524	1 548	158	89
厦门	1	613	327	2 323	48	20

2 职工高等学校

单位：人

	学校数（所）	毕业生数	招生数	在校学生数	教职工数 计	教职工数 其中：专任教师
总计	**195**	**24 401**	**21 691**	**64 773**	**17 318**	**7 840**
重庆	30	2 477	2 291	6 575	3 306	1 508
武汉	31	6 903	4 099	11 706	2 292	1 083
沈阳	20	3 491	3 055	8 235	3 018	1 313
大连	17	1 745	1 126	3 553	1 045	567
哈尔滨	39	2 987	2 691	11 026	2 920	1 194
广州	25	3 702	5 458	15 134	1 330	651
西安	21	1 765	1 042	3 440	2 109	864
青岛	5	916	1 324	2 961	1 068	510
宁波	3	135	101	666	96	63
厦门	4	280	504	1 477	134	87

3 管理干部学院

单位：人

	学校数（所）	毕业生数	招生数	在校学生数	教职工数 计	教职工数 其中：专任教师
总计	**38**	**8 295**	**8 319**	**16 175**	**7 204**	**3 114**
重庆	2	189	342	607	194	90
武汉	9	2 605	1 597	3 502	2 081	858
沈阳	5	763	764	1 436	1 082	448
大连	1	381	276	566	414	202
哈尔滨	7	1 311	1 253	2 322	1 153	557
广州	11	2 392	3 196	6 102	1 676	697
西安	3	654	891	1 640	604	262
青岛	—					
宁波	—					
厦门	—					

4 教育学院

单位：人

	学校数（所）	毕业生数	招生数	在校学生数	教职工数 计	教职工数 其中：专任教师
总计	**22**	**15 423**	**14 508**	**30 941**	**6 477**	**3 200**
重庆	2	3 938	1 314	2 303	667	345
武汉	3	1 827	1 537	3 784	1 268	575
沈阳	2	1 862	2 597	5 365	1 134	611
大连	1	270	794	1 634	392	215
哈尔滨	7	2 037	1 527	5 062	969	446
广州	2	2 420	3 145	5 005	1 021	468
西安	2	2 384	2 282	4 266	587	276
青岛	1	472	925	2 640	239	136
宁波	1	213	355	664	124	74
厦门	1	—	32	218	76	54

成人中等技术学校概况

单位：人

	学校数（所）	毕业生数	招生数	在校学生数	教职工数 计	其中：专任教师
总计	**364**	**49 716**	**44 680**	**136 792**	**15 765**	**7 944**
重庆	43	5 242	2 768	9 070	1 405	662
武汉	60	15 821	16 352	35 578	4 002	1 869
沈阳	52	4 080	4 757	22 726	3 080	1 713
大连	41	4 378	2 251	12 146	1 585	762
哈尔滨	67	2 427	2 903	10 128	2 047	1 082
广州	39	2 602	6 626	15 409	858	391
西安	30	5 331	1 502	13 476	1 121	583
青岛	14	8 993	6 564	14 142	1 161	631
宁波	12	618	783	3 178	350	181
厦门	6	224	174	939	156	70

教师进修学校概况

单位：人

	学校数（所）	毕业生数	招生数	在校学生数	教职工数 计	其中：专任教师
总计	**101**	**11 756**	**8 445**	**38 069**	**5 162**	**3 028**
重庆	20	1 772	599	1 395	957	533
武汉	8	345	1 513	2 461	375	212
沈阳	11	1 949	1 403	6 942	959	682
大连	10	1 034	766	5 877	625	437
哈尔滨	9	1 635	228	3 563	606	356
广州	10	1 262	859	2 814	249	123
西安	10	1 610	226	6 496	382	184
青岛	12	1 798	2 642	6 796	576	325
宁波	7	153	209	1 446	334	118
厦门	4	198	—	279	99	58

成人中学概况

单位：人

	学校数（所）	毕业生数	招生数	在校学生数	教职工数 计	教职工数 其中：专任教师
总计	**1 048**	**88 698**	**91 855**	**108 017**	**8 969**	**6 399**
重庆	234	9 105	17 133	27 500	1 688	1 261
武汉	21	1 697	1 920	3 667	244	132
沈阳	46	6 555	6 110	9 462	94	53
大连	267	10 648	3 884	21 095	2 119	1 721
哈尔滨	102	18 142	9 431	8 424	1 344	853
广州	37	5 288	5 590	7 804	151	71
西安	20	1 699	1 420	1 256	127	40
青岛	150	29 635	36 983	13 873	2 918	2 093
宁波	152	5 103	7 991	12 313	224	136
厦门	19	826	1 393	2 623	60	39

成人职业技术学校概况

单位：人

	学校数（所）	毕业生数	招生数	在校学生数	教职工数 计	教职工数 其中：专任教师
总计	**3 140**	**973 896**	**689 098**	**751 752**	**7 836**	**3 894**
重庆	575	245 217	188 710	105 536	1 529	845
武汉	102	181 047	94 227	53 458	426	187
沈阳	170	25 608	48 312	37 864	391	295
大连	218	139 120	21 294	178 679	1 312	748
哈尔滨	164	117 996	41 724	90 788	1 125	783
广州						
西安	193	46 454	51 109	30 408	435	187
青岛	523	170 348	49 528	111 968	1 818	547
宁波	1 160	42 562	86 860	128 209	736	281
厦门	35	5 544	7 334	14 842	64	21

成人初等学校概况

单位：人

	学校数（所）	毕业生数	招生数	在校学生数	教职工数 计	其中：专任教师
总　计	**6 767**	**678 526**	**778 696**	**672 263**	**7 680**	**2 680**
重　庆	505	179 794	151 212	97 009	991	445
武　汉	613	66 829	60 744	60 544	550	300
沈　阳	566	121 444	129 964	145 574	38	13
大　连	859	122 374	84 782	89 530	2 127	754
哈尔滨	309	78 562	94 227	22 563	60	12
广　州	111	18 481	26 659	29 632	71	67
西　安	311	8 387	16 084	14 185	208	17
青　岛	2 317	143 855	128 296	128 879	3 051	1 021
宁　波	1 030	45 019	75 922	79 581	565	44
厦　门	146	1 781	2 776	4 766	19	7

附：1949—1988

全国教育統计概要

各 级 各 类

年 份	普通高等学校	中等			
		合 计	中等专业学校		
			计	中等技术学校	中等师范学校
1946	207	5 892	1 626	724	902
1949	205	5 216	1 171	561	160
1950	193	5 123	1 086	500	586
1951	206	5 448	1 413	669	744
1952	201	6 059	1 710	794	916
1953	181	5 929	1 438	650	788
1954	188	6 068	1 189	557	632
1955	194	6 212	1 027	512	515
1956	227	8 124	1 353	755	598
1957	229	12 474	1 320	728	592
1958	791	52 106	3 113	2 085	1 028
1959	841	46 891	3 706	2 341	1 365
1960	1 289	50 653	6 225	4 261	1 964
1961	845	29 095	2 843	1 771	1 072
1962	610	24 756	1 514	956	558
1963	407	25 257	1 355	865	490
1964	419	35 933	1 611	1 125	486
1965	434	80 993	1 265	871	394
1966	434	56 275	1 265	871	394
1967	434	54 771	1 264	870	394
1968	434	68 454	1 244	853	391
1969	434	95 929	1 058	685	373
1970	434	106 041	1 087	685	402
1971	328	96 356	1 591	955	636
1972	331	94 346	1 380	735	645
1973	345	99 119	1 795	1 058	737
1974	378	102 580	1 959	1 234	725
1975	387	125 718	2 213	1 326	887
1976	392	194 595	2 443	1 461	982
1977	404	203 753	2 485	1 457	1 028
1978	598	165 105	2 760	1 714	1 046
1979	633	147 266	3 033	1 980	1 053
1980	675	124 760	3 069	2 052	1 017
1981	704	112 505	3 132	2 170	962
1992	715	107 829	3 076	2 168	908
1983	805	108 600	3 090	2 229	861
1984	902	107 584	3 301	2 293	1 008
1985	1 016	108 494	3 557	2 529	1 028
1986	1 054	108 797	3 782	2 741	1 041
1987	1 063	109 199	3 913	2 854	1 059
1988	1 075	108 565	4 022	2 957	1 065

注：1982年以前中等学校合计数未包括技工学校的数字，1983年以后，包括技工学校和工 读 学校

学 校 校 数

位单：所

学校					
普通中学	工农中学	农业中学 职业中学	小学	幼儿园	盲聋哑学校
4 266	—	—	289 316	1 301	40
4 045	—	—	346 769	…	…
4 013	24	—	383 647	1 799	…
3 994	41	—	501 105	4 833	…
4 298	51	—	526 964	6 531	…
4 433	58	—	512 056	5 469	64
4 792	87	—	506 105	6 293	57
5 120	65	—	504 077	7 129	57
6 715	56	—	529 043	18 534	62
11 096	58	—	547 306	16 420	66
28 931	39	20 023	776 769	695 297	91
20 835	48	22 302	737 445	532 043	297
21 805	26	22 597	726 484	784 905	476
18 983	9	7 260	645 170	60 307	341
19 521	6	3 715	668 318	17 564	261
19 599	—	4 303	707 959	16 577	253
19 214	—	15 108	1 066 036	17 706	254
18 102	—	61 626	1 681 939	19 226	266
55 010	—	…	1 006 965	…	…
53 507	—	…	964 152	…	…
67 210	—	…	940 608	…	…
94 871	—	…	915 739	…	…
104 954	—	…	961 131	…	…
94 765	—	…	968 541	…	…
92 966	—	…	1 009 205	…	…
97 324	—	…	1 031 705	45 528	221
100 621	—	…	1 053 297	40 267	234
123 505	—	…	1 093 317	171 749	246
192 152	—	…	1 044 274	442 650	269
201 268	—	…	982 291	261 936	286
162 345	—	…	949 323	163 952	292
144 233	—	…	923 532	165 629	289
118 377	—	3 314	917 316	170 419	292
106 718	—	2 655	894 074	130 296	302
101 649	—	3 104	880 516	122 107	312
96 474	—	5 481	862 165	136 306	319
43 714	—	7 002	853 740	166 526	330
93 221	—	8 070	832 309	172 262	375
92 967	—	8 187	820 846	173 376	423
92 857	—	8 381	807 406	176 775	504
91 492	—	8 954	793 261	171 845	577

的数字。以下各表同。

各级各类学

年份	普通高等学校	中等 合计	中等专业学校 计	中等技术学校	中等师范学校	计
1946	15.5	187.9	38.3	13.7	24.6	149.6
1949	11.7	126.8	22.9	7.7	15.2	103.9
1950	13.7	156.6	25.7	9.8	15.9	130.5
1951	15.3	196.4	38.3	16.3	22.0	156.8
1952	19.1	314.5	63.6	29.1	34.5	249.0
1953	21.2	362.9	66.8	29.9	36.9	293.3
1954	25.3	424.6	60.8	30.0	30.8	358.7
1955	28.8	447.3	53.7	31.8	21.9	390.0
1956	40.3	600.9	81.2	53.9	27.3	516.5
1957	44.1	708.1	77.8	48.2	29.6	628.1
1958	66.0	1 199.8	147.0	108.4	38.6	852.0
1959	81.2	1 290.3	149.5	95.5	54.0	917.8
1960	96.2	1 487.3	221.6	137.7	83.9	1 026.0
1961	94.7	1 034.4	120.3	74.1	46.2	851.8
1962	83.0	833.5	53.5	35.3	18.2	752.8
1963	75.0	837.6	45.2	32.1	13.1	761.6
1964	68.5	1 019.5	53.1	39.7	13.4	854.1
1965	67.4	1 431.8	54.7	39.2	15.5	933.8
1966	53.4	1 296.8	47.0	33.6	13.4	1 249.8
1967	40.9	1 254.5	30.8	22.4	8.4	1 223.7
1968	25.9	1 405.1	12.8	9.8	3.0	1 392.3
1969	10.9	2 025.3	3.8	2.3	1.5	2 021.5
1970	4.8	2 648.3	6.4	3.2	3.2	2 641.9
1971	8.3	3 149.4	21.8	9.8	12.0	3 127.6
1972	19.4	3 616.7	34.2	14.7	19.5	3 582.5
1973	31.4	3 494.7	48.2	26.4	21.8	3 446.5
1974	43.0	3 713.7	63.4	34.9	28.5	3 650.3
1975	50.1	4 536.8	70.7	40.5	30.2	4 466.1
1976	56.5	5 905.5	69.0	38.6	30.4	5 836.5
1977	62.5	6 848.8	68.9	39.1	29.8	6 779.9
1978	85.6	6 637.2	88.9	52.9	36.0	6 548.3
1979	102.0	6 024.9	119.9	71.4	48.5	5 905.0
1980	114.4	5 677.8	124.3	76.1	28.2	5 508.1
1981	127.9	5 014.6	106.9	63.2	43.7	4 859.6
1982	115.4	4 702.8	103.9	62.8	41.1	4 528.5
1983	120.7	4 687.2	114.3	68.8	45.5	4 397.8
1984	139.6	4 924.2	132.2	81.1	51.1	4 554.1
1985	170.3	5 167.5	157.1	101.3	55.8	4 705.9
1986	188.0	5 411.44	175.72	114.59	61.13	4 889.93
1987	195.9	5 506.8	187.4	122.3	65.1	4 948.1
1988	206.6	5 362.76	205.17	136.82	68.35	4 761.52

校学生数

单位：万人

学校						
普通中学		工农中学及预科	农业中学、职业中学	小学	幼儿园	盲聋哑学校
高中	初中					
31.8	117.8	—	—	2 368.3	13.0	0.2
20.7	83.2	—	—	2 439.1	…	…
23.8	106.7	0.4	—	2 892.4	14.0	…
18.4	138.4	1.3	—	4 315.4	38.2	…
26.0	223.0	1.9	—	5 110.0	42.4	…
36.0	257.3	2.8	—	5 166.4	43.0	0.5
47.8	310.9	5.1	—	5 121.8	48.4	0.5
58.0	332.0	3.6	—	5 312.6	56.2	0.5
78.4	438.1	3.2	—	6 346.6	108.1	0.7
90.4	537.7	2.2	—	6 428.3	108.8	0.8
117.9	734.1	0.8	200.0	8 640.3	2 950.1	1.0
143.5	774.3	4.0	219.0	9 117.9	2 172.2	1.8
167.5	858.5	9.5	230.2	9 379.1	2 933.1	2.7
153.3	698.5	1.1	61.2	7 578.6	289.6	2.0
133.9	618.9	0.5	26.7	6 923.9	144.6	1.8
123.5	638.1	—	30.8	7 157.5	147.2	1.8
124.7	729.4	—	112.3	9 294.5	158.9	2.0
130.8	803.0	—	443.3	11 620.9	171.3	2.3
137.3	1 112.5	—	…	10 341.7	…	…
126.5	1 097.2	—	…	10 244.3	…	…
140.8	1 251.5	—	…	10 036.3	…	…
189.1	1 832.4	—	…	10 066.8	…	…
349.7	2 292.2	—	…	10 528.0	…	…
558.7	2 568.9	—	…	11 211.2	…	…
858.1	2 724.4	—	…	12 549.2	…	…
923.3	2 523.2	—	…	13 570.4	245.0	2.5
1 002.7	2 647.6	—	…	14 481.4	263.8	2.6
1 163.7	3 302.4	—	…	15 094.1	620.0	2.7
1 483.6	4 352.9	—	…	15 005.5	1 395.5	2.9
1 800.0	4 979.9	—	…	14 617.6	896.8	3.0
1 553.1	4 995.2	—	…	14 624.0	787.7	3.1
1 292.0	4 613.0	—	…	14 662.9	879.2	3.2
969.8	4 538.3	—	45.4	14 627.0	1 150.8	3.3
715.0	4 144.6	—	48.1	14 332.8	1 056.2	3.3
640.5	3 888.0	—	70.4	13 972.0	1 113.1	3.4
629.0	3 768.8		122.0	13 578.0	1 140.3	3.6
689.8	3 864.3		174.5	13 557.1	1 294.7	4.0
741.1	3 964.8		229.6	13 370.2	1 479.7	4.2
773.37	4 116.56		256.0	13 182.5	1 629.0	4.7
773.7	4 174.4		267.6	12 835.6	1 807.8	5.3
745.98	4 015.54		279.37	12 535.8	1 854.5	5.8

各级各类学

年份	普通高等学校	中等			
		合计	中等专业学校		
			计	中等技术学校	中等师范学校
总计	**619.1**	**33 049.83**	**969.9**	**555.3**	**414.6**
1949	2.1	35.2	7.2	2.4	4.8
1950	1.8	37.1	7.5	2.2	5.3
1951	1.9	34.1	5.7	2.2	3.5
1952	3.2	28.91	6.8	4.1	2.7
1953	4.8	57.42	11.8	5.8	6.0
1954	4.7	81.72	16.9	7.1	9.8
1955	5.5	121.11	23.5	9.7	13.8
1956	6.3	111.34	17.4	7.5	9.9
1957	5.6	145.23	14.6	9.6	5.0
1958	7.2	152.6	19.1	10.1	9.0
1959	7.0	210.04	28.9	17.1	11.8
1960	13.6	212.89	26.8	16.3	10.5
1961	15.1	277.22	34.0	21.6	12.4
1962	17.7	237.54	30.5	15.9	14.6
1963	19.9	217.62	19.6	10.7	8.9
1964	20.4	196.74	16.5	10.3	6.2
1965	18.6	232.5	9.1	7.3	1.8
1966	14.1	201.9	11.9	8.0	3.9
1967	12.5	230.2	17.0	11.8	5.2
1968	15.0	618.1	19.7	13.5	6.2
1969	15.0	409.7	10.3	8.2	2.1
1970	10.3	689.3	2.8	1.7	1.1
1971	0.6	944.3	8.9	3.8	5.1
1972	1.7	1 260.9	9.5	3.6	5.9
1973	3.0	1 491.0	12.2	3.8	8.4
1974	4.3	1 495.1	16.6	7.8	8.8
1975	11.9	1 519.5	24.8	12.4	12.4
1976	14.9	1 757.1	33.9	19.1	14.8
1977	19.4	2 178.4	34.0	17.9	16.1
1978	16.5	2 398.5	23.2	11.9	11.3
1979	8.5	2 402.5	18.1	7.9	10.2
1980	14.7	1 629.9	41.0	20.1	20.9
1981	14.0	1 710.2	60.5	36.5	24.0
1982	45.7	1 400.4	44.6	24.2	20.4
1983	33.5	1 281.75	37.5	23.0	14.5
1984	28.7	1 224.4	37.6	23.8	13.8
1985	31.6	1 302.0	42.9	26.2	16.7
1986	39.3	1 412.1	49.6	32.1	17.5
1987	53.2	1 523.6	57.8	38.9	18.9
1988	55.3	1 579.7	59.6	39.2	20.4

校毕业生数

单位：万人

学校						
普通中学			工农中学及预科	农业中学、职业中学	小学	盲聋哑学校
计	高中	初中				
31 531.2	**7 393.0**	**24 138.2**	**46.4**	**393.54**	**48 632.3**	**6.22**
28.0	6.1	21.9	—	—	64.6	…
29.6	6.2	23.4	—	—	78.3	…
28.4	5.9	22.5	—	—	116.6	…
22.1	3.6	18.5	0.01	—	149.0	…
45.4	5.6	39.8	0.22	—	293.5	…
64.4	6.8	57.6	0.42	—	332.5	0.01
96.9	9.9	87.0	0.71	—	322.9	0.05
93.9	15.4	78.5	0.04	—	405.1	0.05
129.9	18.7	111.2	0.73	—	498.0	0.02
131.3	19.7	111.6	2.2	—	606.3	0.04
179.0	29.9	149.1	0.07	2.07	547.3	…
171.0	28.8	142.2	0.2	14.89	734.0	…
227.1	37.9	189.2	…	16.12	580.8	…
202.5	44.1	158.4	0.04	4.5	559.0	…
195.6	43.3	152.3	—	2.42	476.8	0.12
175.3	36.7	138.6	—	4.94	567.4	0.14
209.8	36.0	173.8	—	13.6	667.6	0.15
190.0	28.0	162.0	—	…	900.5	…
213.2	26.8	186.4	—	…	899.5	…
598.4	79.4	519.0	—	…	1 428.2	…
399.4	38.0	361.4	—	…	1 489.5	…
686.5	67.6	618.9	—	…	1 652.5	…
935.4	100.4	835.0	—	…	1 376.0	…
1 251.4	215.9	1 035.5	—	…	1 414.9	…
1 478.8	349.4	1 129.4	—	…	1 349.0	0.29
1 478.5	417.9	1 060.6	—	…	1 521.0	0.34
1 494.7	447.0	1 047.7	—	…	1 999.4	0.27
1 723.2	517.2	1 206.0	—	…	2 489.5	0.27
2 144.4	585.8	1 558.6	—	…	2 573.9	0.33
2 375.3	682.7	1 692.6	—	…	2 287.9	0.31
2 384.4	726.5	1 657.9	—	…	2 087.9	0.34
1 581.0	616.2	964.8	—	7.9	2 053.3	0.37
1 640.3	486.1	1 154.2	—	9.4	2 075.7	0.37
1 342.7	310.6	1 032.1	—	13.1	2 068.9	0.35
1 195.4	235.1	960.3	—	21.6	1 980.7	0.33
1 140.2	189.8	950.4		27.8	1 995.0	0.36
1 194.9	196.6	998.3		41.3	1 999.9	0.37
1 281.0	224.0	1 057.0		57.9	2 016.1	0.48
1 364.1	246.8	1 117.3		75.0	2 043.0	0.41
1 407.8	250.6	1 157.2		81.0	1 930.3	0.45

各 级 各 类 学

年份	普通高等学校	中等 合计	中等专业学校 计	中等专业学校 中等技术学校	中等专业学校 中等师范学校
总计	**847.3**	**46 756.72**	**1 382.1**	**837.9**	**544.2**
1949	3.1	51.0	9.8	4.3	5.5
1950	5.8	74.1	12.8	5.3	7.5
1951	5.2	113.4	23.0	9.3	13.7
1952	7.9	174.6	35.1	16.9	18.2
1953	8.1	118.6	19.4	10.4	9.0
1954	9.2	161.0	15.0	9.8	5.2
1955	9.8	169.3	19.0	12.7	6.3
1956	18.5	280.5	46.2	30.2	16.0
1957	10.6	261.6	12.3	6.0	6.3
1958	26.5	724.7	89.5	69.4	20.1
1959	27.4	560.7	70.0	39.9	30.1
1960	32.3	639.7	106.6	62.6	44.0
1961	16.9	312.92	16.7	10.7	6.0
1962	10.7	298.81	3.9	2.6	1.3
1963	13.3	339.1	15.5	10.6	4.9
1964	14.7	443.9	24.9	17.9	7.0
1965	16.4	673.0	20.8	14.6	6.2
1966		298.0	4.6	2.8	1.8
1967		212.7	0.8	0.6	0.2
1968		713.3	1.8	1.0	0.8
1969		1 128.3	1.3	0.7	0.6
1970	4.2	1 420.7	5.4	2.5	2.9
1971	4.2	1 577.5	21.3	10.0	11.3
1972	13.4	1 752.9	26.8	11.4	15.4
1973	15.0	1 620.4	29.4	16.4	13.0
1974	16.5	1 918.9	32.7	17.8	14.9
1975	19.1	2 478.0	34.4	18.4	16.0
1976	21.7	3 240.2	34.8	19.3	15.5
1977	27.3	3 397.4	36.6	20.8	15.8
1978	40.1	2 743.6	44.7	26.8	17.9
1979	27.5	2 391.0	49.1	26.5	22.6
1980	28.1	2 011.8	46.8	25.3	21.5
1981	27.9	1 810.5	43.3	23.8	19.5
1982	31.5	1 726.9	41.9	24.1	17.8
1983	39.1	1 728.19	47.8	28.7	19.1
1984	47.5	1 744.7	54.6	35.1	19.5
1985	61.9	1 825.7	66.8	45.3	21.5
1986	57.2	1 913.9	67.6	44.9	22.7
1987	61.7	1 876.8	71.5	48.5	23.0
1988	67.0	1 828.4	77.6	54.0	23.6

校　招　生　数

单位：万人

学校						
普通中学			工农中学及预科	农业中学、职业中学	小学	盲聋哑学校
计	高中	初中				
43 498.7	**9 132.1**	**34 366.6**	**14.03**	**1 588.2**	**90 128.5**	**11.50**
41.2	7.1	34.1	—	—	680.0	…
60.9	10.8	50.1	0.4	—	696.6	…
89.7	9.1	80.6	0.7	—	1 086.2	…
138.3	14.1	124.2	1.2	—	1 149.3	…
97.9	16.1	81.8	1.3	—	819.5	…
143.1	19.5	123.6	2.9	—	1 054.5	…
150.3	22.1	128.2	—	—	1 182.0	…
234.3	37.4	196.9	—	—	1 592.3	…
249.3	32.3	217.0	—	—	1 249.2	…
434.5	56.2	378.3	0.7	200.0	3 000.5	…
383.9	65.6	318.3	1.6	105.2	2 049.1	…
432.6	67.8	364.8	5.2	95.3	2 494.3	…
266.5	44.7	221.8	0.02	29.7	1 647.1	…
280.0	41.7	238.3	0.01	14.9	1 586.3	…
306.9	43.4	263.5	—	16.7	1 698.2	…
330.4	43.8	286.6	—	88.6	2 968.9	…
345.7	45.9	299.8	—	306.5	3 296.0	…
293.4	20.7	272.7	—	…	1 879.2	…
211.9	13.6	198.3	—	…	1 402.5	…
711.5	63.0	648.5	—	…	1 753.2	…
1 127.0	103.6	1 023.4	—	…	2 205.7	…
1 415.3	239.0	1 176.3	—	…	2 831.8	…
1 556.2	321.3	1 234.9	—	…	3 387.5	…
1 726.1	479.0	1 247.1	—	…	3 603.6	…
1 591.0	452.0	1 139.0	—	…	3 369.3	0.55
1 886.2	541.1	1 345.1	—	…	3 249.5	0.52
2 443.6	633.1	1 810.5	—	…	3 352.1	0.51
3 205.4	861.1	2 344.3	—	…	3 161.1	0.54
3 360.8	993.1	2 367.7	—	…	3 111.5	0.56
2 698.9	692.9	2 006.0	—	…	3 315.4	0.59
2 341.9	614.1	1 727.8	—	…	3 101.7	0.60
1 934.3	383.4	1 550.9	—	30.7	2 942.3	0.59
1 740.5	327.8	1 412.7	—	26.7	2 749.2	0.60
1 642.4	279.3	1 363.1	—	42.6	2 671.7	0.61
1 576.9	259.8	1 317.1	—	75.7	2 544.0	0.64
1 564.8	262.3	1 302.5		93.9	2 472.9	0.75
1 606.9	257.5	1 349.4		116.1	2 298.2	0.92
1 643.9	257.3	1 386.6		112.8	2 258.2	1.14
1 649.5	255.2	1 394.3		113.2	2 094.6	1.18
1 584.8	244.3	1 340.5		119.6	2 123.3	1.20

各 级 各 类 学

年 份	普通高等学校	中等 合计	中等专业学校 计	中等技术学校	中等师范学校
1946	3.0	16.2	3.9	1.7	2.2
1949	4.6	12.8	2.4	1.1	1.3
1950	4.8	14.88	3.5	1.7	1.8
1951	6.5	17.98	4.9	2.5	2.4
1952	7.2	26.0	8.1	3.9	4.2
1953	8.4	30.75	8.8	5.1	3.7
1954	9.2	35.15	8.6	5.4	3.2
1955	10.0	36.22	8.2	5.9	2.3
1956	14.0	45.98	12.7	10.0	2.7
1957	15.5	53.39	13.6	10.6	3.0
1958	19.2	69.62	15.7	12.6	3.1
1959	23.6	84.64	20.0	15.2	4.8
1960	33.4	110.8	28.9	21.5	7.4
1961	41.6	96.84	25.0	19.5	5.5
1962	33.5	77.8	13.7	11.1	2.6
1963	31.6	78.3	13.0	10.7	2.3
1964	31.2	87.1	14.4	12.0	2.4
1965	33.3	110.5	12.2	10.1	2.1
1966	33.2	94.0	12.3	10.3	2.0
1967	33.2	95.6	12.3	10.2	2.1
1968	34.1	106.0	11.8	9.7	2.1
1969	33.5	129.0	9.4	7.4	2.0
1970	31.2	153.3	7.9	5.6	2.3
1971	32.9	174.6	7.8	4.9	2.9
1972	34.7	218.3	11.1	7.3	3.8
1973	36.9	230.1	14.1	10.0	4.1
1974	39.0	244.1	15.7	11.2	4.5
1975	40.8	282.1	17.7	12.8	4.9
1976	44.0	355.7	19.7	13.9	5.8
1977	47.2	409.6	21.0	15.1	5.9
1978	51.8	415.4	23.7	17.6	6.1
1979	57.4	413.4	26.2	19.4	6.8
1980	63.2	423.6	29.8	22.3	7.5
1981	66.6	411.7	32.6	24.9	7.7
1982	73.0	399.7	35.2	27.2	8.0
1983	76.3	415.5	36.4	28.4	8.0
1984	80.4	419.9	37.9	29.4	8.5
1985	87.1	439.4	40.3	31.3	9.0
1986	93.1	462.4	43.6	33.9	9.7
1987	96.9	481.8	45.9	35.7	10.2
1988	99.4	496.4	47.6	37.0	10.6

校教职工数

单位：万人

学校					
普通中学	工农中学及预科	农业中学、职业中学	小学	幼儿园	盲聋哑学校
12.3	—	—	87.8	0.25	0.03
10.4	—	—	84.9	…	…
11.3	0.08	—	91.5	0.22	…
12.9	0.18	—	127.6	0.55	…
17.6	0.30	—	152.8	1.9	…
21.5	0.45	—	166.5	2.8	0.08
25.8	0.75	—	165.9	4.8	0.07
27.4	0.62	—	169.6	5.9	0.08
32.8	0.48	—	184.3	9.2	0.10
39.4	0.39	—	198.1	10.1	0.11
46.4	0.12	7.4	233.9	155.3	0.13
55.5	0.14	9.0	259.0	113.1	0.28
68.1	1.4	12.4	286.1	158.4	0.43
67.7	0.04	4.1	267.5	29.5	0.38
62.2	…	2.0	262.0	16.1	0.32
63.0	—	2.3	270.1	15.6	0.33
66.0	—	6.7	321.4	15.7	0.35
67.7	—	30.6	407.5	16.2	0.37
81.7	—	…	349.4	…	…
83.4	—	…	346.9	…	…
94.2	—	…	353.4	…	…
119.6	—	…	378.4	…	…
145.4	—	…	390.9	…	…
166.8	—	…	443.3	…	…
207.2	—	…	470.3	…	…
216.0	—	…	501.3	17.0	0.49
228.4	—	…	530.4	18.8	0.52
264.4	—	…	554.3	37.8	0.56
336.0	—	…	564.1	76.3	0.60
388.6	—	…	559.0	54.5	0.65
391.7	—	…	562.0	46.9	0.69
387.2	—	…	587.5	53.3	0.74
389.7	—	4.1	605.4	61.0	0.80
374.5	—	4.6	616.5	59.9	0.86
358.2	—	6.3	611.3	63.7	0.92
348.8	—	11.2	606.0	67.4	0.96
346.6		16.2	603.0	73.7	1.00
355.7		21.6	602.1	79.8	1.15
368.9		25.2	606.5	88.1	1.30
381.3		28.1	608.5	94.1	1.45
389.7		30.8	614.2	97.9	1.61

各级各类学校

年份	普通高等等校	中等				
		合计	中等专业学校			通
			计	中等技术学校	中等师范学校	计
1946	1.7	10.7	2.9	1.3	1.6	7.8
1949	1.6	8.3	1.6	0.7	0.9	6.7
1950	1.7	8.73	1.8	0.9	0.9	6.9
1951	2.3	9.88	2.5	1.3	1.2	7.3
1952	2.7	13.04	3.5	1.5	2.0	9.4
1953	3.4	15.2	3.7	1.9	1.8	11.3
1954	3.9	17.87	3.7	2.2	1.5	13.8
1955	4.2	18.68	3.5	2.4	1.1	14.9
1956	5.8	24.21	5.3	4.0	1.3	18.7
1957	7.0	29.35	5.8	4.3	1.5	23.4
1958	8.5	43.46	6.9	5.2	1.7	30.5
1959	10.0	50.38	8.8	6.2	2.6	35.0
1960	13.9	65.9	14.2	10.0	4.2	42.6
1961	15.9	55.62	11.1	8.2	2.9	41.8
1962	14.4	47.3	6.1	4.7	1.4	39.9
1963	13.8	49.4	5.8	4.6	1.2	42.0
1964	13.5	55.3	6.4	5.1	1.3	44.2
1965	13.8	70.9	5.5	4.4	1.1	45.7
1966	13.9	65.6	5.9	4.8	1.1	59.7
1967	13.9	66.1	5.8	4.7	1.1	60.4
1968	14.3	75.7	5.6	4.4	1.2	70.1
1969	13.7	98.3	4.5	3.3	1.2	93.8
1970	12.9	121.3	3.9	2.6	1.3	117.4
1971	13.8	137.0	4.3	2.4	1.9	132.7
1972	13.0	170.3	4.6	2.7	1.9	165.7
1973	13.9	175.3	5.7	3.6	2.1	169.6
1974	14.8	184.8	6.6	4.3	2.3	178.2
1975	15.6	216.5	7.3	4.8	2.5	209.2
1976	16.7	280.9	8.0	5.2	2.8	272.9
1977	18.6	327.4	8.7	5.8	2.9	318.7
1978	20.6	328.1	9.9	6.9	3.0	318.2
1979	23.7	319.1	11.3	7.9	3.4	307.8
1980	24.7	317.1	12.8	9.1	3.7	302.0
1981	25.0	300.9	13.6	9.8	3.8	284.4
1982	28.7	287.1	15.0	11.0	4.0	268.1
1983	30.3	290.9	15.6	11.6	4.0	259.7
1984	31.5	290.1	16.1	11.9	4.2	255.6
1985	34.4	305.7	17.4	12.8	4.6	265.2
1986	37.2	321.8	19.3	14.3	5.0	275.7
1987	38.5	338.0	21.0	15.6	5.4	287.0
1988	39.3	351.4	22.5	16.8	5.7	296.0

专任教师数

单位：万人

学校				小学	幼儿园	盲聋哑学校
普中学		工农中学及预科	农业中学职业中学			
高中	初中					
2.1	5.7	—	—	86.4	.021	…
1.4	5.3	—	—	83.6	…	…
1.2	5.7	0.03	—	90.1	0.17	…
0.9	6.4	0.08	—	122.2	0.44	…
1.3	8.1	0.14	—	143.5	1.4	…
1.7	9.6	0.20	—	155.4	1.6	0.04
2.3	11.5	0.37	—	155.5	2.1	0.04
2.6	12.3	0.28	—	159.4	2.6	0.04
3.5	15.2	0.21	—	174.9	4.8	0.06
4.0	19.4	0.15	—	188.4	5.0	0.07
5.1	25.4	0.06	6.0	225.7	134.0	0.09
6.3	28.7	0.08	6.5	250.3	95.8	0.18
8.0	34.6	0.60	8.5	269.3	134.0	0.26
8.3	33.5	0.02	2.7	255.4	11.7	0.23
8.1	31.8	…	1.3	251.1	7.0	0.21
8.0	34.0	—	1.6	260.1	6.8	0.22
7.9	36.3	—	4.7	310.8	7.0	0.23
7.8	37.9	—	19.7	385.7	6.2	0.26
6.6	53.1	—	—	322.1	…	…
6.3	54.1	—	—	319.6	…	…
7.1	63.0	—	—	325.5	…	…
8.3	85.5	—	—	348.7	…	…
15.1	102.3	—	—	361.2	…	…
29.2	103.5	—	—	409.5	…	…
39.3	126.4	—	—	439.8	…	…
42.2	127.4	—	—	467.9	8.5	0.32
45.8	132.4	—	—	494.4	10.5	0.33
53.0	156.2	—	—	520.4	23.7	0.34
69.4	203.5	—	—	528.9	51.4	0.38
82.6	236.1	—	—	522.6	33.5	0.40
74.1	244.1	—	—	522.6	27.7	0.42
66.8	241.0	—	—	538.2	29.5	0.45
57.1	244.9	—	2.3	549.9	41.1	0.48
49.4	235.0	—	2.9	558.0	40.1	0.51
46.6	221.5	—	4.0	550.5	41.5	0.54
45.1	214.6	—	7.3	542.5	43.3	0.56
45.9	209.7		10.4	537.0	49.1	0.60
49.2	216.0		14.1	537.7	55.0	0.73
51.8	223.9		16.4	541.4	60.5	0.81
54.4	232.6		18.5	543.4	65.1	0.95
55.7	240.3		20.3	550.1	67.0	1.08

普通高等学校

年份	合计	工科	农科	林科	医药
总计	**6 191 716**	**2 079 093**	**410 522**	**72 254**	**155 905**
1949	21 353	4 752	1 718	92	1 314
1950	17 607	4 711	1 477	79	1 391
1951	18 712	4 416	1 538	116	2 366
1952	32 002	10 213	2 361	796	2 636
1953	48 091	14 565	2 633	562	2 948
1954	47 069	15 596	3 532	587	4 527
1955	54 466	18 614	2 614	370	6 840
1956	63 214	22 047	3 541	567	5 403
1957	56 180	17 162	3 104	824	6 200
1958	72 424	17 499	3 513	946	5 393
1959	69 839	14 714	5 877	1 109	9 456
1960	136 138	37 430	14 164	870	10 470
1961	151 283	52 714	12 179	1 534	16 481
1962	177 255	58 573	16 588	2 974	18 335
1963	198 754	76 359	16 721	2 980	25 776
1964	204 499	80 917	18 020	4 251	25 079
1965	185 521	80 294	15 665	3 237	22 027
1966	140 670	61 523	10 439	1 659	18 732
1967	124 836	46 071	11 456	1 946	13 481
1968	150 194	59 834	13 043	2 491	18 583
1969	150 119	66 365	12 855	2 762	14 191
1970	102 672	60 307	5 594	935	12 359
1971	5 945	1 173	60	—	4 615
1972	16 961	1 615	2 097	335	3 182
1973	30 057	5 316	3 772	255	6 618
1974	43 282	11 104	3 270	402	8 992
1975	118 955	48 240	6 490	810	20 760
1976	149 154	51 448	12 492	1 717	23 154
1977	194 426	73 562	12 706	2 119	34 860
1978	164 581	56 512	13 929	2 605	27 459
1979	85 085	21 362	9 748	1 281	13 483
1980	146 635	44 164	4 009	1 249	17 656
1981	139 640	12 199	7 902	933	9 512
1982	457 244	172 236	32 562	5 488	25 963
1983	335 344	111 405	16 661	2 674	55 490
1984	286 937	97 546	15 551	2 965	31 899
1985	316 384	97 672	17 315	3 403	29 190
1986	392 792	119 213	21 896	4 119	27 907
1987	531 930	156 065	26 357	4 984	32 124
1988	553 466	173 585	25 073	5 228	38 153

分 科 毕 业 生 数

单位：人

师范	文科	理科	财经	政法	艺术	体育
1 684 704	**401 158**	**409 410**	**307 693**	**73 343**	**54 101**	**43 533**
1 890	2 521	1 584	3 137	4 015	80	250
624	2 306	1 468	3 305	1 679	66	501
1 206	2 169	1 488	3 638	1 363	36	376
3 077	1 676	2 215	7 263	1 403	79	283
9 650	3 306	1 753	10 530	977	134	1 033
10 551	2 683	802	6 033	1 897	138	723
12 133	4 679	2 015	4 699	962	783	757
17 243	4 025	3 978	4 460	409	836	705
15 948	4 294	3 524	3 651	385	526	562
31 595	4 131	4 645	2 349	1 531	402	420
22 352	4 870	3 588	4 548	1 826	1 002	497
52 636	7 174	5 626	3 559	2 217	1 295	697
46 918	5 116	9 351	2 988	1 366	1 612	1 024
53 832	6 830	13 603	2 575	802	1 820	1 323
44 452	8 101	17 193	2 942	613	1 638	1 979
38 958	80 413	18 919	3 535	836	1 742	1 829
28 966	8 252	20 668	2 079	857	1 876	1 600
22 265	7 021	14 014	2 795	617	644	961
23 227	10 535	11 053	4 332	884	987	864
23 698	11 691	12 437	5 129	1 212	1 113	963
22 562	10 574	12 221	5 216	1 308	1 282	783
2 516	6 217	12 410	647	123	—	664
—	—	97	—	—	—	—
5 447	3 336	758	29	71	—	91
6 349	4 101	3 256	145	—	96	149
13 344	2 633	1 954	571	—	884	128
20 516	11 298	8 167	905	160	618	991
32 153	11 891	10 008	1 922	49	3 089	1 231
37 038	13 992	11 693	4 589	294	2 135	1 438
35 430	11 808	12 743	1 627	99	1 256	1 113
24 331	5 421	5 682	1 904	—	1 498	375
61 942	6 213	8 421	1 268	109	1 010	594
103 422	1 210	1 989	2 079	—	73	321
129 463	27 449	40 747	13 143	1 238	5 647	3 308
90 147	17 839	21 008	13 040	3 113	2 716	1 251
84 821	14 414	17 907	14 976	3 103	2 421	1 334
94 113	22 452	18 531	24 139	5 367	2 569	1 633
117 403	34 599	21 567	32 740	7 329	3 549	2 470
163 366	49 237	24 663	53 933	12 639	4 230	4 332
179 120	34 681	25 664	51 273	12 490	4 219	3 980

中等专业学校

年份	合计	中等技				
		计	工科	农科	林科	医药
总计	**9 697 739**	**5 551 245**	**2 031 946**	**902 963**	**902 963**	**1 399 115**
1949	71 769	23 769	6 327	6 718	430	3 803
1950	74 826	21 972	5 513	4 397	331	5 834
1951	56 905	22 222	4 619	2 702	203	9 589
1952	68 146	40 758	3 498	4 361	347	15 840
1953	118 154	58 138	17 025	9 651	869	20 020
1954	169 503	71 717	23 377	13 038	2 208	19 460
1955	235 142	96 796	40 768	20 422	3 067	23 192
1956	173 595	74 734	44 983	7 618	2 605	10 386
1957	146 100	95 707	50 753	12 258	2 512	22 984
1958	190 960	101 292	50 711	21 027	2 609	20 008
1959	288 947	170 837	80 528	43 504	5 142	30 147
1960	267 852	163 111	81 743	33 859	7 345	32 601
1961	339 508	215 979	106 515	53 996	6 233	42 525
1962	304 895	159 100	72 361	29 149	3 786	44 264
1963	196 089	107 058	49 092	14 262	2 073	32 660
1964	164 699	102 967	53 011	14 569	2 295	23 926
1965	91 388	73 359	40 750	6 409	1 376	12 927
1966	118 986	80 393	23 545	13 334	2 166	20 218
1967	170 329	118 138	44 425	17 380	2 657	31 374
1968	197 431	135 201	60 675	13 382	1 916	35 651
1969	102 845	81 841	53 827	8 399	1 841	9 023
1970	28 131	16 815	3 126	3 908	782	4 690
1971	88 970	37 960	6 820	12 640	12 640	9 680
1972	94 935	36 210	14 113	4 221	4 221	10 094
1973	122 067	38 031	11 109	3 348	3 348	19 737
1974	166 265	78 315	21 984	7 720	7 720	40 788
1975	247 709	123 328	39 606	18 548	18 548	46 138
1976	338 629	190 231	62 341	31 865	31 865	68 361
1977	339 706	178 678	56 562	28 067	28 067	65 485
1978	231 990	119 335	31 294	27 055	27 055	43 884
1979	180 859	78 518	24 175	11 397	1 575	25 220
1980	410 337	201 187	57 769	29 083	3 237	53 523
1981	604 920	364 804	138 283	58 803	6 198	93 548
1982	445 663	241 905	68 543	35 384	3 596	70 244
1983	375 353	229 901	65 133	25 185	4 054	62 652
1984	375 864	237 705	77 179	26 968	4 928	51 324
1985	428 680	261 168	84 066	26 539	4 672	51 636
1986	496 055	321 014	104 359	32 982	6 992	59 664
1987	577 800	388 832	129 825	35 771	6 954	70 362
1988	595 737	392 219	115 613	31 499	6 549	85 653

分 科 毕 业 生 数

单位人：

术	学	校			中等师范学校	
财经	政法	体育	艺术	其他	计	其中：幼儿师范
929 972	**116 489**	**28 397**	**73 227**	**69 136**	**4 146 494**	**122 257**
5 769	—	—	…	722	48 000	—
5 493	—	—	66	338	52 854	260
4 929	—	—	60	120	34 683	360
10 535	—	—	96	81	27 388	585
10 357	—	—	169	47	60 016	1 013
13 483	—	84	67	—	97 786	2 880
9 253	—	37	57	—	138 346	2 442
8 723	—	—	419	—	98 861	2 280
6 247	—	681	272	—	50 393	2 569
5 520	—	927	490	—	89 668	3 097
7 167	—	1 871	1 601	877	118 110	6 594
1 870	—	1 462	1 673	2 558	104 741	4 343
2 494	—	1 522	2 003	691	123 529	4 572
5 524	—	1 540	2 033	443	145 795	7 882
6 582	—	540	1 656	193	89 031	4 156
7 147	—	428	1 591	—	61 732	2 556
8 835	—	174	2 283	605	18 029	861
16 937	—	86	3 061	1 046	38 593	—
18 111	—	188	2 726	1 277	52 191	—
20 036	—	266	2 469	806	62 230	—
5 236	—	447	2 614	454	21 004	—
2 345	—	156	1 652	156	11 316	—
…	…	…	…	8 820	51 010	—
…	…	…	…	7 782	58 725	—
3 428	—	…	…	409	84 036	—
6 202	—	…	786	835	87 950	—
15 524	—	405	1 369	1 738	124 381	—
22 331	—	1 255	1 675	2 403	148 398	—
24 737	—	785	1 489	1 553	161 028	—
13 924	—	248	2 221	709	112 655	—
12 924	—	387	1 912	931	102 341	938
47 060	—	1 006	2 125	7 384	209 150	3 459
53 803	6 937	1 298	3 698	2 236	240 116	4 420
50 131	7 743	1 434	2 832	1 998	203 758	5 751
57 588	9 763	1 686	3 111	729	145 452	6 200
59 230	12 017	1 301	3 586	1 172	138 159	7 770
71 927	14 797	1 574	5 279	678	167 512	7 835
86 058	20 648	1 677	4 573	4 061	175 041	10 454
109 073	23 392	1 981	5 246	6 228	188 968	12 889
113 439	21 192	2 951	6 267	9 056	203 518	16 091